세계의 풍토와 역사

우리를 둘러싼 환경은 여러가지 자연환경(기후 · 지형 · 물 · 식생 등)과 인문 환경(경제적 조건, 오랜 역사를 가진 문화 등)으로 이루어져 있다.

20만 년쯤 전에 탄생한 신인(현생 인류)은 점차 생활권을 넓혀, 오늘날에는 극지방과 사막을 제외한 거의 모든 환경에서 살아가고 있다.

인류는 오랜 시간에 걸쳐 자연환경에 적응하고, 다양한 문화를 세계 각지에 만들어 왔다.

세계의 여러 지역을 살펴보면 각 지역마다 다양한 특색을 갖고 있다는 것을 알 수 있다.

우크라이나의 밀밭

우크라이나는 9세기의 키예프 공국에서 비롯되었다. 이후 몽골 · 러시아 등의 지배를 받은 뒤 1991년에 소련이 붕괴되자 독립을 달성했다.
체르노젬(흑토)이라고 불리는 비옥한 토양이 분포되어 있는 흑토 지대는 세계적인 곡창 지대의 하나이며 풍부한 밀을 수확할 수 있다.

프랑스의 포도밭

사진은 프랑스 동부의 부르고뉴 지방의 모습이며, 부르고뉴라는 지명은 5세기 후반에 이 지방에 정착한 부르군트족의 이름에서 유래한 것이다.
중세에는 크뤼니 · 시토 등의 수도원 운동의 중심지였으며, 또한 통상의 요지이기도 했다.
3세기 이후, 센느 강 유역의 구릉 지대를 이용하여 포도 재배가 활발하게 이루어졌으며 현재 여기서 생산되는 와인은 세계적으로 유명세를 떨치고 있다.

이집트, 햇볕에 말린 벽돌집

건조 지역에 있는 이집트이지만, 나일 강의 범람에 의해 퇴적된 비옥한 토지에서 농경이 이루어져 고도의 문명이 탄생했다.
이 지역의 집은 모래 먼지에 강하며 햇볕에 말린 벽돌로 지어져 더운 날에도 내부는 시원하다.

서아프리카의 카카오 재배

서아프리카 · 동아프리카 · 남아프리카에서는 식민지 시대에 카카오 재배 등이 도입되어, 모노 컬처(단일 생산) 경제를 강요받았다.
카카오는 원래 중남미 지역이 원산지이지만 오늘날에는 카카오의 약 70%가 아프리카에서 생산되고 있으며, 코트디부아르(사진)와 가나의 귀중한 수출품이 되었다.

인도 자이푸르의 향신료 판매

중세 유럽에서는 동방 무역을 통해 들어오는 향신료인 후추의 가격이 은 값과 같을 정도로 고가였다. 그렇기 때문에 아시아로 진출하기 위한 신항로 개척을 갈망했다. 남아시아 · 동남아시아에서는 여전히 향신료가 풍부하게 생산되어 각종 향신료가 즐비하다.

말레이시아의 이슬람교

오래 전부터 교역로(바닷길)에 위치한 남아시아에는 다양한 종교 · 문화 · 민족이 유입되었다. 말레이시아에서는 15세기 중반 믈라카 왕국에 의해 이슬람교가 받아들여져 현재에 이르고 있다.

사막 속의 오아시스

사진은 중국 타클라마칸 사막의 오아시스 모습이다. 건조 지대에서 항상 담수를 얻을 수 있는 장소를 오아시스라 한다. 이곳에서는 소규모의 집약적 농업이 이루어졌으며, 대상 교역의 중심이 되었다.
내륙 아시아의 오아시스를 연결한 「오아시스길(비단길)」은 다양한 물품과 사람이 오갔으며, 불교 전파의 길이 되기도 하였다.

©guildforkvangr.wikia.com

오대호 지방의 혼합 농업

북아메리카의 오대호 주변은 서늘한 기후로 이 땅에 이주한 백인은 유럽형 혼합 농업이나 낙농업을 했다.
한편, 원주민은 백인들에게 정복되거나 사기 등을 당하여 토지를 빼앗기고, 지정된 보류지로 쫓겨나게 되었다.
사진은 미국 펜실베이니아 주의 농장.

©familysearch.org

페루의 알파카 사육

잉카 제국이 번영했던 페루 · 볼리비아 등의 안데스 고지에서는 원주민이 돌로 만든 집이나 벽돌집에 살며 감자나 옥수수를 자급적으로 재배하고, 알파카나 라마와 같은 소형 가축을 사육했다.
알파카의 털은 가볍고 얇으며 내구성이 있어 털실이나 직물로 이용되었다.

중국, 황토 고원의 계단식 밭

토는 계절풍에 의해 미세한 모래가 건조 지대서 운반되어 퇴적된 것이다. 황토는 하류로 흘, 비옥한 화베이 평원을 형성했다.
편 황허 강은 대량의 황토를 포함하고 흐르기 문에, 하류에서는 강 바닥이 얕아져 홍수가 자 발생했다. 따라서 치수는 이 지역 역대 왕조의 제가 되었다. 황토 고원에서는 구릉을 등고선에 라 일구어 계단식 경작이 이루어지고 있다.

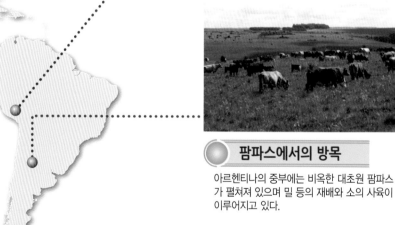

팜파스에서의 방목

아르헨티나의 중부에는 비옥한 대초원 팜파스가 펼쳐져 있으며 밀 등의 재배와 소의 사육이 이루어지고 있다.

오스트레일리아의 대찬정 분지의 방목

오스트레일리아는 18세기 후반 쿡의 탐험에 의해 영국령이 되고 1901년 영국 제국 내의 자치령이 되었다.
건조한 내륙의 대찬정 분지에서는 인구의 거의 5배에 해당하는 약 1억 마리의 양이 사육되고 있으며 대부분이 모직물용 메리노종이다.

©tuvaluislands.com

해면 상승에 처한 남태평양의 투발루

투발루는 1568년에 스페인이 발견하고, 19세기에 영국령이 되었으며 1978년에 독립했다.
산호초의 작은 섬으로 이루어진 투발루는 현재 온난화에 의한 해수면 상승으로 국토 면적이 감소하는 심각한 문제에 직면해있다.

학생들을 위한 세계 역사 이야기

지도로 보는
세계사

지도표현연구소 편저

차례
contents

세계 유산으로 보는 역사의 흔적

가장 오래된 도시의 중심은 신전이었다.

메소포타미아의 지구라트

고대 문명의 발상지 메소포타미아에서는 신전이 있는
높은 탑(지구라트)을 중심으로 도시가 형성되었다.

▲ **우르의 지구라트** 메소포타미아 문명의 도시 국가의 하나인 우르(현재 이라크)에 남아 있는 지구라트. 신을 섬기는 제단의 기능을 하였을 것으로 추정된다.

▲ **쐐기 문자** 수메르 인들이 사용했던 그림 문자.
쐐기라는 것은 물건 사이에 끼워 단단히 고정
시킬 때 사용하는 도구로, 보통 V 또는 △ 모양
으로 생겼다.

◀ 브뤼헐이 그린 「바벨탑」
그림의 주제가 된 「바벨탑」의 일화는
바빌론의 지구라트가 모델이라고 한다.

▲ **우르의 깃발**(영국 박물관 소장) 나무판 위에 유리와 조개껍데기로 장식한 작품으로 전쟁 승리를 기념하는 것으로 추측된다. 바퀴 달린 전차를 모는 지휘관, 행진하는 병사들, 포로로 끌려오는 적 등이 보인다.

▲ **함무라비 법전이 새겨진 돌기둥의 부조**
함무라비 왕이 태양신으로부터 반지와 지휘봉을 받는 모습. 왕은 신으로부터 부여받은 권위로 재판을 하는 것임을 나타낸다.

◀ **함무라비 법전**(프랑스 루브르 미술관 소장)
'눈에는 눈, 이에는 이'로 잘 알려진 법전으로 바빌로니아의 함무라비 왕이 수메르의 옛 법률을 집대성하여 편찬한 성문법이다.
높이 2.25m의 돌기둥에 282조의 법률을 쐐기 문자로 새겼다.

▲ **길가메시**(프랑스 루브르 박물관 소장)
메소포타미아 사람들은 죽은 뒤의 세계보다 현재의 삶을 즐기며 사는 쪽을 택하였다.
메소포타미아 신화 속에 나오는 영웅 길가메시는 친구 엔키두의 죽음에 충격을 받고 불멸의 생명을 찾아 나선다. 그러나 결국 인간의 몫으로 남겨진 죽음을 받아들이고 현재를 즐기라는 말을 듣게 된다.

파라오의 위용을 보여 주는

고대 이집트의 피라미드

이집트 문명을 상징하는 피라미드는 신의 화신인 왕(파라오)의 권력을 나타내는 건축물이었다.

피라미드 내부 단면 구조

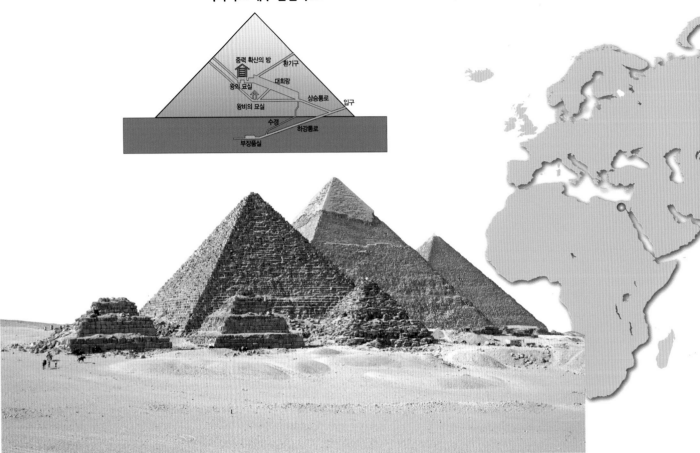

▲ **기자의 피라미드** 나일강 하류의 기자에는 고왕국 시대의 거대한 피라미드가 남아 있다.

◀ **피라미드 내부** 여러 개의 통로가 있는 내부. 피라미드의 내부는 밝혀지지 않은 부분도 많다.

▲ **스핑크스** 인간의 머리와 사자의 몸을 가진, 신성한 존재. 파라오의 상징. 피라미드를 지키는 수호신으로 알려져 있다.

▲ **오시리스** 지하 세계와 풍요의 신으로 이집트 최고의 신

고대 이집트의 신들

이집트의 사람들은 여러 현상 속에서 신을 발견했다. 잘 알려진 신들 만도 수십 가지에 이른다.

▲ **이시스** 오시리스의 아내로 나일강을 주관하는 풍요의 여신

▲ **아멘라** 고대 이집트의 주신이자 민족신

▲ **호루스** 주신의 하나. 오시리스와 이시스의 아들

▲ **아누비스** 죽은 사람과 미라의 신

대규모 공사로 도시 만들기

고대 로마의 번영

지중해 세계를 중심으로 광대한 영역을 지배한 고대 로마 제국에서는 토목 · 건축 등의 실용적인 문화가 발전했다.

▲ **개선문** 315년 콘스탄티누스 황제의 전승을 기념하여 만들어졌다.

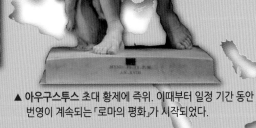

▲ **아우구스투스** 초대 황제에 즉위. 이때부터 일정 기간 동안 번영이 계속되는 「로마의 평화」가 시작되었다.

▲ **아피아 가도** 로마에서 남이탈리아까지 570km에 이르는 최고(最古)의 가도. 도로 건설은 제국 지배의 기초가 되었다.

▲ **릴리프(히에라폴리스 박물관 소장)** 제국의 유물은 각지에서 볼 수 있으며, 로마 제국의 번화함을 말해 준다.

▲ **콜로세움** 로마 최대의 원형 투기장. 검투사 노예와 맹수 등과의 싸움이 구경거리로 펼쳐졌다.

▲ 로마의 중심지 정치나 상업, 문화의 중심지에는 호화스런 건축물의 유적이 줄지어 서있다.

©news.fidelityhouse.eu

▲ **카라칼라 욕장** 카라칼라 황제 시대의 공중 목욕탕. 1600명을 수용했다고 한다. 도서관, 체조장 등의 시설이 구비된 공중 목욕탕에는 많은 시민이 모였다.

©flickr upload bot

▲ **수도교** 기원전 1세기 말에 가설된 남프랑스의 가르 수도교. 수준 높은 토목 기술의 걸작.

세 종교의 성지

예루살렘의 구시가

1948년에 건국된 이스라엘의 수도, 예루살렘.
복잡한 역사를 가진 이 땅은 세 종교의 성지가 되었다.

성 막달라 마리아 교회 ▶
1888년에 러시아 황제가 세웠다.
지붕의 형태가 특징적인 러시아풍
건축이다.

유대교

일찍이 유대인 국가로 번영한 헤브라이 왕국,
유다 왕국의 수도이며, 신앙의 중심이 된
신전도 있었다.

▲ **통곡의 벽** 로마 제국군에 의해 파괴된 예루살렘 신전 벽의 일부. 유대교도의 기도 장소

◀ **시나고그 아치** 유대교의 교회당인 후르바 시나고그 유적에 남아 있는
무지개 같은 아치

예수가 가르침을 전하다 처형된 땅이며,
부활의 땅이기도 한 예루살렘.
많은 크리스트교회가 줄지어 서 있다.

크리스트교

▲ 십자가의 길 '슬픔의 길' 혹은 '고난의 길'로 불리기도 한다.
처형지로 걸어갔던 길에는 십자가의 무게로 넘어지는
예수의 부조가 보인다.

▲ 성묘 교회 예수가 처형된 골고다 언덕 위에 세워진 교회.
예수의 묘가 있다.

성안나 교회
채찍질 교회
이슬람교도 구역
그리스 정교회 총대주교좌
성묘 교회
크리스트교도 구역
라틴 총대주교좌
바위 사원
서쪽 성벽 (통곡의 벽)
엘악사 사원
성채
이슬람 박물관
유대교도 구역
성 야고보 대성당
아르메니아 인 구역
아르메니아 대주교좌
▲ 예루살렘 구 시가지

▲ 스테파노 문 구 시가를 둘러싼 성벽의 문의 하나. 여기서 순교한
신자, 성 스테파노의 이름에서 유래했다.

이슬람교

메카, 메디나에 늘어선
이슬람교도의 성지.
무함마드는 예루살렘에서
승천하여 신 앞에 이르렀다고 한다.

◀ 바위 돔 엘악사 사원에서 본 바위 돔.
무함마드가 승천했다고 하는 바위가 있다.

인도에서 아시아로

불교의 전파

→ 대승 불교
→ 상좌부 불교
→ 티베트 불교(라마교)

기원전 5세기경에 인도에서 탄생한 불교는 개인의 깨달음을 중시하는 상좌부 불교와 보살에 의한 구제를 주장하는 대승 불교로 나뉘어 동방으로 전파되어 갔다.

◀ 부처 입상
기원 전후에는 헬레니즘 문화의 영향을 받아, 간다라를 중심으로 불교 미술이 발달했다.

둔황 ●

티베트

라싸 ●

간다라 ●

쿠샨 왕조

부다가야 ●
부다가야는 부처가 깨달음을 얻고 불교를 일으킨 성지

파간 ●

마우리아 왕조

실론

▲ 엘레판타 섬의 시바신상 힌두교 신의 하나인 시바 신의 혼례 풍경. 7~8세기경의 것으로 여겨진다.

▲ 엘로라 석굴 사원군 불교, 힌두교, 자이나교 등 인도에서 발생한 세 종교의 사원군

▲ 아잔타의 천불도 기원전 1세기~기원후 7세기경에 만들어진 석굴 사원의 벽에 그려진 천불상

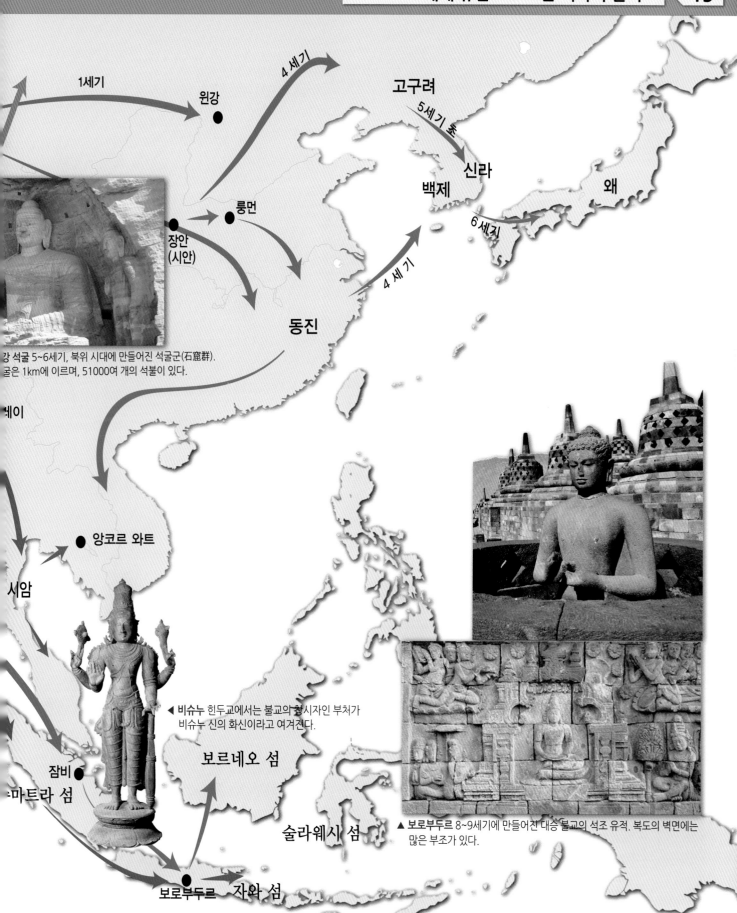

1세기

4 세기

원강

고구려

5세기 초

룽먼

신라

장안
(시안)

백제

왜

6세기

동진

4 세기

강 석굴 5~6세기, 북위 시대에 만들어진 석굴군(石窟群).
굴은 1km에 이르며, 51000여 개의 석불이 있다.

베이

앙코르 와트

시암

▶ 비슈누 힌두교에서는 불교의 창시자인 부처가
비슈누 신의 화신이라고 여겨진다.

보르네오 섬

잠비

마트라 섬

술라웨시 섬

▲ 보로부두르 8~9세기에 만들어진 대승 불교의 석조 유적. 복도의 벽면에는
많은 부조가 있다.

보로부두르 자와 섬

불가사의한

아메리카 대륙의 유산

15세기 말, 대항해 시대가 시작될 때까지 아메리카 대륙의 문명은 유라시아 대륙의 문명과 거의 교류하지 않은 상태에서 독자적인 발전을 이루어 갔다.

잉카 제국

13세기 중반 이후, 서서히 지배 영역을 확장하는 대제국이 된다.
문자에 의한 기록이 남아 있지 않기 때문에 밝혀지지 않은 점도 적지 않다.

▲ 토우 기원전, 농경 문화가 정착되기 시작한 시대에 풍작을 기원하여 만들었다.

치첸이트사

테오티우아칸 유적

마추픽추 유적

▲ 쿠스코 중심부 잉카 제국의 수도. 정교하게 돌을 쌓는 잉카 건축이 시가의 기초를 이룬다.

▼ 마추픽추 20세기에 발견된 도시 유적. 종교 시설이나 귀족의 별장 등이 있었다.

테오티우아칸 문명

테오티우아칸은 기원전 2세기경부터 기원후 6세기경까지 멕시코 고원을 중심으로 번영한 도시로, 당시의 상업, 문화, 예술, 종교의 중심지였다.

▲ **태양의 피라미드** 도시 중심에 있는 거대 건축물. 태양이 정면으로 지는 것처럼 만들어져 있다.

마야 문명

4세기경부터 중앙아메리카에서 번성한 마야 문명은 계단 모양의 신전이나 정밀한 태양력 등이 특징이다.

▲ **달의 피라미드** 중앙의 광장에서는 종교 의식이 거행된 것으로 추정된다.

©Daniel Schwen

▲ **치첸이트사** 멕시코 유카탄반도 북서부의 도시 메리다의 동쪽 약 110km 지점에 있는 마야문명의 대유적지 쿠쿨칸 신전으로 밑면은 55.3m, 높이는 30m이다.

차크몰 신 ▶
의식에 쓰인 우상. 복부에 안고 있는 접시 위에는 제물인 심장이 놓였다.

황허 강 유역에서 남으로, 북으로

중국 역대 왕조의 수도

중국의 역사는 황허 강 유역에서 시작되었다. 왕조의 변천에 따라 수도도 옮겨졌다. 원 왕조 이후에는 베이징이 주요 무대가 되었다.

뤄양
후한과 위, 진(晉), 북위의 수도

셴양
진(秦)의 수도

시안
전한 · 수 · 당의 수도. 장안이라고 불리었다.

▲ 만리장성 북방 민족의 침입을 막기 위해 만들어진 성벽. 역대 왕조가 보수와 증축을 거듭했다.

▲ 16명의 궁녀가 그려진 당대의 벽화

병마용 ▶
중화 제국의 기초를 쌓은 진의 시황제릉 부근에는 토기 병마 군단이 묻혀 있다.

자금성 전경 ▶ 동서 750m, 남북 960m의 부지 내에는 크고 작은 800여 개의 건물이 늘어서 있다.

베이징 원에서는 대도. 후에 명·청의 수도. 현재 중국의 수도.

카이펑 북송의 수도

난징 명의 수도. 국민 정부도 있었다.

상하이

항저우 남송에서는 임안 이라고 불리었다.

황허 강

창장 강

▲ **자금성** 명·청의 황제들이 약 500년에 걸쳐 살던 황궁. 원 왕조의 황궁 터에 만들어졌다.

▼ **소주의 정원** 송대 이후, 강남은 대곡창 지대로 발전했다. 풍부한 경제력을 배경으로 많은 정원이 건설되었다.

▼ **수의 운하** 창장 강 하류의 강남 지역은 운하로 둘러싸여 있어, 수상 운송이 발달했다.

마리아 테레지아와 루이 14세

절대 왕정의 번영

국왕이 권력을 장악한 절대 왕정의 시대.
호화스런 궁전이 세워지고, 화려한 궁전 문화가 펼쳐졌다.

▲ **쇤브룬 궁전** 외관에서 내부까지, 마리아 테레지아의 취미가 구석구석까지
미친 합스부르크가의 여름 별궁

● 베르사유 궁전

프랑스

보석 부케 ▶
마리아 테레지아가 남편의 생일에
선물한 1500개의 다이아몬드가 들
어간 꽃다발

© Ralf Niletscheu

▲ **거울의 방** 모차르트가 여기서 마리 앙투아네트에게 프로포즈했다고
한다.

▼ 오스트리아의 여자 황제 마리아 테레지아는 16명이나 되는 자식을
낳았다고 한다.

▼ **궁전 내부** 1441개나 되는 방의 장식은 모두 섬세하고
우아한 로코코 양식으로 꾸며져 있다.

©worldaildetails.com

베르사유 궁전 ▶ 루이 14세가 완성한 베르사유 궁전은 유럽 여러 나라 왕의 동경의 대상이 되었다.

독일

©Marc Vassal

▶ 프랑스 절대주의의 전성기를 구축한 루이 14세

쇤브룬 궁전 ◉

오스트리아

©Myrabella

▲ **거울의 방** 베르사유 궁전을 대표하는 방으로, 17개의 거울이 설치되어있다.

▼ **궁전 내부** 실내 장식이 매우 사치스러우며 호화스럽다. 호화롭고 화려한 바로크 양식의 디자인

▶ 마리아 테레지아의 딸 마리 앙투아네트는 루이 16세의 왕비였다.

©Daderot

▲ **왕비의 촌락** 마리 앙투아네트의 궁전 쁘티 트리아농에는 농촌을 모방한 정원이 만들어졌다.

불가사의한

아프리카 대륙의 유산

아프리카의 북부와 서부, 동부는 크리스트교와 이슬람교의 영향을 받아 이들 문화가 융합된 문화가 발달한 반면, 중부와 남부 아프리카는 외부와의 접촉이 적어 독자적인 문화가 발달하였다.

말리 왕국

말리 왕국은 서아프리카에서 13세기~17세기에 존재했던 만딩고족이 세운 왕국이다. 순디아타 케이타에 의해 세워졌으며 서아프리카에 문화적으로 큰 영향을 주었고, 나이저 강을 따라 언어, 법, 관습 등을 확산시켰다.

©Andy Gilham

▲ 젠네의 대 모스크 젠네는 팀북투와 함께 이슬람 확산의 중심지 역할을 하였다. 사진 속의 젠네 모스크는 진흙 벽돌로 지은 세계 최대의 건축물로 알려져 있다.

지도상 표기:
- 가나 왕국
- 카넴–보르누 제국
- 쿠시 왕국
- 말리 왕국
- 송가이 왕국
- 에티오피아 왕국
- 베닌 왕국
- 콩고 왕국
- 잔지바르
- 모노모타파 왕국

모노모타파 왕국

아프리카 짐바브웨 공화국령을 중심으로 11~19세기에 번영한 시요나 족 및 로즈위 족의 왕국. 풍부한 광물자원과 해외 무역에 의해 번영했다. 왕의 명칭에 의해 전기의 모노모타파기(11~15세기)와 후기의 맘보기(15~19세기)로 나뉜다.

◀ 그레이트 짐바브웨 유적 13~15세기 짐바브웨 모노모타파 왕국에, 신전 · 아크로폴리스 · 주거지로 이루어진 석조 도시가 건설되었다. 신전은 높이 7m, 둘레 200m의 타원형 석벽으로 둘러싸여 있고, 내부에는 11m의 석탑이 있다. 이 곳 사람들은 무슬림 상인과도 교역했다.

쿠시 왕국

쿠시 왕국은 아프리카 수단의 누비아 지방에 있던 왕국으로, 기원전 1000년경에 건국된 것으로 추정되며, 서기 350년경에 쇠퇴하여 멸망하였다.

▲ **쿠시 왕국 피라미드** 고대 아프리카 왕조의 하나. 고대 이집트의 제25대 파라오 왕조로서 이집트에서 에티오피아 북부까지 통치했다. 기원전 100년~350년까지 존속했으며, 발달된 아프리카 토착 문명으로 높이 평가받고 있다.

에티오피아 왕국

▲ **이슬람교 '제4의 성지', 하라르** '주골(Jugol)'이라 불리는 성벽은 13세기에서 16세기 사이에 건설된 것으로, 하라르 역사 요새 도시의 상징이다.

아프리카 동부 연안

▲ **라무 구 시가지** 라무는 19세기 이후 중앙아프리카(케냐) 지역의 중요한 종교 중심지이다. 연례 행사로 이슬람교 창시자인 무함마드의 탄생을 기념하는 마울리드 축제가 열린다.

▲ **킬와 키시와니 유적:** 킬와 키시와니는 아프리카 동부 연안의(탄자니아) 이슬람화 및 중세 및 근대의 교역 확대를 이해하는 데 가장 중요한 유적지 중 하나로, 13세기와 14세기에 가장 번창하였다.

역사의 교훈을 전하는

비참한 유산

역사 속에는 두 번 다시 반복되어서는 안 되는 비참한 사건도 있다.

아우슈비츠 비르케나우는 독일 제3 제국 최대 규모의 강제 수용소였던 곳이다. 수용소의 요새화된 벽, 철조망, 발사대, 막사, 교수대, 가스실, 소각장 등은 이곳에서 벌어졌던 대량 학살의 현장을 고스란히 보여 준다. 역사적인 연구에 따르면, 대다수가 유대인이었던 1,500,000명의 수용자가 이곳에서 굶주림과 고문을 당한 뒤 살해되었다. 이는 20세기에 인간이 인간에게 저지른 잔인한 역사를 상징하고 있다.

아우슈비츠 강제 수용소

나치스가 각지에 설치한 강제수용소의 하나. 유대인뿐만이 아니라, 폴란드인과 러시아인 등도 수용되었다.

독일

체코

오스트리아

▲ **아우슈비츠 제1 수용소 정문** 나치스는 1940년~1945년 사이에 폴란드의 아우슈비츠에 강제 수용소를 설치하여 유대인과 정치범, 집시, 포로 등을 수용하여 강제 노동을 시키거나 죽였다. 「일하면 자유로워진다」고 쓰여진 문의 안쪽에서 잔혹 행위가 반복되었다.

▲ **가스실** 일할 수 없게 된 사람들을 수용하여 독가스를 살포하고 학살한 방

▲ **총살의 재현** 총살하는 모습을 재현한 그림 등을 통해 당시의 상황을 전해 주고 있다.

폴란드

● 아우슈비츠

슬로바키아

▲ **아우슈비츠 제2 수용소** 나치스는 더 많은 사람을 수용하기 위해 아우슈비츠에 제2 · 제3 수용소를 세웠다. 나치스가 인종주의를 내세워 학살한 유대인 약 600만 명 중 100만 명 이상이 아우슈비츠에서 살해당하였다.

원폭 돔

히로시마에 떨어진 원자 폭탄에 의해 크게 파괴되었지만 건물 일부가 타다 남았다. 핵무기의 비참함을 전하는 상징물이다.

히로시마 평화 기념관(원폭 돔)은 본래 1915년에 건설된 일본 히로시마 시의 상업 전시관으로, 1945년 8월 6일 제2차 세계 대전 중 미국이 히로시마에 투하한 원자 폭탄의 피해로 반파되고 남아 있는 전쟁 유적 중 유일하게 남겨진 건물이다. 인류가 만들어낸 가장 파괴적인 무기가 초래한 참상을 보여주는 냉혹하면서도 강력한 상징일 뿐만 아니라, 핵무기의 궁극적인 폐기와 세계 평화에 대한 인류의 희망을 보여주는 유산이다. 1996년 유네스코 세계 문화 유산으로 지정되었다.

히로시마

원폭 돔 ▶
건물은 겨우 남았지만, 건물 안에 있던 사람들은 전원 즉사했다.

©Taisyo

역사와 문화에 대한 소중한 기록

세계 기록 유산

유네스코가 세계의 귀중한 기록물을 보존하고 활용하기 위해 선정하는 문화 유산이다. 1997년부터 2년 마다 선정하며, 기록 유산은 기록을 담고 있는 정보와 그 기록을 전하는 매개물, 두 가지로 나누어진다. 주로 도서관이나 문서고 등에 보관되어 있던 세계적 가치가 있는 값진 기록물이다.

전 세계 민족의 집단 기록이자 인류의 사상, 발견 및 성과의 진화 기록을 의미한다.
종류: 문자로 기록된 것(책, 필사본, 포스터 등), 이미지나 기호로 기록된 것(데생, 지도, 악보, 설계 도면 등), 비문, 시청각 자료(음악 컬렉션, 영화, 음성 기록물, 사진 등), 인터넷 기록물 등

◀ 헤어포드 마파문디 일반인을 대상으로 만들어진 중세의 대형 세계 지도로 1290년에서 1310년 사이에 만들어진 것으로 추정된다.
지도에는 위치와 지리적인 특징뿐만 아니라 종교 행사를 묘사하는 그림, 식물 · 동물 · 조류 · 어류 그림, 사람 그림, 고전 신화 속 이야기와 관련된 그림 등 다양한 그림들이 그려져 있다.

토르데시야스 조약문 ▶

1494년 6월 7일, 에스파냐, 카스티야, 포르투갈 세 국가는 토르데시야스 조약을 체결하였다.
이 조약은 에스파냐와 포르투갈 왕국이 아메리카 땅의 새로운 경계선을 정한 것으로, 카보베르데 제도에서 서쪽으로 370레구아* 떨어진 지역에 남북으로 선을 긋고 선의 서쪽은 에스파냐에 속하고 선의 동쪽은 포르투갈에 속한다고 합의한 협정이다. 이로 인해 오늘날 남아메리카의 여러 나라 중 브라질만이 유일하게 포르투갈어를 사용하는 나라가 되었다.
이 조약은 국제 관계의 역사에 있어 매우 중요한 것으로, '토르데시야스 조약문'은 아메리카의 역사 및 유럽과 아메리카 사이의 경제와 문화 관계를 이해하기 위해 중요한 자료로 활용되고 있다.

*'레구아'는 길이를 나타내는 단위로 1레구아는 약 5.6km 정도에 해당한다.

◀ 안네 프랑크의 일기 모두가 한 번쯤은 읽어 봤을 법한 안네의 일기. 이 일기는 제2차 세계 대전 중이던 1942년 6월 14일부터 1944년 8월 1일까지 무려 2년 동안 가족 및 다른 사람들과 함께 숨어 지내던 일상생활을 유대인 사춘기 소녀, 안네 프랑크의 입장에서 기록한 것이다.
비록 한 개인의 일기지만 독일의 네덜란드 점령이 유대인들의 생활에 미친 영향을 잘 보여 주고 있기 때문에 전 세계의 학교에서 집단 학살과 인종 차별을 가르치는 데 활용되고 있다.

고대 문명의 개화

도시의 탄생, 제국의 출현

I

역사를 움직인 인물①

알렉산드로스 대왕
(기원전 356년~기원전 323년)

가이우스 율리우스 카이사르
(기원전 100년~기원전 44년)

인류의 확산과 고대 문명의 발생

기원전 12만 년경에 출현한 네안데르탈인 등의 구인은 3만 년쯤 전에 절멸. 그 대신에 신인이 정착하기 시작했다.

▲ 스톤헨지(영국) 신석기 시대에서 초기 철기 시대에 걸쳐 세계 각지에는 큰 돌을 이용한 거석 기념물이 세워졌는데, 지배자의 권위를 나타내거나 종교 의식과 관련이 있었을 것으로 추정된다. 이 사진은 기원전 3천 년~기원전 2천 년경에 영국 남부 지방에 세워진 스톤헨지이다.

◀빌렌도르프의 비너스 (오스트리아, 빈 자연사 박물관) 2만 4천 년~2만 2천 년 전쯤에 회암으로 만든 여인상으로, 높이 11cm이다. 가슴과 배, 엉덩이 등을 강조하여 다산과 풍요를 기원하였음을 알 수 있다.

▲ 베이징 인(중국) 50만 년 전쯤에 중국에서 살았던 호모 에렉투스이다.

약 100만 년 전~30만 년 전 사이에는 한반도에도 사람이 살고 있었다.

▲ 알타미라 동굴 벽화 알타미라 동굴은 에스파냐 북부 지방의 석회암 동굴이다. 약 1만 8천 년 전~1만 4천 년 전쯤의 사람들이 동굴 벽에 들소, 사슴, 멧돼지 등을 그렸다. 이들 사냥감이 많이 잡히기를 바라는 주술적 행위로 보인다.

현대인은 모두 아프리카인 여성의 자손일지도 모른다.
미국 버클리대 연구팀의 유전학자들은 1987년, 세계 각지 사람들의 세포 내에 있는 미토콘드리아의 DNA를 분석한 결과, 모두가 한 명의 아프리카인 여성에게 귀착된다고 발표하였다.
다시 말하면, 우리 현대인은 모두 「이브」라고 하는 그 아프리카인 여성의 자손이 되는 것이다.

◀ 루시 화석(에티오피아 국립 박물관) 1974년 에티오피아에서 오스트랄로피테쿠스 아파렌시스의 화석을 발견한 고고학자가 '루시'라는 이름을 붙였다. 320만 년 전쯤에 살았던 신장 110cm, 체중 29kg 가량의 20세 전후의 여성으로 추정된다.

인류가 도달한 것은 기원전 6만 년경이다.

🔍 화석 인류의 출토지
→ 현생 인류의 이주 경로

1 인류는 아프리카에서 세계로 확산되었다.

지금부터 약 400만 년 전 아프리카 대지에 직립 두발 보행을 특징으로 하는 동물이 나타났다. 인류 역사의 시작이다.
최초의 인류인 원인(猿人)은 오랜 세월에 걸쳐 원인(原人), 구인(舊人)으로 더 나아가 현대인의 직접적인 조상인 신인(新人)으로 진화되고 동시에 아프리카에서 세계 각지로 이주했다고 전해져 왔다. 이렇게 세계 각지로 확산된 원인(原人)이나 구인(舊人)은 각각의 장소에서 진화되어 신인(新人)이 되었다고 생각되어 왔는데 최근의 연구에서는 현대인의 조상은 한 명의 아프리카인 여성이라고 하는 설이 유력하다.

2 농업에 적당한 비옥한 대지가 문명 탄생의 열쇠

인류는 9000년 쯤 전에 큰 전환기를 맞이한다. 농경을 시작했던 것이다.
그후, 기원전 3000년경에는 하천의 물을 이용한 대규모적인 농사 방법이 등장했다. 4대 문명이라고 하는 고대 문명은 모두 큰 강 유역에서 탄생했다.
그것은 풍부한 물이 가져다주는 비옥한 대지가 많은 인구의 생계를 유지하는 작물을 키우는 것을 가능하게 했기 때문이다.

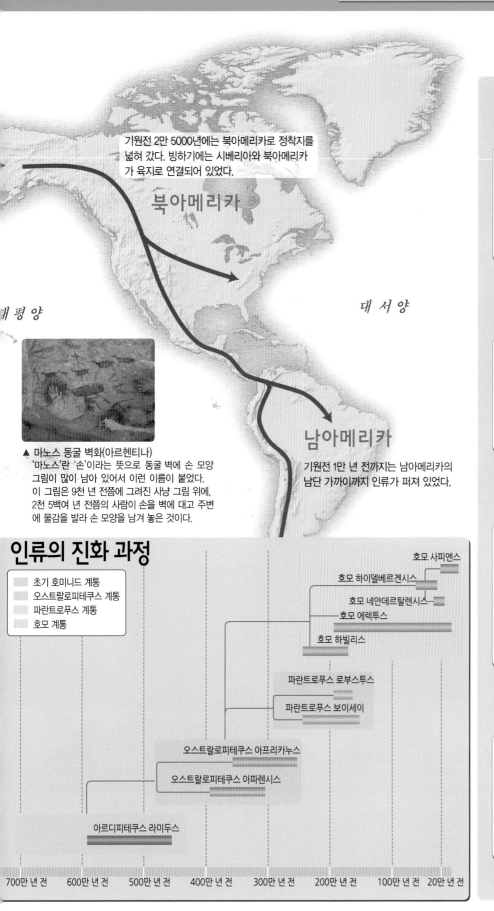

기원전 2만 5000년에는 북아메리카로 정착지를 넓혀 갔다. 빙하기에는 시베리아와 북아메리카가 육지로 연결되어 있었다.

북아메리카

태평양

대 서 양

▲ 마노스 동굴 벽화(아르헨티나)
'마노스'란 '손'이라는 뜻으로 동굴 벽에 손 모양 그림이 많이 남아 있어서 이런 이름이 붙었다. 이 그림은 9천 년 전쯤에 그려진 사냥 그림 위에, 2천 5백여 년 전쯤의 사람이 손을 벽에 대고 주변에 물감을 발라 손 모양을 남겨 놓은 것이다.

남아메리카

기원전 1만 년 전까지는 남아메리카의 남단 가까이까지 인류가 퍼져 있었다.

인류의 진화 과정

초기 호미니드 계통
오스트랄로피테쿠스 계통
파란트로푸스 계통
호모 계통

호모 사피엔스
호모 하이델베르겐시스
호모 네안데르탈렌시스
호모 에렉투스
호모 하빌리스
파란트로푸스 로부스투스
파란트로푸스 보이세이
오스트랄로피테쿠스 아프리카누스
오스트랄로피테쿠스 아파렌시스
아르디피테쿠스 라미두스

700만 년 전　600만 년 전　500만 년 전　400만 년 전　300만 년 전　200만 년 전　100만 년 전　20만 년 전

전환점은 농업의 시작

인류의 탄생
원인(猿人)이나 원인(原人), 구인은 물론, 4만 년쯤 전에 등장한 것으로 전해지는 신인도 맨 처음에는 자생하는 식물을 채집하거나, 사냥감을 잡거나, 물고기를 잡거나 하며 식량을 획득했다.

농업의 시작으로 사회 탄생
약 1만 년 전에 빙하기가 끝나고, 자연환경이 안정되어 갔다.
이와 함께 사람들이 한 곳에 정착하고, 힘을 모아 농경·목축 등을 하는 삶이 시작되었다. 공동사회가 탄생한 것이다.

생산성 향상으로 도시 형성
큰 강 부근에서는 풍부한 물을 이용하여, 곡물 생산량이 크게 증가되었다. 이로 인해 농작물을 필요 이상으로 만들 수 있게 되었다.
신관(神官)이나 병사 등 식량 생산 이외의 일에 종사하는 사람들이 생기고 잉여 생산물은 교역에 사용되기 시작했다. 신앙과 교역 등의 중심지로서 도시가 형성되었다.

도시가 발달하고 문명이 탄생
도시는 군대나 정치 조직을 만들고, 농촌을 지배하게 되었다.
또한 교역이나 전쟁을 통해 여러 도시의 관계가 깊어졌다.
이렇게 도시화가 진행되어 고도의 문명이 탄생했다.

큰 강가에서 탄생한 고대 문명

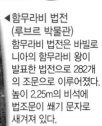

◀ 함무라비 법전 (루브르 박물관)
함무라비 법전은 바빌로니아의 함무라비 왕이 발표한 법전으로 282개의 조문으로 이루어졌다. 높이 2.25m의 비석에 법조문이 쐐기 문자로 새겨져 있다.

▲ 수메르의 여신 이난나

수메르 인이 세운 도시 국가 우루크의 수호신이며 사랑과 풍요, 전쟁의 신이다. 이러한 여신 숭배는 후대에 바빌로니아의 이쉬타르, 그리스 신화의 아프로디테, 로마 신화의 베누스(비너스)로 이어진다.

메소포타미아 문명

· 최초로 농경 시작
· 점성술, 천문학 발달
· 태음력과 60진법 사용
· 현재의 삶과 운명 중시
· 쐐기 문자 사용

니네베 ●
가자 ●
바빌론 ●
우루크 ●
우르 ●
비옥한 초승달 지대
지중해
홍해

▲ 수메르 인이 사용한 쐐기 문자

▲ 지구라트 고대 메소포타미아 지역에서 발견된 탑 모양의 신전으로 도시 중앙에 위치해 있다. 이 사진은 현재 우르에 남아 있는 탑 신전의 밑 부분이다.

이집트 문명

· 폐쇄적인 지형
· 강력한 통치자(파라오) 등장
· 태양력과 10진법 사용
· 내세의 삶 중시(미라 제작)
· 의학, 기하학 발달
· 그림 문자 사용

투탕카멘의 황금 마스크 ▶
이집트 제18 왕조의 투탕카멘 왕의 미라 얼굴 부분에 씌운 것으로 이집트왕의 수호신인 대머리 수리와 코브라가 조각되어 있다.

멤피스 ●
테베 ●
홍해
▲ 피라미드 소재지
고왕국 B.C. 28세기~B.C. 23세기
중왕국 B.C. 22세기~B.C. 18세기
신왕국 B.C. 16세기~B.C. 11세기

◀이집트 그림 문자

▼ 사자의 서 사자의 서는 신왕국 시대에 관 속에 미라와 함께 넣어 둔 파피루스 문서이다. 죽음과 부활의 신 오시리스에게 심판받을 때에 대비하여 죽은 사람의 선행과 주문을 기록하였다. 이 그림에는 죽은 사람(흰옷)이 아누비스의 인도를 받아 심장을 저울에 다는 시험을 거쳐 오시리스 앞에 나아가 재판을 받는 모습이 그려져 있다.

▼ 스핑크스(좌)와 피라미드(우)

중국 문명

· 황토 지대에서 농경 발달
· 하 → 상(은) → 주
· 상: 은허 중심, 신권 정치, 갑골문
· 주: 봉건제(혈연 기반)

▲ 채도와 흑도 채도와 흑도는 중국 신석기 시대의 대표적 토기이다. 채도는 검은색이나 갈색으로 그림을 그려 넣은 토기로 6천 년 전~5천 년 전에 사용되었다. 흑도는 고온으로 구은 검은색의 광택이 나는 토기로 5천 년 전~4천 년 전에 사용되었다.

청동 제기(중국 국가 박물관) 상에서는 청동으로 다양한 무기와 제사용 그릇을 제작하였다. 이 청동솥은 은허의 왕릉 주변에서 출토된 것으로, 무게가 833kg이나 된다. 상나라 왕이 어머니의 제사를 지낼 때 사용한 것이다.

▲ 갑골문 중국 상 대에 거북의 배딱지와 등딱지 또는 소나 사슴의 어깨뼈에 새긴 글자로 현존하는 가장 오래된 한자이다. 사진은 소의 어깨뼈에 새겨진 갑골문이다.

▲ 은허 왕릉 구조 상의 마지막 수도이자 유적지인 은허에서는 13개의 거대한 무덤이 발굴되었다. 이 그림은 최대규모의 왕릉을 만들었을 때의 모습을 상상하여 그린 것이다. 수레와 말, 시 중드는 사람들, 청동기 등을 왕과 함께 묻었음을 알 수 있다.

인도 문명

· 계획 도시 건설 (하라파, 모헨조다로)
· 그림 문자 사용
· 기원전 1500년경 아리안 인 이주
· 브라만교와 카스트제 성립

▲ 돌 도장
인더스 문자가 새겨진 도장이다. 메소포타미아에서도 인더스 문자가 새겨진 도장이 나오고 있기 때문에 교역에 사용하였을 것으로 추측된다.

모헨조다로에서 발견된 인물상 ▶
(파키스탄 카라치 국립 박물관)
모헨조다로의 제사와 정치를 담당한 왕의 모습을 조각한 것으로 추정된다.

모헨조다로 유적지 ▶
인도 문명 최대의 도시 국가 유적으로 도시 계획에 의해 조성되었다. 바둑판 모양으로 정비된 도로, 구운 벽돌로 지은 건물, 대형 목욕탕과 하수도 시설을 갖추고 있다.

교역으로 번영한
여러 도시와 국가를 제압한 페르시아

「바벨탑」과 「노아의 방주」의
기원도 여기에 있다.

수메르 인의 문화는 후세까지 전해지고 있는
것이 많이 있다.
1년을 12개월, 1주일을 7일로 하는 규칙이나
시간의 단위가 되는 60진법 등은 수메르 인이
고안한 것이다.
도시의 중심에는 왕의 권위를 보여주는 탑
(지구라트)이 건축되었는데 「구약 성서」에 나오는
「바벨탑」은 바빌론의 지구라트가 원형인 것으로
여겨지고 있다.
「노아의 방주」도 수메르 인이 남긴 세계 최고의
문학 「길가메시 서사시」에 기원이 있다.

▲ 길가메시는 실제의 인물로, 우루크의 왕이라고 한다.
사후에 전설화되었다.

「눈에는 눈, 이에는 이」로 알려진
함무라비 법전이 제정되다.

고바빌로니아 왕국에서는 국내의 체제를 유지하기 위해 많은 규칙이 제정
되었다. 그것을 정리한 것이 함무라비 법전으로 「눈에는 눈 이에는 이」라는
문구가 유명하다.
하지만 이러한 원칙은 같은 신분 사이에서만 적용되는 것이어서 설령 귀족
이 노비를 살해했다고 해도 그것 때문에 귀족이 살해되는 일은 없었 다.

수메르인의 도시 국가

티그리스 강과 유프라테스 강 하
지역에 수메르 인이라 불리는 사
들이 우르, 우루크 등 다수의 도시
국가를 형성했다.
왕이나 신관 등이 지배층으로 권
을 쥐고 있었으며 도시 국가 간의
교역이 번성했지만 전쟁도 많았

아카드 왕국

수메르 인의 도시 국가를
아카드 인이 통일하였으나
200여 년만에 멸망했다.

고바빌로니아 왕국

기원전 1900년경, 메소포타미아 일대를 지배했다.
제6대 함무라비 왕 시대에 최고 전성기를 맞이하
지만, 기원전 17세기 중반에 중앙아시아에서 침입
해 온 히타이트 인에게 멸망했다.

1 최고의 문명을 발전시킨 메소포타미아 지방

기원전 3000년경, 티그리스 강과 유프라테스 강 유역에 몇
개의 도시 국가가 탄생했다.
세계 최고의 문명, 메소포타미아(두 개의 강 사이라는 의미)
문명의 시작이다. 두 개의 강에서 일어난 범람은 주변의
경지를 비옥하게 만들었고, 도시의 발전을 유지하는데 기여
했다.

2 이집트를 포함한 오리엔트 일대를 통일하는 국가 출현

메소포타미아 지역에는 여러 민족이 유입되어 많은 나라들의 흥망이
되풀이되었다. 얼마 안 있어 메소포타미아뿐만 아니라 이집트까지 포
함한 오리엔트 일대를 지배하는 나라가 출현하게 된다.
바로 아시리아 제국이다. 그러나 아시리아 제국 또한 오래가지 못했
다. 아시리아를 멸망시키고 들어선 아케메네스 왕조 페르시아는 인더
스 강에 이르는 대제국을 세우게 된다.
※오리엔트는 고대 로마인이 「지중해의 동방」을 가리켜 부르던 호칭으로
메소포타미아 지역과 이집트 지역 등이 포함된다.

고대 오리엔트의 세계

흑 해

카스피 해

사르디스

유프라테스 강

티그리스 강

고바빌로니아 왕국

아케메네스 왕조 페르시아

지중해

바빌론

수사(행정 중심지)

우루크

라가슈 우르

이집트

페르세폴리스

나일 강

아시리아의 최대 영역
페르시아의 최대 영역

▲ 강력한 군대를 내세워 메소포타미아와 시리아, 이집트를 통일하였던 아시리아가 멸망한 뒤, 이 지역을 다시 통일한 아케메네스 왕조는 페르시아 인이 세운 왕조이다.

히타이트

세계에서 최초로 철제 무기를 사용한 민족. 전차(戰車)와 말을 활용하여, 강력한 군사력을 과시했다.

미탄니

메소포타미아 북부에서 지중해 연안까지 영역을 확대했다.

아시리아 제국

티그리스 강 상류를 거점으로 교역을 한 아시리아 인은 미탄니의 지배하에 있었지만 후에 독립하여 영토를 계속 확대했다. 기원전 7세기 전반에는 이집트를 포함한 오리엔트 일대를 지배하에 두었다.
하지만 지나치게 가혹한 지배층의 통치 때문에 각지에서 반란이 일어나 얼마 가지 못하고 붕괴했다.

**리디아
메디아
신바빌로니아
이집트**

아시리아 제국 발생 후 오리엔트는 4개국으로 분립했다.

아케메네스 왕조 페르시아

메디아의 지배하에 있던 페르시아는 아케메네스 왕조를 세워 4개국을 점차 무너뜨리고, 기원전 500년경에는 광대한 영역을 지배하는 대제국이 되었다.

카시트

메소포타미아 남부를 지배했다.

관대한 통치로 광대한 영역을 지배한 페르시아

아케메네스 왕조 페르시아의 제국 내에는 전통이나 종교가 다른 여러 민족이 살고 있었다.
각지에 페르시아 인 지방 장관을 파견하여 세금을 징수하였으나 여러 민족의 풍습이나 신앙을 억압하는 일은 없었기 때문에 국내 정세는 안정되어 있었다.
하지만 그리스와의 충돌에 의해 제국이 쇠퇴하기 시작하면서 기원전 330년 알렉산드로스에 의해 멸망하게 되었다.

다리우스 1세가 조공을 바치는 속주민들을 내려다보고 있다.

다리우스 1세

아케메네스 왕조의 수도 페르세폴리스의 궁전에는 제국 내의 각지에서 여러 민족이 공물을 바치러 찾아왔다.

독특한 문화를 쌓아올린
고대 이집트의 2500년 역사
고대 이집트를 바르게 이해하는 키워드

미라
고대 이집트에는 삶과 죽음에 대한 독특한 믿음이 있었다.
혼은 불멸하며, 사후의 세계에서 심판을 받고, 합격하면 되살아난다고 믿었다.
되살아나기 위해서는 육체가 필요하다는 이유로 시체의 보존 기술이 발달되어 미라가 만들어졌다.

파라오
이집트의 왕은 파라오(「큰 집」이라는 의미)라고 불렀으며, 신의 화신으로 여겨져 강력한 권력을 과시했다.
고대 이집트의 종교는 태양신 라(Ra)를 중심으로 한 다신교였다.

황금 마스크
신왕국 시대의 파라오인 투탕카멘에게 씌워진 황금 마스크.
파라오의 무덤은 대부분 도굴되었지만 투탕카멘의 무덤은 아주 작아서 다행히 도둑의 눈을 피해 1922년에 매장 당시의 모습 그대로 발견되었다.

히에로글리프(신성 문자)
고대 이집트에서 사용된 상형 문자.
표의 문자뿐 아니라 음을 나타내는 표음 문자이기도 하다.
나폴레옹의 이집트 원정 때에 발견된 비석(로제타 스톤)에 의해 히에로글리프의 해독이 진척되었다.

피라미드
지배자의 미라를 보존해 두기 위한 무덤인 동시에 파라오의 권력을 과시하기 위한 건축물이기도 했다.
피라미드 앞에 자리잡고 있는 스핑크스는 「얼굴은 인간, 몸은 사자인 괴물」로 파라오의 상징이 되었다.

「이집트는 나일 강의 선물」
일찍이 고대 그리스의 역사가 헤로도토스는 이렇게 말했다. 나일 강은 매년 일정한 시기에 물이 증가해 홍수를 일으켰는데 이 때 강이 운반해 오는 흙이 비옥한 경지를 만들고 곡물의 수확량을 증가시켰다. 이것이 이집트 문명 발전의 원동력이 되었다.

① 범람기(7~10월) 매년 큰비가 내려 범람이 일어나면, 농사를 지을 수 없으므로 낚시나 사냥을 하였다.

② 파종기(11월~2월) 물이 줄기 시작하면, 땅을 갈고 씨를 뿌려 곡식과 포도를 기른다.

③ 수확기(3~6월) 비가 오지 않아 가뭄 기라고도 한다. 다시 비가 오기 전에 농작물을 거두어들였다.

나일 강 상류에는 매년 6월이 되면 큰비가 내려서 7~11월에 걸쳐 강물이 규칙적으로 범람하였다. 강물은 11월이 되면 다시 줄어들어 원래대로 돌아갔고, 물이 넘쳤던 곳에는 상류에서 흘러 내려온 비옥한 흙이 쌓였다. 여기에 씨를 뿌리면 이듬해 1~2월에 곡식이 무럭무럭 자라서, 3~6월 건조기에 농작물을 거두어들였다. 다른 곳처럼 힘들여 관개 수로를 만들지 않아도 나일 강이 모든 것을 다 알아서 해 주었던 것이다.

왕국의 변천

흑해

카스피해

소아시아

에게해

히타이트   메소포타미아

페니키아   아시리아

시돈

티루스   예루살렘

지중해   바빌론

우루크

기자   헤브라이   라가시   우르

멤피스

걸프만

테베

아라비아

홍해

이집트의 영역
바빌로니아의 영역

최초의 왕조 탄생
기원전 3000년경

고왕국
기원전 2700년경~
기원전 2200년경

멤피스를 중심으로 번영했다.
제4왕조는 피라미드 시대라
불리며, 거대한 피라미드가
점차 건설되었다.

신왕국
기원전 1567년 ~
기원전 1085년

중왕국
기원전 2000년경 ~
기원전 1700년경

힉소스를 추방한 뒤
적극적으로 대외로
진출하여 영토를
넓혔다.

테베로 수도를 옮겼다.
말기에 유목민인 힉소스의
침입을 받아 혼란이
계속되었다.

오리엔트 세계 통일의 움직임에 휩쓸려
왕국으로서의 독립성을 잃어 갔다.

사막과 바다가 이민족의 유입을 저지하고, 독자적인 문화를 발전시켰다.

메소포타미아에 수메르 인의 도시 국가가 번영하고 있을 무렵, 나일 강 유역에서는 왕국이 탄생해 있었다.
사막과 바다에 둘러싸인 이집트는 이민족이 침입하기 어려워 2500년 동안 거의 통일이 유지되었다.
그 사이에 독특한 이집트 문명이 구축되었다. 피라미드나 미라만이 아니다.
나일 강의 홍수 시기를 정확히 알기 위하여 천문학이나 수학 등이 발달했고, 1년을 365일로 하는 태양력도 생겼다.
그러나 기원전 525년, 아케메네스 왕조 페르시아에 의해 정복되고 난 뒤부터는 독립성을 상실하게 되었다.

유대교는 헤브라이 인의 「출애굽」에서 시작되었다.

고대 문명이 번창한 시기에는 아직 세계적으로 확산된 종교가 없었다.
하지만 훗날 크리스트교나 이슬람교의 탄생에 영향을 준 유대교의 탄생이 임박해 있었다.
신왕국 시대에 이집트에 이주해 있던 헤브라이 인(이스라엘 인)은 이집트인들의 가혹한 지배에 시달려 이집트에서 팔레스타인으로 탈출을 도모했는데, 이를 「출애굽」이라 한다.
이때 헤브라이 인을 통솔한 것이 예언자인 모세이다.
모세는 신(야훼)과 계약을 맺고 「십계」를 지킬 것을 약속한뒤 이집트를 탈출 하게 된다.
이 「출애굽」이 유일신 야훼에 대한 신앙을 깊게 하며 유대교를 성립시키는 포석이 되었다.

가는 길을 저지당한 모세가 기도하자 바다가 갈라져,
이집트군에게서 달아날 수 있었다고 한다.

아테네의 생활은
민주주의와 서양 문화의 기원이 되었다.

지중해 세계의 발전

1000개 이상이나 되는 폴리스가 세워져 서로 교류했다.

오리엔트 세계가 통일을 향해 움직이기 시작하고 있을 무렵, 그리스에서는 폴리스라고 불리는 도시 국가들이 형성되어 있었다.

1000개가 넘는 폴리스는 각각 독립된 소규모 국가였지만, 「같은 그리스 인」이라는 동포 의식을 갖고 있었다.

인구의 증가와 함께 해외의 식민시도 다수 건설되어, 각 폴리스와 식민시 사이에서는 교역 활동이 활발히 이루어지게 되었다.

그중에서도 아테네의 대두는 눈부셨다.

아테네에서는 부를 축적한 시민이 정치에 참여하게 되었다. 민주정의 시작이다.

그런 가운데 철학과 건축·미술 등 후에 서양 사회의 기원이 되는 그리스 문화가 구축되어 갔다.

기원전 500년경의 지중해 세계

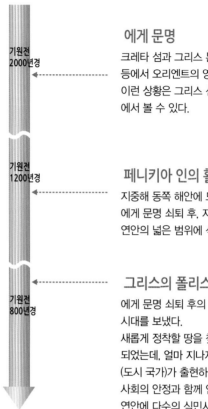

기원전 2000년경

에게 문명

크레타 섬과 그리스 본토의 미케네, 소아시아의 트로이 등에서 오리엔트의 영향력을 받은 문명이 발전했다. 이런 상황은 그리스 신화나 호메로스의 서사시 등에서 볼 수 있다.

기원전 1200년경

페니키아 인의 활약

지중해 동쪽 해안에 도시 국가를 세운 페니키아 인은 에게 문명 쇠퇴 후, 지중해 무역을 장악하여 지중해 연안의 넓은 범위에 식민시를 세웠다.

기원전 800년경

그리스의 폴리스

에게 문명 쇠퇴 후의 그리스는 오랫동안 혼란의 시대를 보냈다.

새롭게 정착할 땅을 찾아 사람들의 이동이 계속 되었는데, 얼마 지나지 않아 그리스 각지에서 폴리스 (도시 국가)가 출현하기 시작했다.

사회의 안정과 함께 인구도 증가하여 지중해나 흑해 연안에 다수의 식민시를 세웠다.

올비아
갈리아
마실리아 (마르세유)
에트루리아
아드리아 해
흑해
코르시카
비잔티움 (콘스탄티노폴리스)
시노페
네아폴리스 (나폴리)
타렌툼
그리스
에게 해
헤메로스
사르데냐
페르가몬
프리기아
말라카
팔레르모
코린토스
아테네
밀레토스
카르타고
시라쿠사
스파르타
몰타
지중해
시돈
페니키아
렙하스
키레네
티루스
누미디아

고대 그리스 인의 세계
● 그리스의 주요 식민시
고대 페니키아 인의 세계
● 페니키아의 주요 식민시
페니키아 인의 활동 범위

아테네와 나란히 강대국인 스파르타는 많은 노예를 강력한 군사력으로 지배했다. 강력한 군사력을 유지하기 위해 스파르타 시민들은 어릴 때부터 엄하게 훈련을 받았다. 이것이 「스파르타 교육」의 유래이다.

폴리스의 성립

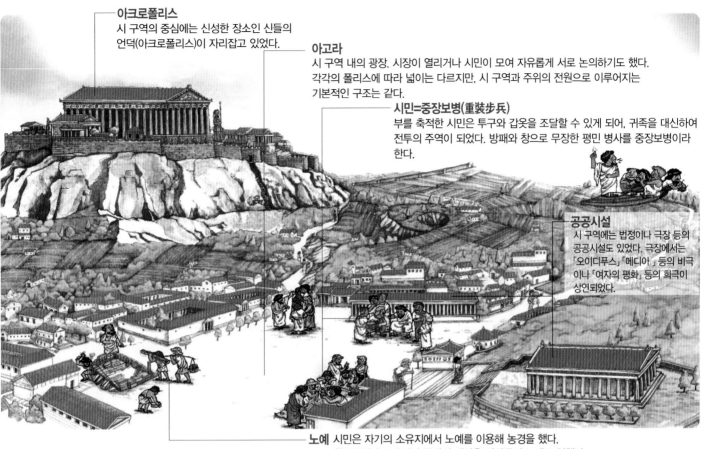

아크로폴리스
시 구역의 중심에는 신성한 장소인 신들의
언덕(아크로폴리스)이 자리잡고 있었다.

아고라
시 구역 내의 광장. 시장이 열리거나 시민이 모여 자유롭게 서로 논의하기도 했다.
각각의 폴리스에 따라 넓이는 다르지만, 시 구역과 주위의 전원으로 이루어지는
기본적인 구조는 같다.

시민=중장보병(重裝步兵)
부를 축적한 시민은 투구와 갑옷을 조달할 수 있게 되어, 귀족을 대신하여
전투의 주역이 되었다. 방패와 창으로 무장한 평민 병사를 중장보병이라
한다.

공공시설
시 구역에는 법정이나 극장 등의
공공시설도 있었다. 극장에서는
「오이디푸스」「메디아」 등의 비극
이나 「여자의 평화」 등의 희극이
상연되었다.

노예 시민은 자기의 소유지에서 노예를 이용해 농경을 했다.
원주민이나 소아시아 등에서 데려온 사람들이 노예로 일했다.

대표적 폴리스, 아테네의 변천

귀족에 의한 정치
시민은 귀족과 평민으로
구별되며, 정치와 국방은
재력이 있는 귀족이
담당했다.

부자 평민의 등장
부유한 평민이 증가하고,
중장보병으로서 전쟁에
참가하게 되었다.

민주정의 시작
재산을 가진 평민에게는
참정권이 인정되었다.

페르시아 전쟁
그리스의 식민시 밀레투스와
아케메네스 왕조 페르시아
사이에서 전쟁이 빈번하게
발발.
아테네를 중심으로 그리스의
폴리스가 단결하여 페르시아를
격퇴하였는데 이때 군함이 크게
활약했다.

민주정의 완성
군함의 조타수로 활약한 일반
평민도 발언권이 강해졌다.
모든 시민이 참정권을 갖게
되었다.

**델로스 동맹의
맹주로 활약**
페르시아의 복수에
대비하여 여러 폴리스와
동맹을 맺었다.

펠로폰네소스 전쟁
아테네에 대항하여 스파르
타가 펠로폰네소스 동맹을
결성. 여러 폴리스는 2개의
진영으로 나뉘어져 격돌하
였고 혼란의 시대로 접어들
게 되었다.

폴리스 전체의 약화

그리스 문화를 보급시킨
알렉산드로스 제국
알렉산드로스 제국의 확대

♣ **알렉산드로스 대왕의 정책**
- 페르시아식 통치 체제 채택
- 그리스 인과 페르시아 인의 결혼 장려
- 정복지에 70여 개의 그리스식 도시 (알렉산드리아) 건설

알렉산드로스 대왕

아랄 해

흑 해

마케도니아
⊙펠라

카스피해

에스카타

카불

사르디스

가즈니

탁실라

아테네⊙

이소스

아르벨라

엑바타나

간다라

지 중 해

다마스쿠스

알렉산드로스 제국

칸다하르

바빌론

알렉산드리아

수사

페르세폴리스(파르사)

인더스 강

멤피스

이집트

파탈라

마우리아 왕조

■ 초기의 영토
□ 제국의 최대 영역
→ 알렉산드로스 대왕의 원정로
● 알렉산드리아

홍 해

아라비아 해

그리스 북부 마케도니아의 알렉산드로스는 기원전 334년 동방 원정에 나서 유럽, 아시아, 아프리카에 걸친 대제국을 건설하였다.
그는 정복한 여러 지역에 알렉산드리아라는 도시를 세워 그리스 인을 이주시키고 페르시아 인과 결혼을 권장하는 등 동서 융합 정책에 힘썼으며,
자신도 다리우스 3세의 딸을 아내로 삼았다.

각지에 이주한 그리스 인이 헬레니즘 문화를 전파했다.

펠로폰네소스 전쟁 이후에도 분쟁이 그치지 않자 그리스의 폴리스는 쇠퇴해 갔다.
이러한 폴리스의 혼란을 수습한 것은 그리스의 북방에 위치한 마케도니아 왕국이다.
마케도니아의 젊은 왕 알렉산드로스는 마케도니아와 그리스의 연합군을 이끌고 동방
원정을 시작했다. 새로운 폴리스를 건설하여 황폐한 그리스 세계의 재건을 꾀한 것이다.
이 원정에 의해 오리엔트를 지배하고 있던 아케메네스 왕조 페르시아는 멸망하고 불과
11년 사이에 알렉산드로스 제국은 인더스 강에 이르기까지 확장되었다.
정복한 곳마다 건설된 폴리스에는 많은 그리스 인이 이주하여 그리스의 문화를 동방에
침투시켰다. 이렇게 동서의 문화가 융합되어 탄생한 문화를 「헬레니즘 문화」라고 하며
서쪽의 로마 제국에까지 영향을 미쳤다.

▲ **밀로의 비너스**
인간의 육체를 사실적으로 묘사하였다.

▲ **라오콘 군상** 격정적이고 역동적인 모습을 사실적으로 표현하였다.

제국으로의 진행과 분열

달레이오스 3세가 이끄는 페르시아군과 격돌하여 승리를 거두었다.
페르시아의 왕도인 페르세폴리스는 파괴되어 폐허가 되었다.

▲ 알렉산드로스 대왕의 조각상
어릴 때 받은 그리스의 철학자
아리스토텔레스의 교육이 그리스
문화를 보급시키려는 의욕을 키웠다.

마케도니아의 대두
기원전 338년 필리포스 2세가 이끄는 마케도니아군이 그리스 연합군과의 전쟁에서 승리하고 그리스를 제압. 필리포스 2세의 아들 알렉산드로스가 왕위를 잇고 기원전 334년 동방 원정에 나선다.

영역의 확대
기원전 330년에 아케메네스 왕조 페르시아를 멸망시킨 뒤, 페르시아가 지배하고 있던 영역에 진군하여, 70개 이상이나 되는 새로운 폴리스를 건설해 간다.

알렉산드로스의 죽음
기원전 323년, 열병에 걸려 바빌론에서 급사. 그의 사후에 제국은 3개로 분열한다.

프톨레마이오스 왕조 이집트 / **안티고노스 왕조 마케도니아** / **셀레우코스 왕조 시리아**

기원전 30년　기원전 146년

로마 제국 이집트, 마케도니아를 병합

파르티아 시리아 내의 페르시아계 유목민이 건국

대립

사산 왕조 페르시아 아케메네스 왕조의 부흥을 내걸고 건국. 파르티아를 무너뜨린다.

대립

부활한 페르시아
– 파르티아와 사산 왕조의 종교

아케메네스 왕조 페르시아는 알렉산드로스에게 멸망하였지만 페르시아 인은 다시 제국을 세웠다. 파르티아와 사산 왕조 페르시아이다. 파르티아의 종교인 미트라교는 항쟁 상대인 로마 제국 내에서 확산되었을 뿐만 아니라 교역을 통하여 중국이나 일본에도 전파되었다. 동방에서의 미트라교는 불교와 융합되어 미륵사상이 되었다.
한편 사산 왕조는 아케메네스 왕조 페르시아에서 탄생한 조로아스터교를 국교로 삼았다. 종교면에서도 아케메네스 왕조의 부흥을 꾀한 것이다.

조로아스터교는 배화교라고도 한다.
불꽃을 통하여 선신(善神)에게 기도를 올린다.

이탈리아 반도를 통일한
로마, 대제국으로의 변천
로마의 확대

♣ 기원전 8세기 중엽에 테베레 강가의 작은 도시 국가에서 출발. 지중해 세계를 통일하고 대제국을 건설하였으나, 4세기 말이 되어 동·서 로마로 분열되었다. 로마는 오리엔트 문화와 그리스 문화를 모두 종합하여 서양 고전 문화를 완성하였다.

■ 제1차 포에니 전쟁 전의 로마 영토
□ 로마 제국의 최대 영토
···· 395년 로마 제국 분리 시의 동·서 로마 경계
⚔ 포에니 전쟁의 주요 전투지

▲ 로마를 건국한 로물루스와 레무스
로마를 세운 쌍둥이 형제 로물루스와 레무스는 늑대의 젖을 먹고 성장하였다는 전설이 있다.

▲ 로마의 군인은 갑옷, 투구, 칼, 방패 등으로 무장하고 전쟁에 참여하였다.

칸나이 전투 B.C. 216

자마 전투 B.C. 202
로마는 포에니 전쟁에서 승리

브라타니아 / 론디니움 / 아우구스타 / 대서양 / 갈리아 / 마실리아 / 히스파니아 / 탕기스(탕헤르) / 서로마 제국 / 카르타고 / 자마 / 누미디아 / 이탈리아 / 로마 / 칸나이 / 시르미움 / 보스포루스 왕국 / 흑해 / 비잔티움 / 니케아 / 오리엔트 / 아테네 / 비잔티움 제국(동로마 제국) / 키프로스 / 안티오크 / 카스피 해 / 파르티아 제국 / 지중해 / 알렉산드리아 / 이집트

♣ 로마는 카르타고와 싸운 포에니 전쟁(기원전 264년~기원전 241년, 기원전 218년~기원전 202년, 기원전 149년~기원전 146년)승리하여 지중해 세계의 주인공이 되었다.

로마 건국
라틴 인 일족에 의해 도시 국가가 건설되었다.

↓

공화정 로마
기원전 500년경, 원주민인 에트루리아 인의 왕을 추방하고 공화정을 수립했다.

이탈리아 반도 통일
주변의 도시 국가를 정복하고, 기원전 27년에는 이탈리아 반도 전 지역을 통일했다.

지중해 세계의 제패
페니키아 인의 식민시, 카르타고와 3회에 걸친 전쟁을 하고 승리를 거두었다(포에니 전쟁). 마케도니아나 그리스의 여러 폴리스를 지배하에 두고 지중해 세계를 거의 제패했다.

계속적인 영토의 확대
로마군은 계속해서 진군하여 정복지(속주라고 함)를 확대시켰다. 카이사르는 갈리아 원정을 성공시켰다.
로마인이 이주하고 도시를 건설하였다.

↓

로마 제국

능숙한 통치로 속주(屬州)를 늘려 갔다.
그리스의 폴리스가 융성함을 과시하고 있을 무렵, 이탈리아 반도에서는 도시 국가인 로마가 점차 세력을 확대해 갔다.
정치 권력을 쥐고 있었던 것은 귀족으로 구성된 의회인 원로원이었지만, 로마 군사력의 핵심은 평민(중소 농민)에 의한 중장보병이었다.
그 활약으로 평민도 귀족과 같은 정치상의 권리를 인정받게 되었다. 로마 확대의 열쇠는 능숙한 통치 방법에 있었다.
이탈리아 반도의 여러 도시는 개별적으로 동맹을 맺고, 각각 다른 권리와 의무를 주어, 로마 이외의 여러 도시가 단결하여 반란을 일으키는 것을 예방한 것이다. 이것을 분할 통치라고 한다.
반도를 통일한 뒤 로마는 계속 확대되고, 그것과 함께 점차 혼란도 생기게 되었다.
공화정에서 사실상 개인에 의한 제정(帝政)으로 전환하여 로마는 국내의 혼란을 제압하고, 제국으로서 계속 번영하게 되었다.

정복 전쟁의 장기화로 생긴 계층

유력자
막대한 부를 손에 넣을 수 있는 속주의 장관에 선출되기 위해서는
평민의 지지를 얻지 않으면 안되었다.
그래서 귀족이나 부호는 무산 시민에게 「빵(식료품)」과 구경거리(오락)를
제공하고, 공공연하게 매수를 꾀했다.

무산 시민
평민인 중소 농민이 중장보병으로 전쟁에 동원된 사이
농지는 황폐해졌다.
속주의 증가로 값싼 곡물이 손에 들어오게 되자, 토지를
처분하는 사람도 증가하였다. 이렇게 해서 생긴 몰락한
평민(무산 시민)이 로마에 유입되었다.

▲ 검투사 노예(검노)와 맹수와의 싸움이나, 검노끼리의 결투 등은
인기가 많은 오락의 하나였다.

검투사 노예
정복된 토지의 사람들은 노예가 되었다.
검노도 노예의 일종인데 사람들의 구경
거리가 되었다.

로마의 제국화 과정

혼란의 발발
유력자끼리의 싸움이나
노예 · 속주의 반란 등
내란이 계속되었다.

카이사르 등장
로마의 혼란을 제압한 사람이 장군
카이사르. 사회의 안정에 힘썼지만,
원로원을 무시하고 권력을 한손에 장악
하려고 했기 때문에 반대파에 의해
암살되었다.

카이사르파의 싸움
카이사르의 부하인 안토니우스,
카이사르의 양자인 옥타비아누스와의
사이에서 싸움이 격화되었는데
옥타비아누스가 승리했다.

카이사르

로마의 영웅을 사로잡은 미녀
- 클레오파트라

프톨레마이오스 왕조 이집트 최후의
여왕 클레오파트라는 2명의 로마 영
웅에게 사랑받았다.
이집트에 진군한 카이사르와 인연을
맺고, 카이사르가 암살된 뒤에는 안토
니우스를 사로잡아 이집트의 독립을
지키려고 했다.

클레오파트라

로마 제국의 완성
옥타비아누스는 원로원과의 협조 관계를
중시하여 기원전 27년, 원로원으로부터
「아우구스투스(존엄한 사람)」의 칭호를 부여받았다.
「시민 가운데 제1인자(프린켑스(princeps))」를
자칭했는데, 실질적으로는 초대 황제였다.
제정 로마의 시작이었다.

「로마의 평화」를 위해 이용된
크리스트교
예수 탄생 무렵의 상황

향락에 빠진 로마

100만 명이 넘는 로마의 사람들은 대부분이 무산 시민이었지만, 변함없이 「빵과 구경거리」를 좋아하는 생활을 계속할 수 있었다. 속주에서 끊임없이 운반되는 식료품이 무료로 지급되어, '전차 경쟁'이나 '검노의 싸움' 같은 쇼(show)도 정기적으로 개최되었다.

부유한 시민에게 있어, 맛있는 음식은 미각을 체험하는 것일 뿐, 먹고 나서는 토하고, 끝없이 식사를 계속했다고 한다.

지나치게 가혹한 지배를 받은 속주

속주의 상층민에게는 로마 시민과 동등한 권리가 부여되었지만, 하층민은 노예로 이용되거나 무거운 세금을 착취당하게 되어 괴로운 생활을 계속하게 되었다.
예수가 탄생한 팔레스타인도 속주의 하나인데, 유대교가 전파된 지역이었다.

괴로운 생활을 계속하는 속주민은 '신앙심이 강한 자는 구원을 받는다'는 가르침에 마음이 끌렸다.

로마의 속주인 팔레스타인에서 태어난 예수는 유대교의 선민사상과 형식적인 율법을 반대하고, 믿음과 사랑에 의한 영혼의 구원을 설교하였다. 예수를 메시아로 믿고 따르는 사람이 늘자, 유대교의 사제들은 그를 로마의 반역자로 몰아 십자가에 못박아 처형하였다.

크리스트교의 성립과 전파

- ● 5대 교구
- → 크리스트교의 전파 방향
- ─ 사도 바울의 전도 여행
- ▨ 전파 지역(7세기경)
- ┈ 동서 로마 제국 경계선

파리 · 게르마니아
갈리아 · 밀라노
히스파니아 · 로마 · 콘스탄티노폴리스 · 니케아
카르타고 · 안티오크
지중해 · 예루살렘
흑해 · 알렉산드리아

▶ **베드로와 바울** 갈릴리 지방에서 태어난 베드로는 열두 제자 중 한 사람으로 초대 교회의 지도자였다. 현재 로마 가톨릭 교회(베드로)와 동방 정교회(바울)에서는 초대 교황으로 보고 있다. 소아시아 지방에서 태어난 바울은 로마 제국 주요 도시를 돌아다니며 전도하였고, 신약 성서에 실린 많은 편지를 썼다. 두 사람 모두 네로 황제의 박해를 받아 순교하였다.

박해를 받으면서도 제국 내로 전파된 크리스트교

옥타비아누스의 즉위부터 약 200년간 「로마의 평화」라고 하는 번영기가 계속되었다. 영토는 최대에 이르며 지방 도시는 로마화되었다. 도로나 수도가 정비되고 로마풍 건축물이 각지에 세워졌다. 로마 번영의 그늘에는 압제로 괴로워하는 속주의 하층민이 있었다. 그런 가운데 하층민을 비롯한 사회적 약자 사이에서 퍼지고 있었던 것이 크리스트교이다. 다신교인 로마 제국 내에서 유일신을 믿는 크리스트교는 이단으로 간주되었다. 하지만 제국의 혼란이 심화되어 감에 따라 하층민에 머물지 않고 크리스트교가 널리 확산되어 갔다. 제국 말기의 황제들은, 크리스트교를 이용하여 로마의 평화를 되찾으려고 했다. 그리하여 크리스트교에 대한 박해를 멈추고 공인하였으며, 심지어는 국교로 지정하기까지 하였다. 하지만 이러한 정책에도 불구하고 로마 제국은 분열의 길을 걷게 되었다.

아우구스투스 기원전 63년~기원후 14년

로마 제국과 크리스트교의 변천

0년

예수의 등장(기원전 4년경~기원후 30년경)
팔레스타인에서 태어난 예수는 신의 구원은 신앙심을 강하게 갖는 것에 있다고 설교하여 학대받는 사람들에게 지지를 받게 되었지만, 반역죄로 추궁당하고 처형되었다.

옥타비아누스의 즉위(기원전 27년~기원후 14년)
실질적인 초대 황제가 된 옥타비아누스는 「로마의 평화」를 실현했다.
하지만 후계자를 얻지 못하고, 칼리굴라와 네로 같은 폭군이 나타났다.

크리스트교의 성립(30년경)
예수의 제자는 예수의 부활을 믿었다.
제자인 베드로, 바울 등이 예수야말로 구세주(그리스 어로 그리스도)라고 하며 전도 생활을 시작했다. 이렇게 해서 크리스트교가 성립되었다.

오현제 시대(96년~180년)
네르바로부터 시작되는 5명의 황제가 펼쳤던 시대를 오현제 시대라고 한다.
이 시대에 로마 제국은 전성기를 맞이한다.
오현제 마지막 황제인 마르쿠스 아우렐리우스 안토니우스는 철학자로 도 알려져 있다.

네르바→ 트라야누스→하드리아누스→안토니누스 피우스→
마르쿠스 아우렐리우스 안토니우스

100년

박해를 받았던 크리스트교도들이 예배 장소로 이용했던 곳은 지하 묘지(카타콤베)였다.

터키에 남아 있는
하드리아누스 신전의 문

박해의 시대
노예나 여성 등 사회적으로 약자의 입장에 있는 사람들 사이에서 크리스트교가 퍼져 있었다.
국가에 의한 박해를 계속해서 받았지만, 서서히 상층민에서도 신자가 증가하기 시작해 제국 전 지역에 크리스트교가 퍼졌다.
● 네로 황제의 박해: 큰 화재의 책임을 크리스트교도들에게 전가했다.
● 디오클레티아누스 황제의 대박해: 황제도 신의 하나로 신격화하고, 이것을 부정하는 크리스트교도들을 박해했다.

200년

군인 황제 시대(235년~284년)
오현제 시대 말기부터 제국의 경제는 벽에 부딪치기 시작했다. 이로 인해 수도 로마의 특권적인 입장이 위태롭게 되었다. 반면 속주는 계속해서 힘을 기르고 있었다. 결국 속주의 군대 지도자들이 황제의 자리를 노려 다투게 되었다.

통일을 유지하기 위한 노력(284년~395년)
제국 내의 혼란을 가라앉히고 통일을 유지하기 위해, 디오클레티아누스 황제는 제국을 4개로 나누어 통치하는 등 정치 개혁을 단행했다. 또한 콘스탄티누스 황제가 크리스트교를 공인하고 비잔티움으로 천도하는 등의 개혁을 단행했지만 속주의 반란은 그치지 않았고, 제국 내의 혼란은 심해졌다.

300년

크리스트교의 공인(313년)
콘스탄티누스 황제의 「밀라노 칙령」에 의해, 크리스트교가 공인된다.

국교화(392년)
크리스트교가 국교화되고, 그 밖의 종교는 금지된다.

로마 제국, 마침내 동서로 분열(395년)

400년

문명의 중심이
인더스 강 유역에서
갠지스 강 유역으로

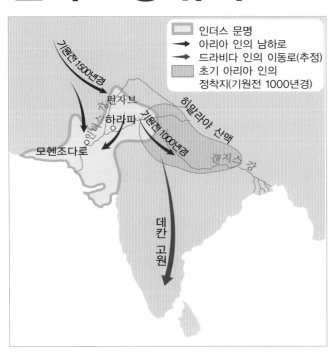

인더스 문명
→ 아리아 인의 남하로
→ 드라비다 인의 이동로(추정)
초기 아리아 인의
정착지(기원전 1000년경)

인도 세계의 변천사

인더스 문명
(기원전 2300년경~
기원전 1800년경)

**아리아 인의
침임**
(기원전 1500년경)

기원전 2300년경 원주민인 드라비다계 사람들에
의해 인더스 문명이 형성되었다. 가지런히 구획
정리되고 벽돌로 만들어진 도시에는 상하수도까지
완비되어 있었다. 모헨조다로와 하라파 등의 유적
이 남아 있다.

인도 북부에 침입한 아리아 인은 태양, 바람, 번개
등의 자연신을 숭배하고 있었다. 이것이브라만교
의 시초이다. 정착이 진행되는 가운데 원주민과의
구별이 신분화되어 카스트제가 생겼다.

브라만교

1 환경 파괴로 쇠퇴한 수준 높은 고대 문명

기원전 2300년경 인더스 강 유역에서 도시 문명이 발생했는데
이것이 인더스 문명이었다. 수준 높은 삶이 영위되던 인더스 문
명이었지만 불과 1000년 정도 후에 멸망해 버렸다.
도시가 폐허가 되고 문명이 멸망한 이유는 확실히 밝혀지지 않
았다. 벽돌을 굽기 위해 대량의 수목을 벌채한 탓으로 홍수가
일어났다는 것에서부터 지각변동으로 홍수가 일어났다는 등
여러 가지 설이 제기되고 있다.

2 종교와 왕조는 빠르게 변화했다.

인더스 문명이 쇠퇴한 뒤에 침입해 온 아리아 인은 인더스 강
에서 갠지스 강 유역으로 이동하여 정착하기 시작했다.
이러한 과정에서 탄생한 것이 브라만교와 브라만을 정점으로
하는 카스트제이다. 그 후 카스트제에 비판적인 불교가 국가 통
일의 기둥으로서 도움이 되었지만, 얼마 안 있어 브라만교와 불
교 등이 융합된 힌두교가 성립되자 불교는 쇠퇴해 간다. 동시에
인도는 소국을 손에 넣은 왕이 난립한다. 분열의 시대로 향하게
된 것이다.

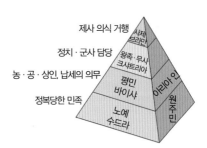

제사 의식 거행
정치·군사 담당
농·공·상인, 납세의 의무
정복당한 민족

사제 브라만
왕족·무사 크샤트리아
평민 바이샤 / 아리아 인
노예 수드라 / 원주민

바르나 제도
바르나는 종성의 의미이다. 4개의 종성 있으며,
브라만을 정점으로 하는 신분 계층이생겼다.

쟈티
신앙이나 직업 등에 의한 결속, 그 밖의 집단
과의 교분은 제한되었다.

카스트제
바르나 제도의 4개의 계층과 쟈티가 결합된
것으로 엄격한 상하 관계가 형성되었다.

자이나교

「업」을 없애기 위한 고행과
불살생(不殺生)을 주장했다.

갠지스 강 유역의 도시 국가 형성

마우리아 왕조
(기원전 317년경~기원전 180년경)

인도 최초의 통일 왕조. 크샤트리아 계층을 중심으로 전파된 불교를 보호하여 국가의 안정을 꾀했다.

인생은 「고통」이며, 거기에서 어떻게 벗어날지를 설명했다.

불교

▲ 깨달음을 얻은 석가모니는 불교의 창시자가 되었다.

카스트제에 대한 비판

상좌부 불교

개인의 깨달음을 중시하고 엄격한 수행에 의해 자신의 구제를 추구하는 것. 스리랑카와 미얀마, 타이 등 인도차이나 반도의 여러 지역에 전파되었다.

쿠샨 왕조
(기원후 45년경~240년경)

서북 인도를 통일하고 대승 불교를 보호했다. 헬레니즘 문화와 불교 문화가 융합한 간다라 미술이 발달하였으며, 사람의 형상을 닮은 불상이 탄생했다.

대승 불교

수행자뿐만 아니라, 일반 민중의 구제를 꾀했다. 중앙아시아에서 한국, 중국, 일본 등 아시아 지역에 넓리 전파되었지만, 발생지인 인도에서는 힌두교에 흡수되어 정착되지 못했다.

힌두교

브라만교에 불교 등의 사상이 도입되어 형성되었다.

사타바하나 왕조
(기원전 1세기~기원후 3세기 중반)

남인도를 중심으로 번영했다. 불교, 자이나교를 보호하였으며, 안드라 왕조라고도 한다.

굽타 왕조
(320년경~550년경)

불교, 자이나교뿐만 아니라, 브라만교가 융합되어 힌두교가 탄생했다.

◀ 힌두교 신들의 하나인 시바 신상

인도 세계의 토대가 된 힌두교

힌두교는 카스트제와 제사 의식, 불교의 윤회 사상, 시바 신, 비슈누 신 등의 토착신들에 대한 신앙이 융합되어 탄생한 다신교이다. 석가모니는 비슈누 신의 화신 중 하나로 여겨진다.

힌두교는 현대에 이르기까지 인도인의 생활이나 사고, 사회 윤리나 도덕관에 크게 영향을 주고 있다. 힌두교는 창시자가 없으며 성서나 쿠란 같은 경전은 없지만 종교적 색채가 짙은 『마누 법전』으로 정리되어 있다.

굽타 왕조 쇠퇴 후, 북인도를 지배했다.

힌두교와 카스트제가 정착되었다.

바르다나 왕조
(606년~647년)

소국의 분립

은과 주에서
춘추 전국 시대로

고대 문명의 탄생과 쇠퇴

중국 문명

기원전 2500년경, 황허 강 유역의 비옥한 토지에서는 농업이 이루어지고, 촌락이 만들어졌다.
기원전 2000년경이 되자 촌락의 규모는 커지고, 읍이라고 하는 촌락 도시가 많이 나타났다.

은 왕조

기원전 1600년경, 은 왕조가 읍을 통합했다. 수도는 은허. 은의 정치와 정책은 점에 의해 결정되었다.
은의 마지막 왕은 밤낮으로 호사한 술잔치 연회에 빠져 주에게 멸망했다.

주 왕조

은을 멸망시킨 주의 왕은 일족(一族)의 사람이나 가신(家臣)에게 영지를 주어, 제후로 삼았다. 이민족에게 수도인 호경이 공격을 받아 낙읍으로 천도한 이후, 주의 세력은 쇠퇴했다.

춘추 시대

기원전 700년 이후의 약 360년을 가리킨다. 주왕의 권위는 실추되고, 각지의 유력한 제후는 많은 제후를 모아 동맹을 맺고 주도권을 잡았다.
제, 진, 초, 오, 월을 춘추오패 (春秋五霸)라고 한다.

전국 시대

스스로 왕이라 칭하는 제후가 증가하고, 제국 간의 항쟁이 심해진 전국 시대는 춘추 시대 이후 약 180년간 계속된다. 강국이 된 제, 초, 진, 연, 위, 한, 조를 전국칠웅(戰國七雄)이라 한다.

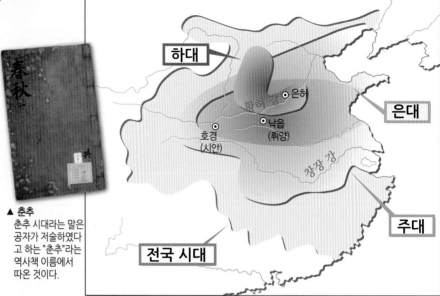

▲ 춘추
춘추 시대라는 말은 공자가 저술하였다고 하는 "춘추"라는 역사책 이름에서 따온 것이다.

하 왕조는 중국에서 오랫동안 전설의 왕조로 생각되었으나, 황허 강 중류 뤄양 평원에서 궁전 유적과 청동기가 발견되면서 실존했던 왕조로 밝혀지고 있다.

1 황허 강 유역에서 탄생한 최초의 통일 국가

중국 문명은 황허 강 유역에서 발생한 중국 최고의 문명이다. 편서풍을 타고 운반된 중앙아시아 사막의 황토가 퇴적된 비옥한 토지가, 문명을 발전시키는 토대가 되었다.
얼마 지나지 않아 황허 강 유역에서 탄생한 다수의 촌락 도시를 정리하는 통일 국가가 나타난다. 유적에서 실존이 확인된 최고의 국가는 은 왕조였지만, 새로운 유적의 발견으로 하(夏) 왕조가 실재한 것으로 인정되고 있다.

2 새로운 사회 질서가 모색되고, 여러 사상가가 등장했다.

은이 멸망하고, 대신 통일 왕조를 연 주가 쇠퇴한 뒤에는 여러 나라가 분립하여 서로 다투는 시대가 계속되었다.
이러한 혼돈 시기 중에서도 전국 시대에 활약한 것이 「제자백가」라고 불리는 사상가들이다.
자국이 생존하기 위해 필요한 정치 이념이나 새로운 사회 질서를 모색하는 가운데, 여러 사상이 생겨 계승되어 갔다.
이때 생긴 사상은 중국 문화의 근원이 되었고, 지금도 영향을 주고 있다.

난세이기 때문에 생긴 제자백가

「제자」란 여러 학자나 사상가 「백가」란 여러 학파들을 의미한다. 새로운 사회 질서가 필요한 난세에는 다양한 사상이 주장되어 수많은 학자나 학파가 자신들의 사상을 자유로이 논쟁하는 「백가쟁명(百家爭鳴)」의 시대가 되었다.

유가

사회 질서의 기본은 가족의 도덕에 있으며, 사회의 안정을 위해서는 「인(도덕성)」과 「예(예의)」가 중요하다고 주장했다.
공자에서 비롯된 이 학파는 맹자가 주장하는 「성선설(인간의 성품이 본래부터 선한 것이라고 보는 학설)」과 순자가 주장하는 「성악설(인간의 성품이 본래부터 악한 것이라고 보는 학설)」로 나누어졌다.

● 주요 인물: 공자, 맹자, 순자

사회의 혼란을 바로잡기 위해, 성선설의 맹자는 덕을 잃은 왕조는 새로운 왕조와 교체된다는 혁명을 용인 하였고,
성악설의 순자는 왕이 정한 예(禮)로 사람들을 교정해야 한다고 했다.

도가

「무위자연(無爲自然)」을 주장했다.
있는 그대로 하면 되며 예나 도덕 등의 제약을 해서는 안 된다고 주장했다.

● 주요 인물: 노자

제자백가의 등장

유가
힘이 아닌 덕으로 사람들을 따르도록 해야 합니다.

법가
국가가 하는 모든 일을 법으로 정해 놓고, 법을 어기면 강력히 처벌해야 합니다.

도가
인간이 만든 도덕이나 법 때문에 백성이 가난하고 도둑이 많습니다. 백성들이 자연 그대로의 삶을 살 수 있도록 해야 합니다.

묵가
자기 자신을 사랑 하듯 모든 사람을 처벌하지 않고 똑같이 사랑해야 합니다. 그러면 결코 전쟁이 일어나지 않을 것입니다.

공자   한비자   노자   묵자

※ 제자백가는 춘추 시대 이후 변화하는 사회에 걸맞은 새로운 질서를 모색하였다.

묵가

무차별, 평등, 박애를 주장.
전쟁 반대를 호소하였다.

● 주요 인물: 묵자

음양가

우주도 인간도 사회의 모든 현상도 음과 양, 두 가지의 상반된 원리의 변화에 의한 것이라고 주장했다.

● 주요 인물: 추연

▲ 이사

법가는 진에서 채용되어 진의 정책에 반영되었다.

◀ **진시황제** 진시황은 통일한 지역을 모두 36개 군으로 나누고, 군을 다시 여러 개의 현으로 나누었다. 군과 현은 중앙에서 관리를 파견하여 다스렸다.

법가

순자의 성악설의 영향을 받아, 사회 질서를 유지하기 위해서는 법에 의한 신상필벌(공이 있는 사람에게는 상을 주고, 죄를 범한 사람에게는 반드시 벌을 줌)이 필요하다고 주장했다.

● 주요 인물: 상앙, 한비자, 이사

종횡가

외교 정책을 구체적으로 주장했다.
강국인 진과 대항하는 6국이 연합하여 동맹을 맺도록 주장한 소진과 달리 진의 재상인 장의는 6국에게 진과 개별 동맹을 맺도록 설득하며 돌아다녔다.

● 주요 인물: 소진, 장의

중국 황제 전제 정치와 문화의 기초를 구축한
진과 한
진이 실시한 정책

규격의 통일

문자나 화폐, 도량형(길이, 부피, 무게 등의 단위를 재는 법)의 통일과 수레바퀴 폭의 통일을
실시하여, 중앙 집권화를 뒷받침했다.
사상·언론을 통일하기 위해 농업이나 의약 등의 실용적인 문헌 이외의 책을 불살라 버리고
(분서), 시황제에게 비판적인 유학자를 구덩이에 파묻어 죽이는(갱유) 등 강제적인 방법도 동
원되었다.

강력한 중앙 집권화

황제를 정점으로 한 중앙 집권화가 추진되었다.
지방은 군, 현, 향, 리로 나누고, 군과 현에는 중앙 정부의
관리를 파견하는 「군현제」가 실시되었다.

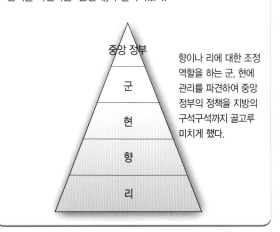

향이나 리에 대한 조정
역할을 하는 군, 현에
관리를 파견하여 중앙
정부의 정책을 지방의
구석구석까지 골고루
미치게 했다.

▲ 시황제의 묘 부근에서 발견된 병마용(병사나 군마를 본뜬 도기 군단). 사후에 황제를 지키기 위해 만들게 했다.

만리장성

당시에는 황허 강의 북쪽에서 유목민인 흉노가 자주 공격해
왔다. 흉노의 침공을 막기 위해 쌓은 것이 만리장성이다. 전국
시대에 여러 나라가 만들었던 성채를 기초로 하여 건설되었다.
다만, 지금 남아 있는 만리장성은 몽골의 침입에 대비하여 명
나라가 쌓은 것이다.

2000년에 걸쳐 계속된 중국 제국의 시작

5세기 이상에 걸쳐 계속된 춘추 전국 시대에 막을 내린 것은 전국 7웅의 하나인 진(秦)이었다.
다른 6국을 정복한 진은 기원전 221년에 중국을 통일했다.
진의 왕은 스스로를 「시황제」라 칭하며 권력을 한손에 장악하고, 나라 만들기를 추진했다.
이후 2000년 이상이나 계속되는 황제 전제 정치는 나라 이름의 변화는 있었지만, 진이 구축
한 국가 체제를 기초로 하여 발전해 가게 되었다. 하지만, 진나라 자체는 단명했다.
시황제 사후 급속하게 힘을 잃은 진은 불과 15년 만에 멸망하고, 대신에 서민 출신인 유방이
세운 한(漢)의 시대가 시작되었다.
한은 진의 정치 체제를 계승했지만, 보다 유연한 통치를 실시하여 전한(前漢)과 후한(後漢)
합쳐 400년 이상이나 계속되는 대제국이 된다. 또한 「한자」, 「한문」이라는 단어에서도 볼 수
있듯이, 중국 문화의 기초라고도 말할 수 있는 문화가 구축된 시대이기도 하다.

진에서 한으로의 변천

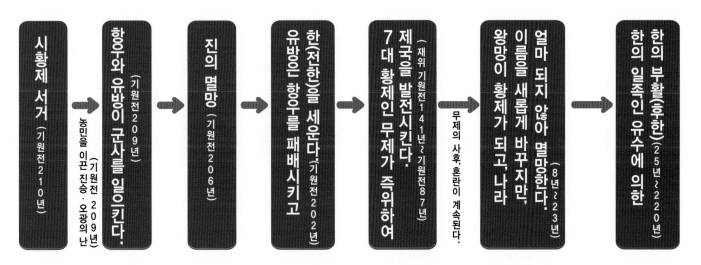

시황제 서거 (기원전 210년)

→ 농민을 이끈 진승·오광의 난

항우와 유방이 군사를 일으킨다. (기원전 209년)

→

진의 멸망 (기원전 206년)

→

한(전한)을 세운다. (기원전 202년) 유방은 항우를 패배시키고

→

제국을 발전시킨다. 7대 황제인 무제가 즉위하여 (재위 기원전 141년~기원전 87년)

→ 무제의 사후, 혼란이 계속된다.

얼마 되지 않아 멸망한다. 이름을 새롭게 바꾸지만, 왕망이 황제가 되고, 나라 (8년~23년)

→

한의 부활(후한)(25년~220년) 한의 일족인 유수에 의한

한의 특징

적극적인 대외 정책

전한의 전성기를 이룬 무제 시대에는 진 때부터 계속해서 공격해 온 흉노를 격퇴하고, 북방과 서역에 대한 지배를 확대했다. 더욱이 남방에까지 진출하면서 영토는 확대일로를 걸었다.
하지만 거듭되는 대외 전쟁은 재정난을 초래했고, 민중은 곤궁해졌다.

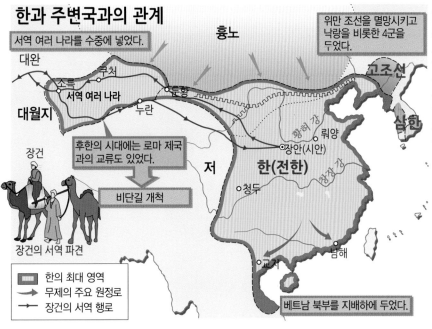

한과 주변국과의 관계

서역 여러 나라를 수중에 넣었다.
위만 조선을 멸망시키고 낙랑을 비롯한 4군을 두었다.
대완 / 구천 / 소륵 / 서역 여러 나라 / 돈황 / 누란 / 대월지
후한의 시대에는 로마 제국과의 교류도 있었다.
비단길 개척
장건 / 장건의 서역 파견
흉노 / 고조선 / 삼한 / 황허 강 / 뤄양 / 장안(시안) / 저 / 한(전한) / 청두 / 남해 / 교지
베트남 북부를 지배하에 두었다.

한의 최대 영역 / 무제의 주요 원정로 / 장건의 서역 행로

한의 정책

중앙 집권을 강화하고, 군현제와 제후에게 영토를 주어 지배하게 하는 봉건제를 병용했던 「군국제」를 실시했다. 그러나 무제 시대에 왕권이 강해져, 군현제가 확대되었다.
또한 진의 시대에 박해를 받은 유학이 재평가되어 관학이 되었다.

서역 원정 정책과 『사기』의 탄생

하 왕조 시대부터 전한의 무제 시대까지를 생기 넘치는 필치로 묘사한 사마천의 『사기』는 중요한 역사서이며, 지금도 계속해서 읽혀지는 명작이기도 하다.
사마천은 의가 두터운 사람이었다. 서역에 원정하여 흉노의 포로가 된 장군을 비호해 준 일로 무제의 노여움을 사서, 생식기를 제거당하는 형벌인 궁형(宮刑)을 받았다.
그 굴욕을 풀기 위해 사마천은 『사기』의 완성에 심혈을 기울였다고 한다. 130권, 약 52만 자에 이르는 장대한 역사서는 이렇게 해서 남겨진 것이다.

▲ 사기 『사기』는 비단에 쓰였다. 종이가 쓰이게 된 것은 후한 시대. 제지법은 채륜에 의해 개발되었다.

중앙아메리카와 안데스 지역에서 번영한
아메리카 대륙의 문명

아메리카의 원주민 문명

	시 기	문명 및 문화
메소 아메리카 문명	B.C. 1200년~A.D. 600년경	올메카 문명
	100년경~900년경	테오티우아칸 문화, 마야 문명
	900년경~1521년	톨텍 문명, 아스테카 문명
안데스 문명	B.C. 1000년경~A.D. 200년경	차빈 문화
	400년~1000년경	모티카 문화, 나스카 문화
	500년~950년경	티와나쿠 문화, 와리 문화
	900년~1450년경	치무 문화
	1200년경~1572년	잉카 문명

◀ 태양의 돌
아스테카 인들의 역법과 우주관을 엿볼 수 있는 유물이다. 돌 중심에는 태양신이 새겨져 있고, 그 주변을 태양계와 현세를 상징하는 이미지들이 둘러싸고 있다.

마야 왕국

아스테카 제국

대서양

서인도 제도

테노치티틀란

파나마

키토
과야킬

태평양

리마
마추픽추
쿠스코

잉카 제국

산티아고

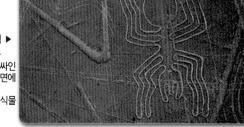

나스카의 지상 그림 ▶
페루의 나스카 강과 인헤니오 강에 둘러싸인 건조한 고원의 지표면에 그려졌다. 기하학적 도형과 동식물 그림이다.

◀ 치무의 황금 칼

■ 포르투갈 식민지
■ 에스파냐 식민지
→ 코르테스의 진로
→ 피사로의 진로

마젤란 해협

1 잉카 제국, 아스테카 제국으로 이어지는 문명이 있었다.

유라시아 대륙에서 아메리카 대륙으로 건너간 사람들은 대륙의 각지에서 각각의 환경에 따른 문화를 발전시켜 갔다.

북아메리카에서는 수렵 및 채집을 중심으로 한 생활을 영위해 갔지만 중앙아메리카와 남아메리카의 안데스 지역 일대에서는 오래 전부터 도시 문명이 탄생했다.

그리고 이러한 도시에는 거대한 석조 건축물을 만들어 낸 수준 높은 토목 기술, 정확한 달력, 그림 문자 등 독특한 문명이 구축되어 있었다.

여러 문명, 여러 도시 국가의 흥망이 계속되는 동안 중앙아메리카에서는 14세기에 아스테카 제국이, 안데스 지역에서는 13세기 후반에 잉카 제국이 출현하여 번영했다.

하지만 그 번영도 오래 계속되지는 못하고 대항해 시대의 시작과 함께 에스파냐의 정복을 받아 두 제국 모두 멸망했다.

▲ 마추픽추 역사 지구 안데스 산맥에 있는 잉카 제국의 요새 도시로 해발 2430 m에 위치해 있다.

주요 문명의 변천

◀ 올메카 문화의 거대한 석조 두상

중앙아메리카

올메카 문화
기원전 1200년경에 멕시코 만 연안 지역에서 성립. 주변의 여러 문명에 영향을 주었다.

테오티우아칸 문화
멕시코 고원에서 기원전 6세기경 성립. 피라미드가 만들어졌다.

▲ 치첸이트사의 카스티요 피라미드형 신전으로 밑변의 한 변이 55 m, 높이가 23 m이다. 이 거대한 건축물은 마야의 역법을 나타내고 있다.

안데스 지역

차빈 문화
기원전 900년경에 성립. 그 후 안데스 지역의 문명에 영향을 주었다.

나스카 문화
페루 남부에서 번영했다. 지상화로 유명하다.

새의 그림

마야 문명
4세기경부터 유카탄 반도에서 번영했다. 수준 높은 천문 관측이나, 역법, 그림 문자 등 독자적인 문화를 발전시켰다.

▲ 마야 문자 「뜻글자+소리글자」의 일종으로, 마야 문명이 사용했던 문자 체계. 유럽의 침략 이전의 원 아메리카 문명의 문자 중 유일하게 상당 부분 해독된 문자 체계.

톨텍 문명 등

아스테카 제국
멕시코 고원에 진출한 아스테카족이 왕국을 형성했다.

티와나쿠 문화
기원 전후부터 형성되었으며, 7세기경에는 넓은 지역으로 확대되었다.

여러 왕국이 출현한다.

잉카 제국
15세기 후반에 광대한 지역을 통일한다.

2 중앙아메리카의 과테말라, 유카탄 반도를 중심으로 번영하였던 마야 문명

마야족이 세운 고대 문명으로 알려져 있으며, 2천 년 전부터 생겼을 것으로 추정된다.

마야인(인디언)들에 의해 창조된 마야 문명은 장려한 궁전과 독특한 조각 미술 및 상형 문자를 가진 농경 기반의 고대 중앙아메리카의 선진 문명을 일컫는다.

300년~900년까지가 문명의 황금기였으나, 고마야 문명은 10세기에 멸망하였다.

이후 일부 마야 유민들이 유카탄 반도로 이동하여 신마야 문명을 세웠다.

역사가 변하게 된 전환점

끊임없이 계승되어 온
달력의 규정

현재 세계 달력의 주류는 율리우스과 그레고리력을 보다 정밀하게 만든 것이다.

룩소르 신전
©Omar Shawki

이집트력

이집트에서는 나일강의 범람을 예상하여 파종 시기, 수확 시기를 알기 위해 달력이 꼭 필요했다.
고대 이집트에서는 태양의 움직임을 토대로 한 태양력을 사용했는데, 이를 이집트력이라 한다. 이집트력은 순태양력으로서 1년을 365일, 12개월로 나누었다.

메소포타미아력

메소포타미아에서는 달의 운행을 기준으로 한 태음력이 사용되었다.

율리우스 카이사르가 이집트력을 토대로 하여 기원전 45년 로마력을 개정한 것이다.
1년을 평년 365일로 하여, 4년마다 하루의 윤일을 2월 23일 뒤에 넣었고, 춘분을 3월 25일로 고정시키려 하였다. 율리우스력은 전 유럽에 보급되어 16세기 말까지 쓰였다.

율리우스력

로마의 카이사르와 이집트의 여왕, 클레오파트라와의 사이에는 자식도 탄생했다(중앙의 모자).

그레고리력

교황 그레고리우스 13세가 1582년에 기존에 쓰이던 율리우스력의 역법상 오차를 수정해서 공포한 것으로 오늘날 거의 모든 나라에서 사용하게 된 태양력이다. 그러나 이 역법 역시 여러 단점들이 지적되고 있다.

©Guido Radig

오를로이는 체코의 수도 프라하에 위치한 중세의 천문 시계이다. 1410년에 최초로 설치되어 여전히 작동하며 천문 시계로서는 가장 오래되었다.

태양력과 태음력

1. 태양력

율리우스력

율리우스 카이사르는 당시 혼란스러웠던 모든 달력을 폐지하고 자신의 달력을 공식화했다. 그리고 기원전 45년 11월 1일을 율리우스 달력의 기원으로 삼았다.
율리우스력에서는 1년을 365.25일로 한다. 따라서 실제 1년보다 0.0078일 더 길어지고, 400년이 지나면 3일 앞당겨진다.
율리우스도 이런 오차를 알고 있었으나, 달력을 좀 더 단순하게 만들기 위해 근삿값인 365.25일을 취했다.
추가되는 하루를 2월에 넣기로 했는데, 율리우스력에서는 2월이 윤년인 경우 30일, 평년인 경우 29일이며, 윤년은 4년에 한 번씩 돌아온다.

그레고리력

교황 그레고리우스 13세가 1582년에 기존에 쓰이던 율리우스력의 역법상 오차를 수정해서 공포한 것으로, 오늘날 거의 모든 나라에서 사용하게 된 태양력이다.
이 역법 역시 여러 단점들이 지적되고 있다. 그레고리력에서는 윤년은 원칙적으로 4년에 한 번을 두되 연수가 100의 배수인 때에는 평년으로, 다시 400으로
나누어 떨어지는 해는 윤년으로 하고 있다. 이 개력에 의해서 1년은 약 365.2425일이 되고, 태양년(회귀년)과의 차는 불과 3000년에 하루 정도가 된다.
이 역법은 다음과 같은 결점이 있다.　① 1개월의 길이에 불합리한 차이가 있다.
　　　　　　　　　　　　　　　　② 주(週)와 역일(曆日)을 맺는 법칙이 없다.
　　　　　　　　　　　　　　　　③ 연초의 위치가 무의미하다.
　　　　　　　　　　　　　　　　④ 윤년을 두는 방법이 번잡하다.

2. 태음력

음력은 달의 운행을 기준으로 결정한다. 그믐(합삭일, 달이 보이지 않는 날)을 음력 초하루로 정하여 다음 합삭일까지의 주기는 29.53일이다.
그래서 음력은 큰달과 작은달로 구분된다. 큰달은 30일, 작은달은 29일인 순태음력은 29일의 작은달과 30일의 큰달을 번갈아 두고, 1년은 12달, 354일이며,
30년에 11일의 윤일을 두어 달의 삭망과 날짜가 맞도록 한다. 태음력은 달이 29.53059일(1삭망월)을 주기로 규칙적으로 차고 기우는 데서 자연적으로 생겼다.
달의 위상 변화에만 주목하고 만든 역으로 춘하추동의 계절 변화는 전혀 고려하지 않았다. 1삭망월이 29.5일을 약간 넘으므로 1년을 30일의 큰달과 29일의 작은달을
각각 여섯 달씩 넣으면, 354일이 되어 12삭망월보다 0.36707일이 짧아진다.

3. 24절기

24절기는 태양의 운행에 의한 것으로 양력이다. 따라서 계절 변화와 정확히 일치한다. 음력은 위에서 본 바와 같이 계절 변화와 일치하지 않기 때문에 24절기를 만들어
사용하게 되었다. 농사를 짓기 위해서는 계절 변화를 정확히 알아야 하기 때문에, 우리 조상들은 태음력과 24절기에 의한 태양력을 동시에 사용했던 것이다(이를 태
음태양력이라고도 한다). 24절기는 밤과 낮의 길이 등 달 중심이 아닌 태양 중심으로 만들어졌기 때문에 결과적으로 양력과 일치하게 된다.
24절기는 처음부터 태양의 황도상 위치에 따라 계절적 구분을 하기 위해 만든 것으로, 황도에서 춘분점을 기점으로 15° 간격으로 점을 찍어 총 24개의 절기로 나타낸다.
명리학에서는 이 절기가 가장 중요하며 월을 계산할 때는 이 절기에 의하여 월을 정한다. 즉, 1월은 음력 1월 1일에 시작하는 것이 아니고 입춘에서 시작하며,
3월은 청명에서 시작하는 것이다.

월	1	2	3	4	5	6	7	8	9	10	11	12
절기	입춘	경칩	청명	입하	망종	소서	입추	백로	한로	입동	대설	소한
중기	우수	춘분	곡우	소만	하지	대서	처서	추분	상강	소설	동지	대한

4. 윤달 결정 방법

음력은 1년이 354.367일이되므로 태양력보다 11일이나 짧다. 3년이 되면 무려 1달의 차이가 생기게 된다.
따라서 계절 변화와도 맞지 않게 되므로 19년에 7번 윤달을 두어 24절기와 맞추게 된다.

결정 방법은 어떤 달에는 절기만 있고 중기가 없는 달이 있는데, 이를 윤달로 정하여 전달의 이름을 따른다.
이와 같이 중기(中氣)가 없는 달을 윤달로 하는 법을 무중치윤법 (無中置閏法)이라 한다.
그런데 간혹 1년에 중기가 없는 달이 2번 들어오는 경우가 있다.
이때는 처음 중기가 없는 달을 윤달로 택한다.
그런데 윤달을 정할 때 어떤 경우라도 지켜야 하는 규칙이 있는데, 그것은 11월에 동지가 들어오도록 해야 한다는 것이다.
이는 불변의 원칙이다.

선조의 삶을 전하는

문자의 탄생

약 5000년 전에 문자가 출현한 이후, 사회에 축적되는 정보와 지식의 양이 비약적으로 증가했다. 또한 문명의 발전에 깊은 영향을 주었다.

히에로글리프 파라오의 묘 내부에 새겨진 고대 이집트의 상형 문자(신성 문자)

로제타석
히에로글리프 해석의
열쇠가 된 비석.
나폴레옹의 이집트
원정군이 나일 강 어귀의
로제타 마을에서 발견했다.

이집트의 서기관
파피루스에 쓸 때는 히에로글리프를 간략하게 한 문자가 사용되었다.

주요 문자의 역사

문명이 발달하면서 각지에서 많은 문자가 탄생했다.
그 중에서도 페니키아 문자는 유럽·서아시아의
많은 문자의 기원이 되었다.

한자
은에서 사용된 갑골문에서 탄생.
해서(정자(正字)로 쓰는 한자의
서체)는 후한 말에 성립되었다.

청 건륭제의 작품

©C messier

상형 문자
각지에서 사용되었지만, 해석되지 않은 것도 많다.
사진은 크레타 섬의 원반.

아라비아 문자
지중해 연안에서 사용되고
있던 페니키아 문자에서 파생된
아람 문자가 변화한 것이다.

표음 문자	표의 문자
아	살다　　운반하다

알파벳의 변화

히에로글리프의 예
소리를 나타내는 문자와 의미를 나타내는 문자가 있다.
페니키아 문자에 영향을 주었다.

페니키아 문자
✳ ⪤ ⅄ △ ⅃

고대 그리스 문자
Α Β C D E

라틴 문자
A B C D E

직접적인 기원은 페니키아 문자.
그리스 문자를 거쳐 로마인이 라틴 문자로 완성시켰다.

그리스 문자가 새겨진 비석이나 그리스 어로 쓰여진 많은 문헌은
고전 시대의 문화를 아는 귀중한 실마리가 되고 있다.

현대로 이어지는 학문의 창시자

고대 그리스의 지혜

민주정을 실현한 폴리스(도시 국가)의 시민은 활발하게 서로 토론했다. 그런 풍토가 과학, 철학을 탄생시키는 토대가 되었다.

아테네 시가 정치나 학문에서 그리스 세계의 중심. 소크라테스 등의 철학자를 배출했다.

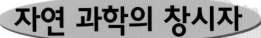

자연 과학의 창시자

탈레스
기원전 600년경에 활약했다. 「물체는 무엇인가」를 생각한 최초의 인물이며, 「만물의 근원은 물」이라고 주장했다. 소아시아의 밀레토스 출신.

헤라클레이토스
탈레스의 사상을 계승하는 밀레토스 학파의 학자. 「만물의 근원은 불」이라고 주장했다. 「만물은 유전(流轉)한다」는 말로 유명하다.

데모크리토스
「만물의 근원은 원자(原子)」라고 주장했다. 현재의 물리학에 대한 지식의 근원이라고 할 수 있다. 기원전 400년경에 활약했다.

피타고라스
탈레스에게 기하학을 배운 수학자. 피타고라스의 정리로도 알려져 있다. 「만물의 근원은 수학」이라고 주장했다.

피타고라스의 정리

직각삼각형에서 직각을 낀 두 변의 길이를 각각 a, b라 하고, 빗변의 길이를 c라 하면 $a^2 + b^2 = c^2$ 이 성립한다.

히포크라테스
병의 치료를 주술이나 점이 아니라 과학적인 것으로 변화시킨 인물로 알려져 있다. 「의학의 아버지」로 불린다.

히포크라테스
할아버지도 손자도 같은 이름이며. 3명의 제자도 히포크라테스라는 이름을 가졌다고 한다.

소피스트
진리의 주관성을 주장하며, 「인간은 만물의 척도」라고 말한 프로타고라스를 비롯한 변론술 교사들이다.

플라톤

아리스토텔레스

아르키메데스

헤라클레이토스

피타고라스

에우클레이데스

「아테네 학당」(라파엘로 그림. 1509-1510 프레스코화)
로마 바티칸궁 서명실의 벽화. 중앙에 있는 사람의 왼쪽이 관념세계를 대표
하는 플라톤이고 오른쪽의 파란 옷이 과학과 자연계의 탐구를 상징하는
아리스토텔레스이다.

서양 철학의 창시자

소크라테스
소피스트의 주장에 의문을
가지고, 객관적 진리를 추구하였다.
「무지(無知)의 지(知)」를 주장하였다.
유력자에게 따돌림을 받아 사형 판결
을 받고 독배를 마셨다.

플라톤
제자인 플라톤은 소크라테스의
많은 언동을 책에 정리했다.
이데아론, 국가론을 주장하고
아카데미아라는 학교를 설립했다.

아리스토텔레스
그리스의 철학, 과학 등의 여러
학문을 체계화시켰다.
플라톤의 제자이지만, 이데아를
인정하지 않고 현실주의적인
면에서 고찰을 심화시켰다.

현대로 이어진다

크리스트교와 이슬람교

2대 종교의 교차

크리스트교와 이슬람교는 기원이 같은 곳에 있으면서도 때로는 날카롭게 대립했다.

그리스 정교에서 이슬람교로의 전환 크리스트교에서 이슬람교로 전환한 터키의 수도 이스탄불(옛 이름은 비잔티움, 콘스탄티노플)

그리스도상
모스크로 개축되었을 때, 모자이크화에 회반죽이 칠해져 가려졌다.

아야 소피아
크리스트교의 주교회였지만, 후에 이슬람교의 모스크로 개축되었다.

크리스트교와 이슬람교

기사의 저택
크리스트교의 수호를 맡은 기사단의
장이 살았던 성채(로도스 섬)

이슬람교하의 크리스트교

바위를 뚫어 만들어진 돔에는
벽화도 그려져 있다.

동굴 교회는 박해를 피한 크리스트교도의 신앙의 장소가
되었다.

동굴 교회
터키의 크리스트교도는 이슬람교도의 박해를 피하기 위해
기암을 뚫고 교회를 만들었다.

크리스트교와 이슬람교의 흐름

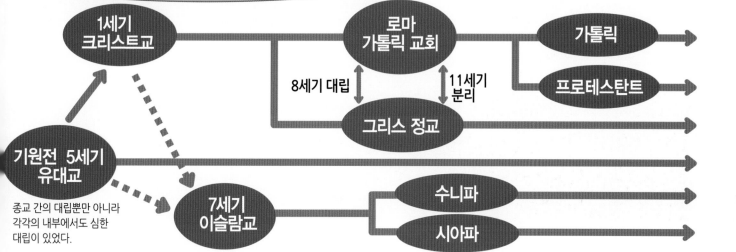

- 1세기 크리스트교
- 로마 가톨릭 교회
- 가톨릭
- 8세기 대립
- 11세기 분리
- 프로테스탄트
- 그리스 정교
- 기원전 5세기 유대교
- 7세기 이슬람교
- 수니파
- 시아파

종교 간의 대립뿐만 아니라
각각의 내부에서도 심한
대립이 있었다.

보티첼리 「비너스의 탄생」 르네상스 시기를 대표하는 회화의 하나.

중세의 종말을 고한

르네상스의 도래

14세기 후반 이탈리아에서 시작된 르네상스.
이 시대에 많은 예술 작품이 탄생했다.

피티 궁전
풍부한 재력으로
예술가를 보호한
메디치가의 주거
지였던 궁전

바티칸 가톨릭의 총본산. 대성당과 예배당, 미술관은 예술 작품의 보고이다.

메디치가의 사당
미켈란젤로의 조각, 「낮과 밤」의
조각상으로 장식된 석관

미켈란젤로 「피에타」 20대 중반의 작품. 바티칸의 성 베드로 대성당에 있다.

이탈리아

라파엘로 「그리스도의 변용」
라파엘로의 마지막 작품이라는 미완의 그림. 바티칸 박물관에 소장되어 있다.

같은 시기에 일어난 대항해, 종교 개혁

르네상스 시기는 대항해 시대와 겹친다.
또한 르네상스의 정신은 종교 개혁으로
이어졌다. 시대는 중세에서 근대로 크게 변했다.

뒤러 「네 명의 사도들」
종교 개혁가 루터의 가르침에
공조한 뒤러는 신약 성서의
복음서를 쓴 4명을 그렸다.

독일

에스파냐

엘 그레코
「십자가를 짊어짐」
크레타 섬 태생의 그레코는 이탈리아에서
그림을 배우고, 에스파냐에서 활약했다.

벨라스케스
「라스 메니나스」
'라스 메니나스'는 「시녀들」이라는 의미다.
벨라스케스는 궁정 화가로 활약했다.

레오나르도 다빈치

르네상스 시기를 대표하는 재인, 다빈치.
그림은 물론 과학 분야에서도 선구적인 아이디어를 남긴 천재였다.

스포르차 성 미술관
밀라노공 프란체스코 스포르차가 15세기에 밀라노에 건축한 성이 후에 미술관으로 된 것인데, 레오나르도 다빈치가 그린 사라 델레 앗세의 천정화 장식도 남아 있다. 미켈란젤로의 『론다니니의 피에타』도 소장.

인체도 고대 로마의 건축가, 비트루비우스의 기록을 토대로 그린 소묘.

황금률에 대한 연구
자연계에 잠재되어 있는 한층 아름답게 느낄 수 있는 균형 잡힌 비율을 연구

인체의 구조에 대한 깊은 관심
인체 해부에 입회하여, 많은 상세한 해부도를 남겼다.

천체의 움직임에 대한 고찰
지구는 태양의 주위를 돌고 있다고 확신했다.

군사에 대한 아이디어
머신건이나 폭탄, 잠수함 등의 아이디어를 고안하기도 했다.

비행기에 대한 아이디어
헬리콥터나 행글라이더와 유사한 도안을 남겼다.

다리의 설계
콘스탄티노플에 가설될 예정이었던 다리를 설계하였다.

예술에 대한 깊은 관심
그림만이 아니라 음악에도 조예가 깊어 연주, 작곡도 했다고 한다.

레오나르도 다빈치(1452~1519)
르네상스 시대 이탈리아를 대표하는 천재적 미술가 · 과학자 · 기술자 · 사상가. 15세기 르네상스 미술은 그에 의해 완벽한 완성에 이르렀다고 평가받는다. 조각 · 건축 · 토목 · 수학 · 과학 · 음악에 이르기까지 다양한 방면에 재능을 보였다.

「모나리자」

레오나르도 다빈치 (1452-1519)의 걸작인,
모나리자는 세계에서 가장 유명한 초상화 중 하나이다.
모나는 유부녀 이름 앞에 붙이는 이탈리아어 경칭이고,
리자는 초상화의 모델이 된 여인의 이름이다.
모델이 누군가에 대해서는 의견이 분분하다.
현재 프랑스 파리 루브르 박물관에 전시되어 있다.

루브르 박물관에는 「모나리자」를 비롯해, 4점의 다빈치 명화가 소장되어 있다.

「수태고지」

레오나르도 다빈치의 초기작 중 하나로 피렌체의 산 바르톨로메오 아 올리베토
교회의 제단화로 그려진 것이다.
현재 우피치 미술관 소장으로 2000년 3월에야 복원이 완료되어 현재의 모습을
볼 수 있게 되었다. 그림의 연대에 대해서는 아직 논란이 있어 1460년대 후반,
혹은 1480년대까지로 주장하는 학자도 있지만 대체로 1470년대로 추정되고 있다.
탁월한 묘사력과 균형 잡힌 구도는 벌써 이때부터 완성되어 있었다.

역사를 만든 전쟁의 이면에 있던

전법의 변화

「알렉산드로스와 다리우스의 싸움」
중장보병을 거느린 알렉산드로스 대왕은 다리우스 3세가
이끄는 페르시아군을 격파하고, 대제국을 세웠다.

1. 고대의 주된 힘은 보병들

고대 그리스 시대 이후, 전투의 주된
힘이 되었던 것은 방패와 창으로 무장한
중장보병이었다.
보병은 대열을 조직해 진격했다.

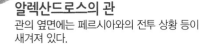

알렉산드로스의 관
관의 옆면에는 페르시아와의 전투 상황 등이
새겨져 있다.

2. 성과 기사가 수비를 확고히 한 중세

중세 유럽에서는 군주와 신하(기사)가
주종 관계를 맺고 외적과 맞섰다.

중세의 병사
기사는 갑옷투구로 무장하고 말을
타고 싸웠다. 십자군 원정이 반복된
12~13세기가 전성기이다.

갑옷투구
검이나 창으로부터 몸을 보호하기 위해
없어서는 안되는 기사의 기본 장비이다.

3. 화약의 등장으로 인한 큰 변화

화약을 사용한 철포나 대포가 보급되자, 중장비한 기사가 1대 1로 싸우는 방법은 쇠퇴하고, 다시 보병의 역할이 커지게 되었다.

라이플 총 미국의 남북 전쟁에서 많이 사용되었다. 총신 내부에 나선형의 선(라이플)이 장착되어 명중률이 높았다.

워털루의 대포 나폴레옹의 몰락을 결정지은 전투에서도 대포가 사용되었다.

나폴레옹 대포를 잘 이용하여 전승을 거듭했지만, 최후에는 패배하여 유배되었다.

4. 신무기의 개발로 인한 비극의 확대

전 세계의 나라들이 참전한 20세기 두 번의 대전은 많은 신무기가 사용되어 전쟁 피해가 극심했다.

전차 제1차 세계 대전에서 사용되기 시작했는데, 공격력과 방어력이 강력했다.

핵무기 제2차 세계 대전에서는 히로시마와 나가사키에 원자 폭탄이 투하되었다.

중세의 성

우아한 자태를 남긴 성이지만 그 실체는 군사상의 방어 시설이었다.
10세기 이후 중세 시대에 유럽 전체에 건립되었다.

망루

저택

예배당

정상 총안

순찰로

총안

테라스

입구

성벽

울타리

하이델베르크 성(독일)
13~17세기에 걸쳐 축조된 성. 30년 전쟁을 시작으로 황폐해졌는데,
제2차 세계 대전 후 원래의 모습으로 복원되었다.

군기

감시 망루

망루

돌 떨어뜨리는 구멍

각루

성문

도개교

카르카손 성채(프랑스)
스페인으로부터 영토를 지키기 위해 루이 9세가 5세기에 서고트인들이 세운 시가지 시테에 세운 성이다. 유럽에서 손꼽히는 중세 성의 하나로서 내부 성벽은 서고트족의 왕 외리크 1세가 485년에 건설하였다.

브란 성(루마니아)
공격해 들어오는 오스만 제국의 병사를 찔러 죽여, 드라큘라 전설의 기원이 된 왕의 성이다.

호엔잘츠부르크 성(독일)
교황파인 대사제가 황제파인 독일 제후의 공격으로부터 시가를 보호하기 위해 만들었다.

와인, 향신료, 홍차
전쟁의 원인이 된 식문화

먹는 것에 대한 집착이 세계 지도를 변화시키는 사태로까지 발전되기도 했다.

홍차
홍차의 수입원인 청에 지불하는 은의 증가는 아편 전쟁의 원인이 되었다.

홍차는 17세기에 유입되어 산업 혁명의 발전과 함께 널리 정착되면서 소비량이 급증하였다.

와인
와인 산지로 유명한 보르도 지역의 영유권 문제는 영국과 프랑스가 벌인 백년 전쟁의 원인이 되었다.

와인의 명산지, 보르도 지역은 예전에는 영국의 영토였다.

▲ 보르도 지역의 포도밭

1 보르도 와인과 백년 전쟁

프랑스 보르도 지방의 옛 이름인 아키텐 공국의 엘레오노르 공주는 프랑스 국왕인 루이 7세와 이혼한 후, 1152년 29세의 나이로 영국 왕족이자 부르고뉴 공국의 영주인 앙리와 재혼을 한다. 앙리는 2년 뒤 영국의 왕(헨리2세: 사자왕 리처드의 아버지)으로 등극하게 되는데, 이로 인해 그녀는 프랑스 왕비에서 영국 왕비로 변신을 하게 된다. 그런데 중세 봉건 제도의 관습에 따라 그녀가 상속받은 보르도 지방의 땅을 결혼 지참금으로 가져감으로써 보르도 지방이 하루아침에 영국 왕실 소유가 되어버린다.

면세와 독점 판매 등의 특혜를 받으면서 영국으로 보내진 보르도 와인은 이때부터 영국을 통해 유럽 전역에 알려지면서 그 명성을 높이게 된다. 이 지방의 특산물인 와인은 프랑스 왕이 아니라 영국 왕에게 올리는 진상품이 됐다.

보르도 와인은 영국 내 물품이므로 당연히 관세 없이 영국으로 반입됐지만, 보르도 바로 북쪽의 코냑 지방이나 남쪽의 알마냑 지방은 비슷한 품질의 와인을 생산해냈음에도 불구하고 관세 장벽 때문에 수출되지 못하고 재고가 쌓이게 된다.

이후 프랑스가 보르도 지방을 되찾기 위한 전쟁이 시작되었고, 그 전쟁은 1337년~1453년까지 약 116년간 이어진다. 백년 전쟁의 가장 큰 이유는 브르타뉴 지방의 양모를 둘러싼 쟁탈전이었지만 보르도 지방의 이권 또한 큰 원인을 제공했다.

전쟁 초기에는 영국군이 승승장구했지만, 오를레앙의 처녀 잔 다르크가 등장하면서 전세가 역전되어 프랑스의 승리로 끝남으로써 보르도는 다시 프랑스 영토로 환원된다.

원명원(圓明園)
제2차 아편 전쟁으로, 청
황제의 별궁은 폐허가
되었다.

▲ **원명원** 원명원은 중국 청나라 때 베이징 근교에 건설한 이궁이다.
1707년(강희 48년), 청조 4대 황제 강희제가 옹친왕 윤진에게 하사한
정원이 그 기원이 된다. 1856년(함풍 6년)에 발발한 애로호 전쟁(제2차
아편 전쟁) 때, 베이징까지 프랑스 · 영국 연합군이 침입하여 철저하게
약탈당하고 파괴되어, 원명원은 폐허가 되었다.
그 후에도 「의화단의 난」 같은 전란이나 「문화 대혁명」 등에 의해 완전
한 폐허로 방치되었다가, 2015년 복원된 '원명신원'으로 재탄생하였다.
2015년 5월 정식으로 개장한 '원명신원'은 현재 베이징 시 하이뎬 구에
위치하고 면적은 3.5㎢에 이른다.

홍차 때문에 발생한 '아편 전쟁'

홍차는 유럽을 중심으로 세계 각국에서 널리 음용되고 있다.
'홍차'하면 떠오르는 대표적인 국가는 영국이다. '티타임', '애프터눈 티' 등의
말이 생겨날 정도로 홍차를 즐긴 영국은 18세기 초 홍차의 최대 소비 국가가
되었다. 그야말로 세계사를 바꾼 기호 식품이 된 것이다.
영국에서 홍차 수요가 급증할 당시 중국은 모든 물건이 비교적 풍족한 반면,
영국은 중국으로부터 수입해야 하는 물건들이 많았기 때문에 항상 무역 불균
형이 초래되었고, 홍차 수입은 영국 경제에 커다란 부담으로 작용하게 되었다.
영국이 홍차 수입을 위해 중국에 지불하는 은(銀)은 국가 재정을 흔들 정도였다.
영국은 식민지였던 인도에서 아편을 담배와 함께 흡입할 수 있도록 간편하게
만들어 중국에 팔기 시작하였고, 이로 인한 폐해가 심각해지자 청나라 정부가
아편의 수입과 흡입을 금지시켰다.
아편으로 인해 막대한 중국의 은이 이제는 거꾸로 영국으로 유출되기 시작하
였다. 결국 1839년, 중국은 영국 상인들의 아편을 몰수하여 소각하게 되고, 이
에 반발한 영국이 청나라에 선전 포고를 하면서 1840년 아편 전쟁이 발발하게
되었다. 아편 전쟁에서 승리한 영국은 차 무역을 자유화시켰고, 뒤이어 인도와
실론 지역에서 차 재배에 성공하면서 영국의 홍차 소비는 더욱 확산되었다.

향신료
유럽에서 진귀한 향신료를
찾아 대항해 시대가 시작
되었다.

▲ 인도의 차밭

향신료의 원산지인 인도나 동남아시아로의 항로가 개척되었다.

▲ 향신료 계피(위), 후추(아래)

2 신항로 개척의 요인이 된 향신료

우리가 음식의 맛을 내기 위해 양념을 사용하듯이 유럽 인들도 예전부터 아시아에서 생산되는
후추와 계피 같은 향신료를 사용하였다.
향신료는 유럽 인들이 주로 먹던 소금에 절인 고기와 말린 생선의 맛을 돋구어 주었을 뿐만 아
니라 음식이 상하지 않게 하는 방부제 역할을 하기도 하였다.
그런데 향신료는 여러 나라 상인의 손을 거쳐 수입되었기 때문에 값이 아주 비쌌다.
유럽 상인들은 직접 아시아와 교역할 수 있다면 향신료를 훨씬 값싸게 공급할 수 있을 것이라고
생각하게 되었고 신항로 개척에 나서게 되었다.

종교와 인간의 삶

크리스트교

천지 만물을 창조한 유일신을 섬기고, 그 독생자 예수 그리스도를 구세주로 믿으며, 그리스도의 속죄와 신앙과 사랑의 모범을 추종하여 영혼의 구원을 따른다. 팔레스티나에서 일어나 로마 제국의 국교가 되었고, 다시 페르시아·인도·중국 등지에 전파되었다. 8세기에 동방 고대 헬레니즘의 전통 위에 그리스 정교회가 갈라져 나간 후 로마 가톨릭교회는 다시 16세기 종교 개혁에 의해 구교(가톨릭교와 신교(新敎), 기독교)로 갈라져 현재 이 세 종파로 나뉘어 있다.

▲ 포도주 크리스트교가 전파되면서 예수의 피를 상징하는 포도주를 성찬 의식에서 사용하였다.

◀ 베네치아 카니발 '사육제'라고도 하는 카니발은 예수의 수난을 기념하는 사순절에 앞서 행해지는 축제로, '허락된 일탈'이 가능한 마지막 유희의 시기이다. 크리스트교를 믿는 유럽과 아메리카 등지에서 매년 2월 중하순경에 열리고 있다.

불교

석가모니를 교조로 삼고 그가 설한 교법을 종지로 하는 종교. 불교라는 말은 석가모니가 설한 교법이라는 뜻과 부처가 되기 위한 교법이라는 뜻이 포함된다.
불(佛:불타)이란 각성(覺性)한 사람, 특히 석가모니를 가리키는 말이 되었다.
크리스트교·이슬람교와 함께 세계 3대 종교의 하나이다.

▲ 자신을 낮추는 법과 인내심을 배우고, 먹고 산다는 것이 얼마나 존귀한 가치인지를 깨닫기 위해 탁발 수행을 한다.

▲ 대승 불교에서는 살생을 금하기 때문에, 채식 위주의 식사를 한다.

바티칸
예루살렘
메카
베나레스 · 부다가야

종교의 분포
크리스트교
- 개신교(신교)
- 가톨릭교(구교)
- 동방 정교
- 불교
- 이슬람교
- 힌두교
- 기타

종교의 전파
→ 크리스트교
→ 이슬람교
→ 불교
● 주요 종교의 성지

이슬람교

이슬람교는 무함마드가 40세에 신의 계시를 받아 정립한 종교이다. 이슬람교의 근본 교리는 알라의 유일성과 무함마드가 알라의 사자라는 것을 믿는 것에서 출발한다. 이슬람이란 '절대 순종한다'는 의미이다.

▲ 이슬람교 신자들은 하루 다섯 차례 메카를 향해 기도를 하며 신앙을 실천한다.

▲ 할랄 마크 할랄은 이슬람법에 '허용된 것'을 가리킨다. 육식·의복·완구·가전제품까지 포함한다. 위 할랄 마크는 말레이시아와 아시아 지역의 국제 할랄 음식 위원회의 것이다.

힌두교

힌두교는 특정한 창시자나 통일적 교리가 없는 다신교이며, 다른 종교에 비해 종교적 관용과 포용을 가지고 있어 굽타 왕실은 다른 신앙을 가진 이들을 인정하고 포용하였다. 그 결과 다른 종교의 신들도 힌두의 신으로 인정받아 힌두교 내에 포함되었다.

▲ 사리를 입은 여인

▲ 힌두교도에게 가장 신성한 장소로서, 갠지스 강에서 목욕으로 영혼을 정화한다.

소고기를 먹지 않는 인도에서는 닭고기나 야채를 이용한 버거를 만들어 먹는다.

기	12세기	13세기	14세기

12세기
- ·1130년 노르망디 기사단에 의해 양(兩) 시칠리아 왕국 건국
- ·1163년 프랑스, 노트르담 대성당 건축 시작

노트르담 대성당

13세기
- ·1215년 영국 귀족이 국왕에게 마그나카르타를 승인하게 함
- ·1241년 신성 로마 제국, 한자 동맹 성립
- ·1295년 영국, 모범 의회 개최
- ·1299년 마르코 폴로, 동방견문록 출판

14세기
- ·1302년 프랑스, 삼부회 성립
- ·1309년 교황, 아비뇽에 유폐
- ·1337년 영국·프랑스, 백년 전쟁(~1453)

백년 전쟁

(좌측 세로) 유목 민족의 국가 통일

- 건국
- , 바그다드 입성
- 벌

13세기
- ·1206년 인도, 델리 술탄 왕조 시작
- ·1231년 호라즘 제국, 몽골에 멸망
- ·1250년 이집트, 맘루크 왕조 건국, 아이유브 왕조 멸망
- ·1260년 맘루크 왕조, 아인잘루트 전투 승리
- ·1287년 미얀마의 파간 왕조, 몽골에 멸망
- ·1293년 인도네시아, 마자파힛 왕국 성립
- ·1299년 오스만 제국 성립

14세기
- ·1369년 티무르 왕조 성립

- ·1187년 이집트 아이유브 왕조의 살라딘, 예루살렘 탈환
- ·1193년 구르 왕조, 델리 정복(인도의 이슬람화)

- 건국
- 법 개혁

12세기
- ·1115년 여진, 금 건국
- ·1125년 요 멸망
- ·1127년 북송 멸망, 남송 건국
- ·1192년 일본, 가마쿠라 막부 성립

13세기
- ·1206년 칭기즈 칸이 몽골 제국 건국
- ·1227년 서하, 몽골에 멸망
- ·1234년 금, 몽골에 멸망
- ·1258년 몽골, 바그다드 침략. 아바스 왕조 멸망
- ·1271년 쿠빌라이 칸 때 중국에 원 건국
- ·1274년, 1281년 원군(元軍)이 일본 공격
- ·1279년 남송 멸망, 원의 중국 통일

14세기
- ·1336년 일본, 남북조 시대 시작
- ·1338년 일본, 무로마치 막부 성립
- ·1368년 원이 멸망하고 명 건국

칭기즈 칸   쿠빌라이 칸

5세기~6세기경의 세계

▣ 5세기~6세기경의 개요 ▣

민족 이동과 고대 제국의 붕괴

이 시대에는 전대에 시작된 유라시아 각지의 민족 이동이 더욱 활발해지고 안정된 대제국이 성립되지 못하여 격동의 혼란기를 맞이했다. 동아시아에서는 동진이 송에 의해 멸망하고, 중국은 여러 유목 민족에 의한 화베이의 왕조와 남의 한족 왕조가 대립하면서 흥망을 반복하는 남북조 시대에 접어들었다.

지중해에서는 「게르만 족의 대이동」이 본격화되고, 그 혼란 속에서 서로마 제국이 멸망했다. 동로마 제국은 지중해 제국 부흥을 꾀했다. 남아시아에서는 남하한 유목민 에프탈의 침입으로 굽타 왕조가 멸망했다. 에프탈은 또한 서아시아에 진출하여 사산 왕조 페르시아를 압박했지만, 사산 왕조와 돌궐의 협공을 받아 멸망했다.

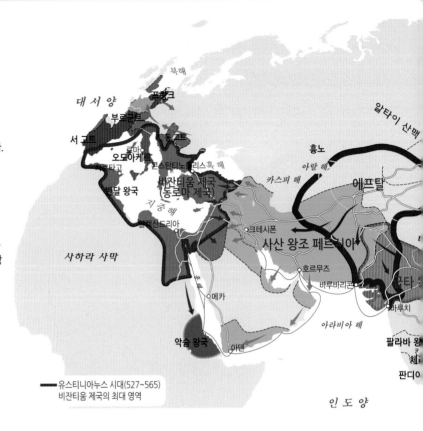

유스티니아누스 시대(527~565)
비잔티움 제국의 최대 영역

8세기~9세기경의 세계

▣ 8세기~9세기경의 개요 ▣

이슬람 세계의 번영

이 시대에는 이슬람 제국이 더욱 더 번성했다.

이슬람의 아바스 왕조는 이때까지의 아랍 인 우위 체제를 변경하고, 「모든 무슬림의 평등」을 내세웠다.

이슬람의 구심력은 더욱 높아지고 상업망도 활성화되었다.

한편, 동쪽의 대제국 당은 「안사의 난」을 겪고 나서 영토가 반으로 줄고, 위구르와 토번이 성장하였다.

또한 당에서는 군단 정비를 지방의 군사령관(절도사)에게 위임하게 되었는데, 그 절도사는 반독립된 지방 군벌(번진)로 변했다.

서방에서는 이슬람의 확대를 저지한 프랑크 왕국이 로마 교회와의 결속을 돈독히 하고, 크리스트교에 의거한 새로운 통합인 서유럽 세계를 출현시켰다.

바닷길에서는 무슬림 상인의 진출로 믈라카 해협 경로의 항구 도시가 활성화되었다.

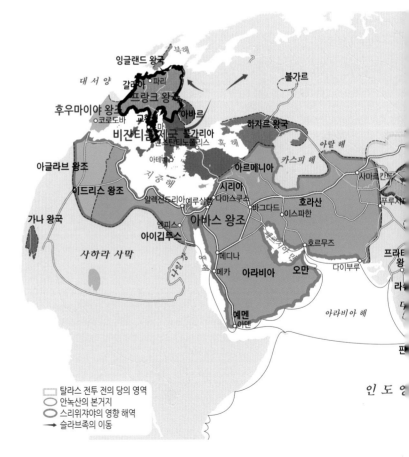

☐ 탈라스 전투 전의 당의 영역
◯ 안녹산의 본거지
◯ 스리위쟈야의 영향 해역
→ 슬라브족의 이동

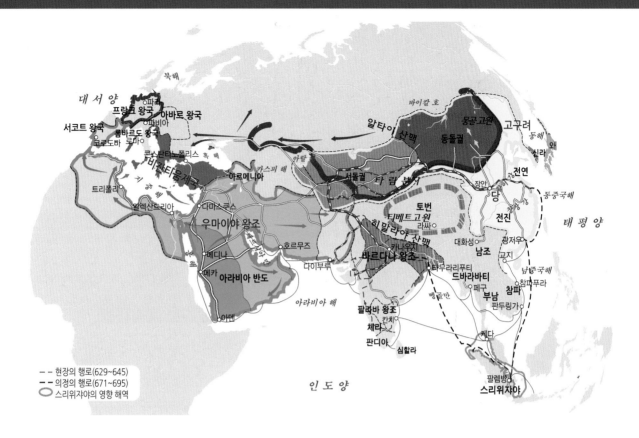

대서양 · 북해 · 바이칼 호 · 몽골 고원 · 고구려 · 동해 · 신라 · 왜
파리 · 프랑크 왕국 · 아바르 왕국 · 알타이 산맥 · 동돌궐
서코트 왕국 · 룸바르도 왕국 · 코르도바 · 로마 · 콘스탄티노폴리스 · 흑해 · 카스피 해 · 아랄 · 서돌궐 · 타림 분지 · 장안 · 당 · 전연 · 동중국해
비잔티움 제국 · 아르메니아 · 토번
트리폴리 · 지중해 · 다마스쿠스 · 티베트 고원 · 히말라야 산맥 · 라싸 · 전진 · 태평양
알렉산드리아 · 우마이야 왕조 · 대화성 · 광저우 · 남조
메디나 · 호르무즈 · 다이부루 · 카나우지 · 교지 · 남중국해
메카 · 아라비아 반도 · 바르다나 왕조 · 타루라리푸티 · 드바라바티 · 페구 · 참파 · 판두랑가
아덴 · 아라비아 해 · 팔라바 왕조 · 체라 · 칸치 · 케다 · 부남
판디아 · 심할라 · 벵골만

－ － 현장의 행로(629~645)
－ － 의정의 행로(671~695)
◯ 스리위쟈야의 영향 해역

인도양 · 팔렘방 · 스리위쟈야

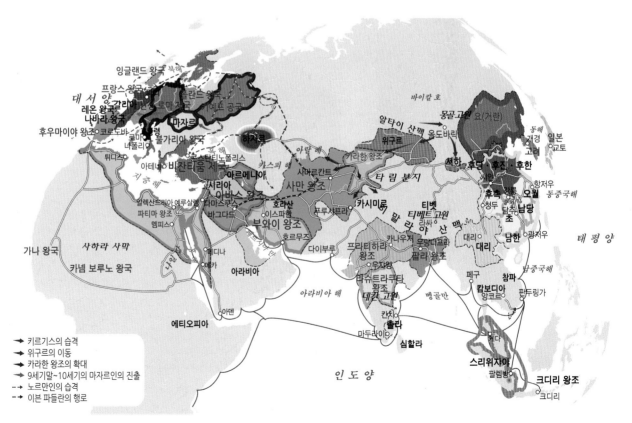

잉글랜드 왕국 · 북해 · 바이칼 호 · 몽골 고원 · 요(거란) · 동해 · 일본
프랑스 왕국 · 마자르 · 알타이 산맥 · 올도바릭 · 교토
대서양 · 갈리아 · 로마 제국 · 예프 공국 · 위구르 · 개경 · 고려
레온 왕국 · 나바라 왕국 · 후우마이야 왕조 · 코르도바 · 로마 · 불가리아 왕국 · 하자르 · 서하 · 후냥 · 후진 · 후한
나폴리 · 콘스탄티노폴리스 · 카라한 왕조 · 서안 · 항저우
튀니스 · 아테네 · 비잔티움 제국 · 아르메니아 · 사마르칸트 · 타림 분지 · 후촉 · 오월 · 동중국해
지중해 · 시리아 · 카스피 해 · 사만 왕조 · 청두 · 남당
알렉산드리아 · 예루살렘 · 아바스 왕조 · 호라산 · 부루샤프라 · 카시미르 · 티베트 · 대리 · 남한
파티마 왕조 · 다마스쿠스 · 바그다드 · 이스파한 · 프라티하라 왕조 · 우랄니프라 · 티베트 고원 · 말 라 · 산 · 맥 · 광저우
멤피스 · 부와이 왕조 · 호르무즈 · 카나우지 · 남조 · 대리
가나 왕국 · 사하라 사막 · 나일 · 다이부루 · 프라티하라 왕조 · 펜 · 태평양
카넴 보루노 왕국 · 메디나 · 우자왕 · 팔라 왕조 · 페구 · 참파 · 캄보디아
메카 · 아라비아 · 라슈트라쿠타 왕조 · 데칸 고원 · 앙코르 · 판두랑가
아덴 · 아라비아 해 · 칸치 · 촐라 · 벵골만
에티오피아 · 마두라이 · 심할라

➡ 키르기스의 습격
➡ 위구르의 이동
➡ 카라한 왕조의 확대
➡ 9세기말~10세기의 마자르인의 진출
－➡ 노르만인의 습격
－➡ 이븐 파들란의 행로

인도양 · 제다 · 스리위쟈야 · 크디리 왕조 · 팔렘방 · 크디리

	4세기	5세기	6세기	7세기

유럽 · 아메리카

· 313년 밀라노 칙령에 의해, 로마 제국에서 크리스트교 공인
· 395년 로마 제국의 동서 분열

· 476년 서로마 제국 멸망
· 486년 프랑크 족의 클로비스, 프랑크 왕국 건국

· 529년 유스티니아누스 법전 완성
· 537년 콘스탄티노플에 성 소피아 성당 건립

유스티니아누스

게르만 민족의 대이동

북아프리카 · 서아시아 · 인도 · 동남아시아

· 320년 인도, 굽타 왕조 성립

바위돔

이슬람교의 시작

· 610년 무함마드가 이슬람교
· 622년 헤지라(이슬람 기원
· 622년 무함마드가 메디나어 이슬람 교단 확립
· 661년 우마이야 왕조 성립

동아시아

· 3세기말~4세기경 야마토 정권이 일본 통일
· 316년 중국, 5호 16국 시대 시대(~439)
· 317년 중국, 강남에 동진 성립

· 439년 선비족의 북위가 화북 통일
⇨중국, 남북조 시대 시작(~589)

· 589년 수의 중국 통일

· 612년 수 양제, 고구려 침입
· 618년 당이 건국되고, 문화와 주변에 확산
· 645년 일본 다이카 개신

8세기	9세기	10세기	

· 732년 프랑크 왕국, 투르 · 푸아티에 전투에서
　이슬람군에 승리
· 771년 카롤루스 대제, 프랑크 왕국 통일
· 800년 프랑크 왕국의 카롤루스 대제,
　　서로마 황제 대관

· 843년 베르됭 조약 체결
· 870년 메르센 조약 체결
　⇨ 현재 유럽의 원형 완성

· 962년 신성 로마 제국 성립(오토 1세 대관)
· 987년 프랑스, 카페 왕조 시작
· 988년 러시아, 그리스 정교로 개종

· 1054년 크리스
　가톨릭
· 1077년 카노사
· 1095년 클레르몽
· 1096년 제1차 십자

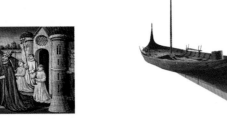

창시

원년)

서

· 711년 우마이야 왕조, 이베리아 반도 정복
· 750년 수니파에 의해 아바스 왕조가
　　이슬람 세계를 지배
· 751년 탈라스 전투에서 이슬람군이 승리하고,
　　당에서 제지법이 전해짐
· 756년 이베리아 반도에 후우마이야 왕조 성립

**아바스 왕조 영내에서 이슬람 세력의
분리 독립 진전**

· 920년경 자와의 사일렌드라 왕조,
　　수마트라 · 말레이 지배
· 977년 아프가니스탄에 가즈나 왕조 성립

· 1037년 셀주크 제
· 1055년 셀주크 튀
· 1067년 안남, 참파

· 890년경 캄보디아의 앙코르 왕조,
　　앙코르 와트 창건

예술이

· 710년 일본, 나라로 수도 옮김, 나라 시대 시작(~784)
· 751년 당, 탈라스 전투에서 이슬람군에 패배
· 755년 당, 안 · 사의 난

탈라스 전투

· 794년 일본 헤이안으로 수도 옮김

· 875년 당, 황소의 난

· 907년 당이 멸망하고,
　　5호 16국 시대가 이어짐
· 916년 거란 건국
· 936년 거란, 중국의 연운 16주 점령
· 946년 거란, 국호를 요로 변경
· 960년 송의 건국

· 1038년 서하(대
· 1069년 왕안석의

왕

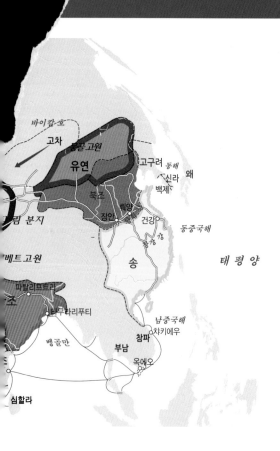

7세기경의 세계

▣ 7세기경의 개요 ▣
혼란을 수습하는 새로운 질서

이 시대에는 동서의 새로운 세력이 보다 중앙 집권적으로 공권력이 있는 새로운 제도를 실시하여 전 세기까지의 혼란을 수습하고, 대제국을 건설했다.

동방에서는 수와 그 뒤를 이은 당이 율령을 정비하고, 토지를 나누어 준 소농을 병사로 하여 군단을 편성했다. 또한 국내에 있던 터키계 제족을 비롯한 여러 유목민 기마 군단을 산하에 조직하여, 기마군을 가진 고구려나 돌궐을 복속시켰다. 주변 여러 나라는 당에 조공을 바치고 당의 제도나 문화의 도입에 힘썼다.

한편, 서방에서는 아라비아 반도의 상업민 사이에 출현한 이슬람이 아랍 신도의 평등에 의거한 공동체(움마)를 조직하여, 서아시아 · 북아프리카를 순식간에 정복했다.

서쪽에 대한 아랍의 대정복은 비잔티움 제국 · 프랑크 왕국에서 마침내 멈춘다. 양국은 그 후 크리스트교 세계의 담당자가 된다.

9세기~10세기경의 세계

▣ 9세기~10세기경의 개요 ▣
북방 민족의 확산과 대제국의 해체

이 시대에는 뛰어난 군사 기술을 가진 북방 민족이 각지로 확산되어, 대제국에 의한 질서를 종말로 이끌었다.

9세기 중반에 자연재해와 내분 등으로 위구르 제국이 붕괴되자, 튀르크족이 각지로 확산되었다. 서방으로 이동한 튀르크족은 노예 군인(맘루크)이 되어, 이슬람 세계의 군사력의 중심이 되어 갔다. 군의 성장으로 인한 군사비의 증대나 관료 유지비의 부족 문제는 이슬람의 지방 분립을 촉구했다.

한편 당은 통치력의 저하 외에도 위구르의 붕괴로 군사적 보호자를 잃어 버리자, 국내외의 위신을 급속히 상실하고 멸망했다. 이를 계기로, 동아시아의 율령 국가는 일제히 멸망했다.

유럽에서는 노르만족 · 마자르족 · 슬라브족에 대한 크리스트교의 포교가 성행했다.

서로 연결되는 유라시아 II
동서 세계의 변천

카롤루스 대제
(? 742년~814년)

칭기즈 칸
(? 1167년~1227년)

유라시아를 잇는
초원길 · 오아시스길 · 바닷길
동서를 잇는 3개의 경로

초원길은 관목이나 초원이 펼쳐져 있기
때문에 말로 이동하기에 알맞은 경로였다.

초원길
남러시아의 초원 지대에서 몽골 고원을 거쳐 중국에
이르는 길이다. 기원전 6세기경에 출현한 유목 민족인
스키타이 이후, 주로 기마 유목민이 이용했다.
남러시아를 경유하여 유럽에까지 연결되었다. 13세기
에는 몽골 민족에 의한 대제국이 형성되어, 교역망을
확대했다.

베네치아

로마

콘스탄티노폴리스

흑 해

티나이스

아스트라한

탈라ː

카 스 피 해

사마르ː

로마 제국

지 중 해

안티오크

모술

테헤란

파르티아 왕국
(안식국)

베이루트

바그다드

페르세폴리스

알렉산드리아

바스라

카이로

호르무즈

모헨조다ː

무스카트

카라ː

메디나

메카

교역과 전쟁으로 길이 개척되었다.

오래 전부터 문명을 탄생시키고, 동서로 대제국을 세운 유라시아 대륙에는 동서 세계를 잇는 3개
의 경로가 있었다. 기마 유목민이 이동하였던 초원길, 동서 제국의 발전과 함께 개척한 오아시스길,
그리고 배가 왕래하는 바닷길이다.

중국에서 만든 생사나 비단을 유럽으로 운반하는 주요 경로가 된 오아시스길을 「비단길(실크로드)」
이라고 하며, 동서를 잇는 3개의 경로를 통칭하여 이 단어가 쓰이기도 한다.

하지만 오간 것은 비단만이 아니다. 동서로 통하는 3개의 경로는 각각을 잇는 남북의 지선으로 연결
되어, 물자의 유통이나 인파와 함께 기술과 학문 등도 전파되었다. 유라시아 전체를 연결하여, 문화
를 전파하는 큰 역할을 했다.

아라비아 해

아덴

옛날에는 유럽과 인도를 연결하는 「향료길」로,
10세기경 송나라 시대에는 중국에서 유럽으로
운반되는 「도자기길」로, 중요한 경로가 되었다.

인 도 양

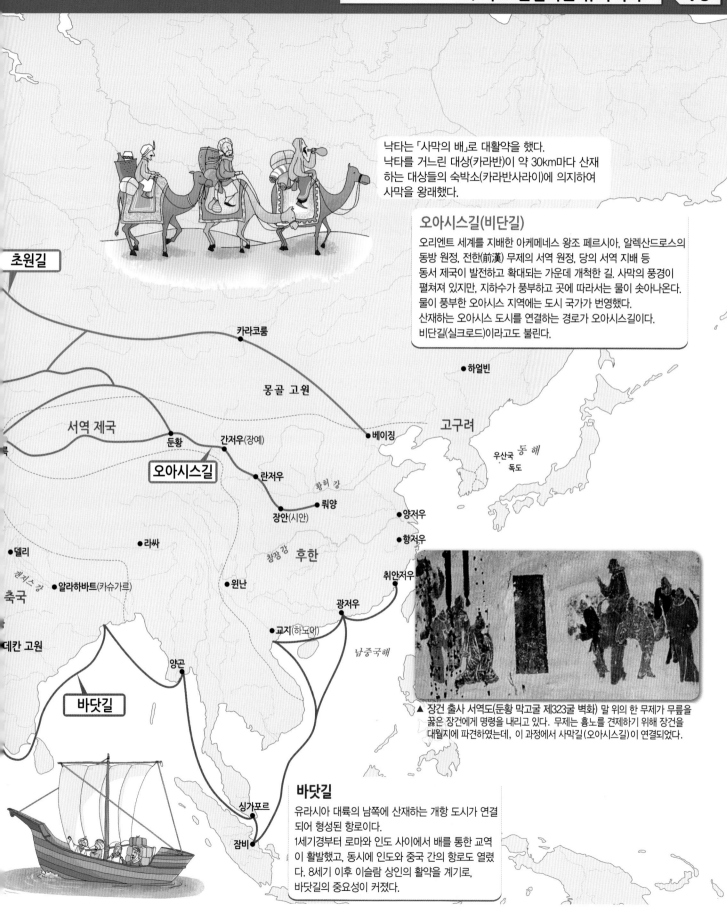

낙타는 「사막의 배」로 대활약을 했다.
낙타를 거느린 대상(카라반)이 약 30km마다 산재
하는 대상들의 숙박소(카라반사라이)에 의지하여
사막을 왕래했다.

오아시스길(비단길)

오리엔트 세계를 지배한 아케메네스 왕조 페르시아, 알렉산드로스의
동방 원정, 전한(前漢) 무제의 서역 원정, 당의 서역 지배 등
동서 제국이 발전하고 확대되는 가운데 개척한 길. 사막의 풍경이
펼쳐져 있지만, 지하수가 풍부하고 곳에 따라서는 물이 솟아온다.
물이 풍부한 오아시스 지역에는 도시 국가가 번영했다.
산재하는 오아시스 도시를 연결하는 경로가 오아시스길이다.
비단길(실크로드)이라고도 불린다.

초원길

카라코룸

몽골 고원

● 하얼빈

서역 제국

둔황   간저우(장예)

오아시스길

란저우   황허 강

● 베이징

고구려

우산국   동 해
독도

장안(시안)   뤄양

● 양저우

● 항저우

● 델리

● 라싸

창장 강   후한

취안저우

겐지스 강

알라하바트(카슈가르)

축국

윈난

광저우

데칸 고원

교지(하노이)

남중국해

양곤

▲ 장건 출사 서역도(둔황 막고굴 제323굴 벽화) 말 위의 한 무제가 무릎을
꿇은 장건에게 명령을 내리고 있다. 무제는 흉노를 견제하기 위해 장건을
대월지에 파견하였는데, 이 과정에서 사막길(오아시스길)이 연결되었다.

바닷길

바닷길

유라시아 대륙의 남쪽에 산재하는 개항 도시가 연결
되어 형성된 항로이다.
1세기경부터 로마와 인도 사이에서 배를 통한 교역
이 활발했고, 동시에 인도와 중국 간의 항로도 열렸
다. 8세기 이후 이슬람 상인의 활약을 계기로,
바닷길의 중요성이 커졌다.

싱가포르

잠비

게르만족의 대이동으로 인한
동서의 분열

로마 제국 분열 후의 변천

4세기 후반, 아시아계 유목민인 훈족이 게르만족의 한 갈래인 동고트족을 정복했다.
이것이 계기가 되어 게르만족의 대이동이 시작되었다.
훈족은 흉노의 후예라고 한다.

게르만족의 이동이 로마 제국의 혼란에 박차를 가하다.

로마 제국 말기, 게르만족의 대이동은 제국의 혼란에 박차를 가했다. 이미 대제국의 유지가 곤란하다는 것을 깨달은 테오도시우스 황제는 395년, 제국을 동서로 분할하고 자식들에게 맡겼다. 로마 제국의 분열 후, 게르만족의 이동은 본격화되어 갔다. 이것을 막지 못한 서로마 제국은 분열 후 100년도 못가 멸망해 버렸다.

하지만 그로부터 400여년이 지난 뒤 서로마 제국은 부활한다. 게르만족의 카롤루스 대제가 서로마 황제로 즉위하고 그 후로도 신성 로마 제국으로 모습을 바꾸면서 황제의 자리는 계승되어 간다.

한편, 동로마 제국은 비잔티움 제국으로서 1000년 이상 계속 유지되었으나 이슬람 세력과의 항쟁 등으로 차차 약화되어 간다.

동서의 두 제국은 모두 과거의 로마 제국과 비슷하면서도 다르게 변모하였다.

동로마 제국 (비잔티움 제국)

동로마 제국은 수도인 콘스탄티노플의 옛 이름, 비잔티움과 연관지어 비잔티움 제국이라 불린다.

서로마 제국

게르만족 국가의 난립, 서로마 제국 멸망(476년)

제국 내에 게르만족의 여러 국가가 점차 탄생되어 갔다.

게르만족 국가의 하나인 프랑크 왕국의 세력 확대

프랑크 왕국의 건국자는 크리스트교로 개종하여 국민의 민심을 얻었다. 그 후, 국왕에 취임한 궁재(궁 행정의 장) 칼 마르텔이 이슬람 세력을 격퇴시키고 로마 교회와의 관계가 깊어진다. 아들인 피핀은 그때까지의 조정을 폐하고 카롤링거 왕조를 세운다.

유스티니아누스 황제의 즉위 (527년~565년), 영토는 최대

지중해의 거의 전 지역을 동로마 제국의 영토로 부활시켰다. 경제 활동도 순조롭게 발전하고 『로마 대법전』의 편찬 등도 이루어졌다.

잇따른 이민족의 침입

사산 왕조 페르시아, 이슬람 세력 등의 침입이 잇따르고, 지배 영역은 축소되어 갔다.

체제의 재정비

이민족의 침입에 대하여 군사력의 강화가 실시된다.
• 군관구제
제국을 몇 개의 군관구로 나누어, 그 사령관에게 지역의 군사와 행정에 관한 권한을 주었다.

• 둔전병제
농민은 토지를 지급받고 병역의 의무를 졌다.

동서 로마 제국의 최대 영역

크리스트교를 보호하는 제국으로서 신성 로마 제국은 19세기 초까지 존속하게 된다.

피핀의 아들인 카롤루스 대제는 프랑크 왕국의 영역을 확대하고, 크리스트교의 보급을 추진한다. 로마 교황은 카롤루스에게 황제의 관(冠)을 씌워주고, 서로마 제국의 부활을 선언한다.

동프랑크의 오토 1세는 마자르 족 등의 외적을 격퇴시킨다.
이것을 평가한 로마 교황이 로마 황제의 관을 씌워 주었다.

신성 로마 제국의 성립(962년)

카롤루스 대제, 서로마 황제가 되다.(800년)

3국으로 분열 (843년)

▶ 카롤루스의 대관은 유럽의 중세 세계 성립의 순간이기도 했다.

프랑크 왕국은 서프랑크(프랑스), 중프랑크 (이탈리아), 동프랑크(신성 로마 제국→독일) 로 분열된다.

크리스트교도 동서로 분열

비잔티움 황제가 주창한 성상 금지령은 로마 교회에게는 받아들일 수 없는 것이었다. 서로마 제국과 비잔티움 제국 교회의 골이 깊어져, 결국 1054년, 크리스트교는 로마 가톨릭과 비잔티움 제국이 공인한 그리스 정교로 분열된 것이다.

성상 숭배 금지 (726년)

비잔티움 문화의 확대

성상 숭배를 올바르지 못한 것이라 비판하는 이슬람교에 대한 대항책으로 성상 숭배 금지령을 발표한다. 이로 인해 로마 교회와의 대립이 깊어진다.

고대 그리스 문화와 그리스 정교, 그 위에 서아시아의 영향을 받아 탄생한 비잔티움 문화를 동방 세계로 확대해 간다.

1453년, 오스만 제국에게 멸망한다.

잇따르는 외적의 침입으로
봉건 사회가 형성되다.

보호를 받는 대신에 의무를 지는 것이 봉건 사회의 구조

카롤루스의 대관은 고대 로마의 문화와 게르만족, 크리스트교가 융합된 새로운 시대를 알리는 사건이었다. 유럽 중세 세계가 이때 성립된 것이다.

중세 유럽은 봉건 사회이다. 이 시대에 유럽은 끊임없이 이민족의 침입으로 고통받아 왔다. 자기의 몸을 지키기 위해 약자는 더 강한 자에게 보호를 요청하는 관계가 생기게 되었다. 주군은 약자인 가신을 보호해주고, 가신은 보호를 받는 대신 주군에 대한 충성을 맹세하고 주군을 위해 싸울 의무를 졌다. 이러한 봉건적 주종 관계는 이윽고 세습적인 신분 제도로 고정되어 갔다.

봉건 사회의 경제적 기반이 된 것은 장원 제도이다. 봉건 사회의 권력자들은 각자 자기가 마음대로 할 수 있는 영지를 소유하고 있었는데 세속의 권력자뿐만이 아니라 교회 조직도 장원 제도에 의해 유지되었다.

외적투성이인 유럽

노르만족
스칸디나비아 반도 등에 거주하는 노르만족의 해상 원정은 8세기 후반부터 활발해진다. 바이킹으로서 맹위를 떨쳤다.

▲ 바이킹 전투(재현)

1066년, 프랑스의 노르망디공 윌리암이 잉글랜드를 정복하고 노르만 왕조를 세웠다.

노브고로드 공국

키예프 공국

9세기, 슬라브족 지역에 노브고로드 공국, 키예프 공국을 건국하였다. 키예프 공국은 후에 러시아가 된다.

잉글랜드
런던
바이킹
대서양
브뤼주

노르망디 공국
10세기 초, 프랑스 북부에 노르망디 공국을 건국

에스파냐
피렌체
로마
흑해
마자르족, 슬라브족 등

이슬람 세력
양 시칠리아 왕국
12세기 전반, 남이탈리아와 시칠리아에 양 시칠리아 왕국을 건국하였다.
지중해

봉건 사회의 성립

[2개의 지배층]

가톨릭 교회

교황을 정점으로 한 피라미드 형 조직(히에라르키)이 형성되었다.
경제적 기반은 교회의 주교 등이 가지고 있는 영지와 농노였다.
교황도 사제도 장원의 영주였다.

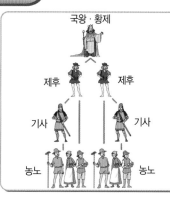

세속 권력

장원의 영주인 제후나 기사는 서로 개별적인 주종 관계를 맺었는데, 한 명의 기사가 여러 명의 주군을 두는 일도 적지 않았다.
국왕이나 황제는 실질적으로는 대영주에 불과할 뿐 왕권은 미약했다.

영주
장원의 경영자로서 농노를 마음대로 지배했다.

교회
신앙의 장소일 뿐만 아니라 농민을 지배하는 면도 있었다.

농노
영주에게 지배받으며 노동과 공납의 의무를 졌던 농민이다.

장원　장원은 영주의 성과 교회, 농노의 집과 각종 경작지로 구성되었다. 장원에 거주하는 농노는 영주에게 예속된 존재로 부역과 공납 등의 각종 의무를 지고 있었다.

권력의 우두머리를 둘러싼 교황과 황제의 다툼

교회의 사제 등은 장원의 영주이기도 하여, 생활이 안정되어 있었다. 특히 독일에서는 황제가 집안 사람 등을 자의적으로 성직자로 임명하는 일이 있었다. 이 성직 서임권을 둘러싸고 성인과 속인 2개의 권력은 치열한 싸움을 벌이게 되었다.
카노사의 굴욕 등의 사건을 거치면서 서임권을 획득한 것은 결국 교황이었다. 이후 교황의 힘은 강화되었고, 13세기에는 절정기를 맞이한다. 하지만 그것도 잠시, 십자군의 실패 등을 계기로 교황의 권력은 점차 약화된다.

◀ **카노사의 굴욕**
성직 서임권을 되찾으려고 한 교황 그레고리우스 7세는 이에 반대하는 황제 하인리히 4세를 파문시킨다. 파문으로 인해 왕권이 추락하자 1077년, 황제가 직접 이탈리아의 카노사로 찾아가 교황에게 사죄한다.

눈 깜짝할 사이에
확대된 이슬람 제국

이슬람 제국이 성립될 때까지의 발자취

이슬람교 탄생

아라비아 반도의 메카에서 태어난 상인, 무함마드는
610년경 유일신 알라의 계시를 받아 이슬람, 다시 말
하면 유일신 알라에 대한 절대적 복종을 가르치기 시작했다.
메카에서는 소수의 신자밖에 확보하지 못하고 박해를 받았
지만 622년에 메디나로 이주했다.
그 후 이슬람교는 아라비아 반도 전 지역으로 전파되었다.

아라비아 반도를 휩쓴 이후에도 확대는 계속되었다.

7세기 초, 크리스트교와 함께 세계 정세를 크게 움직인 이슬람교가
탄생했다.

무함마드의 창시부터 약 20년 동안에, 아라비아 반도의 거의 전 지역
에 퍼진 이슬람교는 아랍 여러 부족의 연대를 가져왔다.

그 후에도 이슬람 세력은 확대일로를 걸으며 북아프리카와 이베리아
반도 등이 이슬람 세계의 수중에 들어간다.

동쪽으로는 탈라스강 전투에서 당에게 승리하고, 오아시스길의 지배
권을 확보한다.

동서 교역에서 중요한 역할을 한 이슬람 상인을 탄생시키는 동시에,
비잔티움 제국을 비롯하여 유럽 세계를 계속해서 위협한 이슬람 세계
는 이렇게 형성되어 갔다.

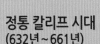

◀ 천사 가브리엘의 계시를 받는 무함마드
천사 가브리엘을 통해 신의 계시를 받은 무함마드는
유일신 알라를 믿는 새로운 종교인 이슬람교를 창시
하였다.

정통 칼리프 시대
(632년~661년)

무함마드 사후, 무함마드의 후계자인 「칼리프」를
선출하게 되었다. 칼리프 지도하에 이슬람교의
확대를 위한 정복 활동이 추진되었다.
이것을 지하드(성전(聖戰))라고 한다.
제4대 칼리프인 알리는 암살되었다.

우마이야 왕조
(661년~750년)

알리가 암살된 후, 칼리프가 된 것은
우마이야가의 무아위야이다.
우마이야 왕조가 시작되고 칼리프는 세습된다.
지하드는 계속되고 지배 영역은 더욱 확대되었다.
한편, 우마이야 왕조를 인정하지 않고 알리와 그
자손만이 정통 칼리프라고 주장하는 시아파가
생겨나 우마이야 왕조를 지지하는 수니파와
대립하게 되었다.

아랍 제국
우마이야 왕조는 아랍인의
제국이었다.
아랍인에게는 면세의 특권이 있었다.
● 아랍인: 세 부담 없음
● 비아랍인: 이슬람교도라도 하라쥬(지세)와 지즈야(인두세)를 지불

이슬람 제국의 발전

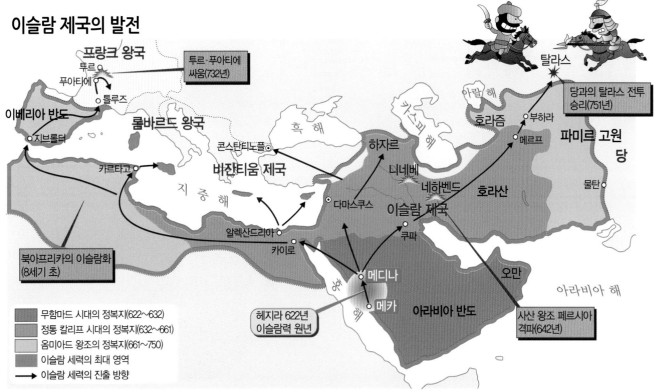

- 무함마드 시대의 정복지(622~632)
- 정통 칼리프 시대의 정복지(632~661)
- 옴미아드 왕조의 정복지(661~750)
- 이슬람 세력의 최대 영역
- → 이슬람 세력의 진출 방향

무함마드의 이슬람교 창시(610년) 이후 이슬람 세계는 아라비아 반도 중심인 국가에서, 서쪽으로는 이베리아 반도에서 동쪽으로는 파미르 고원에 이르는 이슬람 제국으로 확대되었다.

후우마이야 왕조
(756년~1031년)

아바스 왕조에게 멸망한 우마이야 왕조의 일족은 이베리아 반도에 걸쳐 후우마이야 왕조를 세웠다.

이슬람 제국

아랍인의 특권을 없애고, 신 앞의 평등이라는 이슬람의 가르침을 실현했다.
- ●이슬람교도: 아랍인이든 아니든 상관하지 않고, 하라쥬(지세)를 지불
- ●비이슬람교도: 하라쥬(지세)와 지즈야(인두세)를 지불

아바스 왕조
(750년~1258년)

아랍인만을 특별 취급하는 우마이야 왕조에 대한 반발이 심한 가운데, 아바스가(家)가 정권 탈취에 성공하여 아바스 왕조가 열렸다.
신 앞의 평등이라는 이슬람 본래의 가르침이 실천되고, 진정한 의미의 이슬람 제국이 되었다.

◀ 쿠란 쿠란은 알라가 천사 가브리엘을 통해 무함마드에게 내린 계시를 묶었다는 이슬람교의 경전으로 "읽기"라는 뜻이다.

이슬람교도가 지켜야 할 것

이슬람교의 경전은 『쿠란』이다. 무함마드에게 내려진 신의 계시를 아랍 어로 기록한 것이며, 생활 전반의 규범이 된다.
- ★이슬람교도가 믿는 것(육신)
  알라, 경전(쿠란. 구약 성서나 신약 성서도 인정) 예언자(모세, 예수, 무함마드. 무함마드는 최후이면서 최대의 예언자), 천사, 최후의 심판, 천명(天命)
- ★이슬람교도의 의무(오행(五行))
  신앙 고백, 예배, 희사(가난한 사람에 대한 기부), 단식, 순례
- ★기타 규칙
  「음주」,「돼지고기를 먹는 것」,「이자를 받는 것」은 금지.「4명까지 아내를 두어도 된다는 것」 등

제국은 분열되어도
이슬람의 확대는 계속된다.

이슬람 제국의 변천

아바스 왕조
13세기 몽골 제국에 의해 멸망할 때까지 존속했는데, 9세기 중반부터 각지에서 독립한 왕조가 건국되어 사실상 분열 상태에 빠졌다.

부와이흐 왕조(932년~1062년)
이란인에 의한 군사 정권.
아바스 왕조의 수도 바그다드를 점령했다.

파티마 왕조(909년~1171년)
북아프리카에 세워진 시아파 왕조이다.
아바스 왕조를 부정하고, 칼리프의 칭호를 사용했다.

기타
● 사만 왕조(이란계)
● 아이유브 왕조
　(파티마 왕조를 무너뜨림)
● 무라비트 왕조 · 무와히드 왕조
　(북서아프리카) 등

압뒬메지트 2세는 오스만 제국 최후의 칼리프이다.
(칼리프는 이슬람 세계의 종교 지도자)

튀르크계 왕조
셀주크 왕조(1038년~1194년)의 시조는 튀르크인인 투그릴 베그이다.
부와이흐 왕조를 무너뜨리고, 아바스 왕조의 칼리프로부터 술탄의 칭호를 얻었다.
이슬람 세력의 중심이 아랍인으로부터 튀르크인에게로 옮겨졌다.

◀ 오스만 제국의 술탄 오르한 1세
술탄은 이슬람 사회의 보호자,
후에는 권력자, 군주의 의미로
쓰였다.

현금 임금의 체불이 왕조의 분열을 초래했다.

이슬람 제국을 완성시킨 아바스 왕조는 각지에 지방 총독(아미르)을 두는 동시에 터키 용병 집단(맘루크)을 편성하여 광대한 영역의 지배에 성공했다. 보수는 현금으로 지불하였는데 맘루크의 증가와 함께 지불이 밀리기 시작했다. 그러자 아미르와 맘루크 중에서 앞다투어 새 왕조를 열 사람이 나타나기 시작했다. 이렇게 아바스 왕조 내에서는 여러 왕조가 나타나면서 이슬람 제국은 분열되어 간 것이다.

각 왕조의 성쇠는 있었지만 이슬람 세계 전체는 지속적으로 확대되어 갔다. 이슬람화의 물결은 아프리카 대륙이나 인도, 동남아시아에까지 미치게 된다. 계속 확대된 이슬람 세계는 대립 관계에 있던 중세 유럽에도 문화나 학문면에서 큰 영향을 주게 되었다.

이슬람의 확대가 가져온 결과

국제 무역의 활성화

이슬람 세계에서는 상업이 활발했다.
이슬람법에 의해 상업이 긍정적이었던 점, 지하드에 의해
대상업권이 성립되었던 점, 아랍어를 공통 언어로 삼았던
점 등이 그 이유이다.
이슬람 상인은 오아시스길이나 바닷길을 이용해 유라시아
전체에 걸친 국제 무역에 종사했다.

이슬람 상인들이 사용한
'다우'라는 범선은 삼각돛을
사용하여 역풍에서도 항해할
수 있었다.

종이의 보급

751년 7월, 탈라스 강 근처에서 당과 아바스 왕조 사이에
전투가 벌어졌는데, 당의 군대를 이끈 고구려 유민 출신 '고
선지 장군'은 크게 패하였다.
이때 아바스 왕조가 잡은 2만 명의 포로 중에 종이를 만드는
기술자가 있어, 이들로 하여금 종이 공장을 세우게 한 이후
종이는 이슬람은 물론 유럽에도 전해졌다.

학문의 발달

이슬람 인들은 자신들이 정복한 지역의 옛 문화나 문명을
존중하고 도입했다.
그리스·로마 고전을 아랍어로 번역하고, 인도 숫자를 개
량하여 아라비아 숫자를 만들었으며 인도에서 십진법이나
제도의 개념을 계승하였다. 또한 이슬람 세계에서는 천문
학이 발달하여 지동설을 주장하였으며 연금술과 화학 등의
발전에도 기여하였다.

◀ 천문학 이슬람 사회에
는 육지와 바다를 여행하
는 상인들이 많았다.
이들을 위한 천문 지식과
역법, 시간을 재는 방법
등이 발달하였다.

유럽 세계와의 대립

프랑크 왕국에 대한 지하드는 실패했지만, 이베리아 반도의
정복에 성공했다.
또한 비잔티움 제국을 위협하고, 십자군 원정의 계기가 되는
등 유럽 사회와는 대립 각을 세우는 경우가 많았다.

아름다운 궁전을 남기고 떠난 이베리아 반도의 이슬람 세력

이베리아 반도에서 생긴 최초의 이슬람 국가는 후우마이야 왕조였다.
수도 코르도바를 중심으로 높은 수준의 이슬람 문명이 탄생해, 유럽 사회에 이슬람 문명을 전하는
창구가 되었다. 하지만 후우마이야 왕조는 크리스트교에 의한 국토 회복 운동에 의해 힘을 잃고
1031년에 멸망한다. 이슬람의 최후의 왕조가 된 나스르 왕조는 그라나다를 중심으로 적은 영토를
보유했을 뿐이었다. 그 그라나다도 1492년 에스파냐 왕국에 의해 몰락한다.
이슬람교의 대부분은 북아프리카로 떠나갔다. 이슬람교도들이 떠난 뒤에 남은 궁전이 오늘날
이슬람 문명의 섬세한 아름다움을 전하고 있다.

이슬람 왕조가 남긴 알함브라 궁전

유럽 세계는
성전을 명목으로 확대를 꾀했다.

확대의 기운이 고조되다.

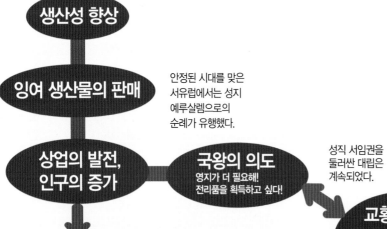

생산성 향상

잉여 생산물의 판매

안정된 시대를 맞은 서유럽에서는 성지 예루살렘으로의 순례가 유행했다.

상업의 발전, 인구의 증가

국왕의 의도
영지가 더 필요해! 전리품을 획득하고 싶다!

성직 서임권을 둘러싼 대립은 계속되었다.

상인의 의도
상업권을 넓혀 한밑천 잡고 싶다!

십자군의 파견이 결정되다.

교황의 의도
분열된 동서 교회를 통일하고 싶다! 유럽 전체를 움직이는 것으로 교황의 지위가 황제나 국왕보다 높다는 것을 보여주고 싶다!

성지 회복은 달성하지 못했어도 큰 변화를 가져오는 계기가 되었다.

11세기경의 유럽은 외적의 침입 등에 의한 혼란도 일단락되고, 비교적 안정된 시기를 맞이했다.

농업 기술의 진보 등에 의해 생산성이 높아져 인구는 폭발적으로 증가했다. 그것과 함께 유럽 확대의 움직임도 눈에 띄기 시작했다. 그 으뜸가는 것이 십자군 원정이다.

유대교도 크리스트교도 예루살렘을 성지로 하고 있는데 이 예루살렘이 이슬람 세력에 의해 점령되자, 로마 교황의 요청에 따라 1096년, 성지 회복을 내세운 십자군 원정이 시작되었다.

비잔티움 제국으로부터의 구조 요청

이슬람의 셀주크 왕조가 성지 예루살렘을 지배하에 두었다. 영토를 위협받은 비잔티움 제국 황제는 로마 황제에게 도움을 요청했다.

십자군 원정 경로

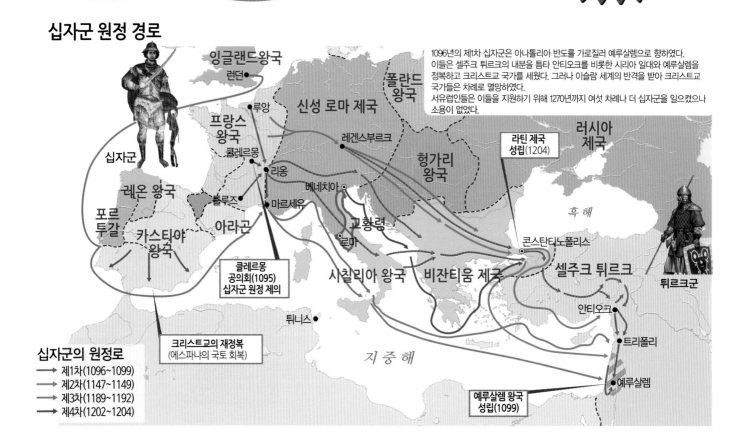

1096년의 제1차 십자군은 아나톨리아 반도를 가로질러 예루살렘으로 향하였다. 이들은 셀주크 튀르크의 내분을 틈타 안티오크를 비롯한 시리아 일대와 예루살렘을 정복하고 크리스트교 국가를 세웠다. 그러나 이슬람 세계의 반격을 받아 크리스트교 국가들은 차례로 멸망하였다.
서유럽인들은 이들을 지원하기 위해 1270년까지 여섯 차례나 더 십자군을 일으켰으나 소용이 없었다.

잉글랜드왕국 / 런던 / 폴란드 왕국 / 신성 로마 제국 / 라틴 제국 성립(1204) / 러시아 제국 / 십자군 / 프랑스 왕국 / 루앙 / 레겐스부르크 / 헝가리 왕국 / 콜레르몽 / 리옹 / 베네치아 / 콘스탄티노폴리스 / 레온 왕국 / 툴루즈 / 마르세유 / 교황령 / 흑 해 / 셀주크 튀르크 / 포르투갈 / 카스티야 왕국 / 아라곤 / 로마 / 튀르크군 / 클레르몽 공의회(1095) 십자군 원정 제의 / 시칠리아 왕국 / 비잔티움 제국 / 안티오크 / 튀니스 / 크리스트교의 재정복(에스파냐의 국토 회복) / 지 중 해 / 트리폴리 / 예루살렘 / 예루살렘 왕국 성립(1099)

십자군의 원정로
→ 제1차(1096~1099)
→ 제2차(1147~1149)
→ 제3차(1189~1192)
→ 제4차(1202~1204)

십자군 원정의 실태

제1차(1096년~1099년)
셀주크 왕조로부터 예루살렘 탈환. 예루살렘 왕국을 건설한다.

콘스탄티노플은 베네치아의 지배하에 들어가고, 라틴 제국이 세워진다.

제4차(1202년~1204년)
이슬람 세력의 본거지인 이집트를 공격하지 않고, 아군의 도시인 '자라'와 '콘스탄티노플' 등을 공격하면서 십자군의 대의명분이 크게 손상된다.

제2차(1147년~1149년)
십자군 내의 내부 대립으로 실패한다.

제3차(1189년~1192년)
다시 이슬람 세력에게 점령된 예루살렘의 탈환에 실패한다.

제5차(1228년~1229년)
외교 교섭에 의해 일시적으로 성지를 회복한다.

십자군

제6차(1248년~1254년)
이집트를 공격하지만 실패한다.

제7차(1270년)
북아프리카의 튀니스 공격을 꾀하지만 실패한다.

1291년 아콘 함락으로 십자군 원정은 종료된다.

십자군 원정 후의 변화

왕권의 강화
제후와 기사가 몰락하고, 실전을 지휘한 국왕의 권력은 강화되었다.

교황권의 하락
교황의 호소에 의한 원정이 잇따라 실패하고, 그 권위가 흔들리기 시작했다.

체포되는 보니파키우스 8세

비잔티움 문화와 이슬람 문화의 유입
동서 간의 교류가 활발해지고 선진적인 문화가 서유럽 여러 나라에 전해졌다.

이탈리아 여러 도시의 번영
십자군의 수송 등으로 이익을 얻었을 뿐만 아니라, 동방과의 교역도 활발해졌다.

십자군 원정 전과 후에 국왕과 교황의 관계는 역전되었다.

왕권 강화에 박차를 가한
영국과 프랑스의 백년 전쟁

유럽의 봉건 사회를 쇠퇴시킨 요인

화폐 경제가 중심이 되면서 봉건 사회는 쇠퇴해 갔다.

사회가 안정됨에 따라 상업이 활발해져 갔다. 동방과의 원격지 무역을 중심으로 한 지중해 상업권, 모직물 산업이 활발한 플랑드르 지방과 원료가 되는 양모를 수출하는 영국을 중심으로 한 유럽 상업권 등이 나타난다.

그와 함께 중세 세계를 지탱해 온 장원 제도는 무너진다. 자급 자족 경제에서 생산물을 팔고 얻은 돈으로 여러 가지 물건을 구입하기도 하고, 세를 납부하기도 하는 화폐 경제로 바뀌게 된 것이다. 상업을 발전시키기 위해서는 시장의 통일이 필요했고, 왕권의 강화는 시민에게 있어서는 바람직한 것이었다.

이로 인해 제후의 힘은 억제되고 중앙 집권화가 추진되게 되었다. 그런 상황 속에서 일어난 것이 영·프 백년 전쟁이다. 오래 지속된 전쟁에 의해 봉건 사회는 해체되고 중앙 집권 국가가 출현하게 되었다.

1 화폐 경제의 침투
잉여 생산물이 시장에서 판매되었고, 토지 임대료를 내고 남은 화폐를 저축해 경제적으로 풍부해진 농민이 나타나기 시작했다.

2 페스트의 대유행
14세기, 흑사병이라는 페스트가 크게 유행하여 서유럽의 인구는 3분의 2 정도로 격감했다. 세 수입이 감소한 영주는 생존한 농민에게 너무 무거운 부담을 요구하게 되었다. 그 때문에 농민의 반란을 유발했다 (자크리의 난 등).

3 기사의 몰락
오래 지속된 전쟁, 농민의 반란 등으로 중소 영주인 기사는 경제적으로 궁핍해졌다. 전쟁의 장에서도 14~15세기에는 화포가 사용되어 기사에 의해 일대일로 승부를 겨루는 전쟁은 시대에 뒤떨어지게 되었고 기사의 몰락이 진행되었다.

백년 전쟁의 경위와 그 후의 상황

배경
당시 영국은 프랑스 서부의 기엔 지방(오늘날의 보르도지방 와인 공업지)을 영유하고 있었다. 게다가 프랑스 북부의 플랑드르 지방(모직물 산지)을 둘러싸고, 영국과 프랑스의 대립은 심화되고 있었다.

계기
1328년 프랑스의 새 국왕은 카페 왕조의 단절과 발루아 왕조의 성립을 선언한다. 이에 대해 카페가 출신의 어머니를 둔 영국 국왕이 프랑스의 왕위 계승권을 주장하며 공격을 개시했다.

영국의 우세
전쟁은 계속 영국의 우세로 진행되었다.

유럽 각국의 상황

영국

다른 나라에 비해 왕권이 강했지만, 존 왕의 실책을 계기로 고위 성직자와 귀족이 결속한다. 귀족들은 왕에게 대헌장(마그나카르타)에 서명할 것을 요구했고, 이는 입헌주의의 효시가 되었다. 13세기에는 의회 정치의 원형이 시작되었다.

**의회제의
기원 성립**

프랑스

서프랑크에서 일어난 카페 왕조가 프랑스가 되었다.
본래 왕권은 약했지만, 존 왕과의 전투(국내의 영국령의 대부분을 되찾음)와 교황과의 싸움을 통해 왕권이 강화되었다.

왕권 신장

에스파냐

이슬람 세력에게 대부분의 영토를 빼앗겼지만 크리스트교도에 의한 국토 회복 운동 전쟁에 의해 서서히 영토를 되찾았다.

왕권 신장

이탈리아

여러 나라나 도시가 분립하는 상태가 계속되고 있었다.

통일되지 않음

북유럽

14세기 말 노르웨이·스웨덴·덴마크의 결속이 강화되고, 큰 세력이 되었다.

연합

동유럽

12~14세기, 독일인에 의한 대규모적인 식민이 이루어졌다(동방 식민).

많은 제후국

신성 로마 제국

황제의 권력은 약화되고, 대제후는 각각의 영지(영방)에서 세력을 신장시키고 있었다.

많은 제후국

프랑스의 역전

신의 계시를 받은 소녀, 잔 다르크의 등장으로 형세는 단번에 역전되었다.

그 후의 프랑스

장기간에 걸친 전쟁으로 제후와 기사는 몰락하고 왕권은 신장되었다.

그 후의 영국

왕위 계승을 둘러싼 내란(장미 전쟁)이 일어났다. 내란을 종식시킨 헨리 7세는 튜더 왕조를 열고 절대 왕정을 지향했다.

기세가 오른 프랑스는 영국군을 격파하고 마침내 승리한다.

한 멸망 후의 혼란을 막고
주변국의 본보기가 된
수 · 당

수가 만든 체제를 당이 이어받아 발전시켰다.

유라시아의 동쪽으로 눈을 돌려 보면, 로마 제국이 분열되고 유럽 세계가 성립하려던 시기에 중국 또한 아직 분열된 채로 통일을 향한 오랜 혼란의 시기를 보내고 있었다.

사회 불안이 계속된 이 시대에 예절이나 질서를 주장하는 유교는 힘이 약화되고 서방에서 전해진 불교가 넓리 정착되어 갔다. 그 움직임에 대항하듯이 중국의 전통적 신앙을 정리한 도교의 체계화도 진행되었다.

한편 황제권이 약한 남조에서는 우아한 귀족 문화도 발달했다.

그런 가운데 정국의 혼란을 제어한 것은 수였다. 수는 40년이 채 못 되어 멸망했지만, 그 뒤에 이어진 당 대에는 중앙아시아에까지 지배력을 미치는 대제국으로 발전해 갔다.

당의 발전

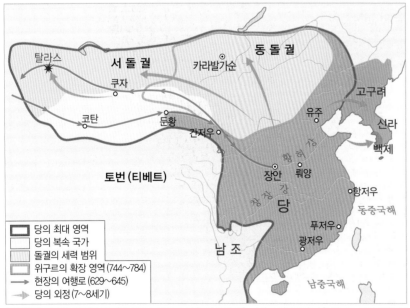

당 태종은 아버지 이연(당 고조)을 도와 당나라를 세운 뒤 주변국을 차례로 정복하여 넓은 영토를 차지하였으며, 안으로는 체제 정비에 힘써 강력한 국가로 발전시켰다.

수 · 당 통일의 발자취

후한(25년~220년)
확대 정책에 의해 민중은 피폐해지고, 지방 호족의 대두로 국내는 혼란했다. 대규모의 농민 반란(황건적의 난)을 계기로 멸망한다.

삼국 시대(220년~280년)
조비가 세운 위(魏), 책사인 제갈공명의 도움을 받아 유비가 세운 촉(蜀), 손권의 오(吳)의 3국이 분립하여, 서로 패권을 다투었다.

진(265년~316년)
사마염(무제)이 세운 진이 통일을 실현하지만, 후계자 다툼으로 일어난 「8왕의 난」을 계기로 주변의 이민족이 침입하여 멸망한다.

5호 16국(304년~439년)
흉노, 선비를 비롯한 5개의 이민족(5호)을 중심으로 16개의 왕조가 성쇠를 되풀이했다.

동진(317년~420년)
한족의 대부분은 강남(창장 강)으로 이동했다. 진의 일족이 동진을 세운다. 이후 한족이 지배하는 남조로 이어진다.

남북조 시대(439년~589년)

북조: 선비족이 세운 북위로 시작되는 황허 강 유역의 왕조

남조: 한족에 의한 창장 강 유역의 왕조

수(581년~618년)
589년에 남북을 통일하고 중화 제국의 재건을 완수하지만, 대운하의 건설과 원정의 실패 등으로 인해 멸망한다.

당(618년~907년)
수의 정책을 계승하고 발전시켜 대제국이 된다.

수와 당의 4가지 특징

1. 중앙 집권화

수는 율령(법률)의 제정, 주현제의 채택, 균전제(나라가 농민에게 토지를 대여함), 부병제(농민의 징병), 조용조제(현물로 징세) 등을 통해 중앙 집권 체제를 확립한다.
당도 수의 지배 체제를 이어받지만, 후에 부병제를 폐지하고 모병제로, 균전제를 폐지하고 양세법(지주의 토지 소유를 인정하고, 토지에 대해 세금을 부과함)으로 하는 등 개혁을 단행했다.

◀ 당 태종 (재위 626~649)
국민들의 생활을 안정시켜 청나라 강희제와 함께 중국 역사에서 가장 뛰어난 군주로 인정받고 있다.

3. 과거

관리 등용법으로서 학과 시험이 시작되었다
(수에서는 선거라고 함). 이후 1300년에 걸쳐
과거에 의한 등용이 계속되었다.

2. 국제성

당은 몽골 고원과 한반도까지 세력을 넓혔고 수도인 장안은 인구 100만 명의 국제 도시로 발전했다.
장안 사람 중 20명에 한 명은 페르시아 인, 터키 인 등의 이민족이었다고 한다. 학식 있는 외국인은 관료로 등용되는 일도 있었다.
불교나 도교의 사원뿐만 아니라 경교(크리스트교 네스토리우스파), 현교(조로아스터교), 마니교의 사원이 만들어지는 등 종교면에서도 국제적 색채가 농후했다.

▲ 당에 조공하는 외국 사절의 모습(동남아시아) 외국 사절 일행은 산호, 상아, 향수, 공작의 날개와 깃 등을 진상품으로 가지고 가고 있다.

장안에는 여러 나라 사람들이 모였다.

4. 주변 여러 나라에 대한 영향

주변 여러 나라의 대부분은 당과 조공 관계(공물을 가지고 각국의 사절이 정기적으로 찾아와 답례품을 바치는 관계)를 맺었다.
한반도의 삼국과 일본은 수와 당의 지배 체제나 문화를 적극적으로 도입했다. 또한 광대한 계획 도시인 장안은 동아시아 여러 나라의 수도 건국의 전형이 되었다.

▲ 측천무후(재위 690~705) 당 고종의 황후로 황제를 대신하여 나라를 다스렸다. 690년에는 주라는 나라를 세워 중국에서 유일한 여황제가 되었다.

▲ 현종의 며느리였던 양귀비

당의 역사를 변화시킨 두 명의 여자 —측천무후와 양귀비

당의 시대, 중국 역사상 유일한 여자 황제인 측천무후가 나타났다. 제3대 황제인 고종의 후궁으로 들어간 무후는 고종과의 사이에서 태어난 아들을 죽이고, 그 죄를 황후에게 뒤집어씌워 추방한 뒤 스스로 황후가 된다. 그리고 고종의 사후에 황제의 자리에 앉는다.
무후의 사후에 제위에 앉은 현종은 외적의 침입에 대비하여 절도사가 지휘하는 지방군을 배치하는 등 개혁에 힘썼다. 이러한 현종의 총애를 받은 것은 며느리인 양귀비였다.
그러나 이것은 당 쇠퇴의 시작이었다. 정치에 관여하기 시작한 양귀비의 친척 양국충과 대립하던 절도사 안녹산이 반란을 일으켰다. 반란은 진압되었지만, 정부의 힘은 약화되었다. 그리고 황소의 난이 일어나 당은 멸망한다.

북방 민족에게 끊임없이 고통받은
송은 재력으로 평화를 유지했다.
송의 성립과 쇠퇴까지의 변천

경제 발전을 이루었지만, 치안 유지를 위한 지출도 많아졌다.

당의 멸망 후 혼란이 계속된 중국을 통일한 것은 송이었다. 북송 시대에는 상업이 크게 발전했다. 북방 민족에게 쫓겨 강남으로 이동한 남송 시대에는 주변 여러 나라와의 교역이 한층 더 발달하여 더 큰 경제 발전을 이룬다.

그럼에도 불구하고 송은 북방 민족으로 항상 끊임없이 고통을 받았다. 그 움직임을 무력으로 봉쇄할 수 없었던 송은 매년 은이나 비단 등의 공물을 바쳐 치안을 유지했다. 하지만 돈으로 산 평화는 오래 지속될 수 없었다. 후에 대제국을 만들게 되는 몽골군에 의해 송의 시대는 종말을 고하게 된다.

▲ **과거 제도** 전시 합격자는 관료가 될 뿐만 아니라, 황제와 스승·제자관계로 맺어져 충성심이 높았다.

5대 10국
황허 강 유역에 5개의 왕조가 빠르게 교체되고, 그 주변에 세워진 나라들도 흥망을 거듭했다.

송(북송) (960년~1127년)
조광윤이 건국한 송이 중국을 통일. 은이나 비단을 바친다는 조건으로 요와 강화를 맺는다.

요 (916년~1125년)
북방 민족인 거란이 동몽골을 중심으로 국가를 형성한다.

북송의 멸망 (1127년)
요의 멸망 후, 금은 화북을 점령한다. 황제가 잡히고 북송의 수도인 카이펑은 함락당한다.

금 (1115년~1234년)
거란의 지배를 받고 있던 여진족이 독립한다. 송과 결탁해 요를 멸망시킨다.

남송의 성립 (1127년)
황제의 동생이 강남으로 도피해 남송을 세운다(현재의 항저우).

화이허 강의 북쪽을 금, 남쪽을 남송이 지배했고, 송은 금의 신하가 되어 매년 은이나 비단을 바쳤다.

북송·요·서하의 대립
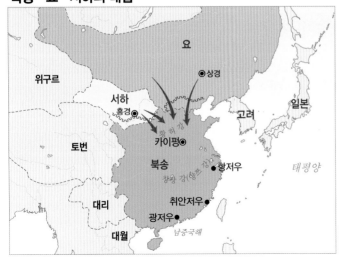

남송·금·서하의 대립

금의 신하국이 되는 형태로 남송도 번영했다.

송의 4가지 특징

1 문치주의

무력에 의한 지배권 다툼을 제어하기 위해
절도사의 실권을 빼앗고, 황제 직속의 군대
(금군(禁軍))를 강화시켰다.
학식 있는 관료가 중심이 되어 정치를
실시하게 되었다.
시험 과목의 하나인 유학은 송학(주자학)
으로 발전했다.

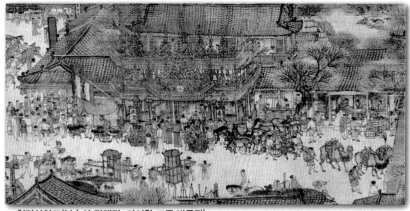

▲ 청명상하도(북송의 장택단, 타이완 고궁 박물관) 2세기 초 수도 카이펑의 운하 주변의 청명절(4월 상순)의
모습을 그렸다. 당시 카이펑의 인구는 100만 명이 넘었다고 한다. 상업과 도시의 발달로 서민층의 사회 활동도
활발해졌다.

2 과거의 정비

종래의 과거에 황제가 몸소 실시하는 전시라는
최종 시험도 더해진다.
전란 동안에 귀족은 몰락하고, 관료는 모두 과거
에 의해 선발되어, 황제의 뜻대로 정치를 실시하
는 체제가 되었다.

◀ 송대의 지폐(회자)
남송의 지폐를 찍는
판(왼쪽)과 지폐(오른쪽)이다.

3 3대 발명

과거를 위한 참고서가 증가했기 때문에
활판 인쇄 기술이 탄생했다.
화약, 나침반도 발명되어 사용되었다.
이 3가지 발명품은 13세기 이후 유럽에
전해져 세계를 크게 변화시키게 되었다.

4 상업의 발전

농업의 생산성이 향상되고 소금, 차, 술 등을 생산하는 부업도 활발
했다. 화폐 경제가 농촌에도 침투하고, 각지에서 시장이 열리는 등
경제 활동은 활성화되어 있었다.
북송의 수도인 카이펑은 중국의 동서남북을 연결하는 상업망의 요충
지로 발전했다. 남송 시대에는 자기의 생산 등 도시의 수공업이 성장
하고, 동남아시아나 남인도 등과의 교역이 활발했다.
이로 인해 남송의 수도인 임안은 크게 번성했다.

「정복 왕조」를 구축했던 북방 민족

중국의 북방에서 활약한 유목 민족은 진(秦) 시대부터 역대 중국 왕조를
위협해 왔다.
북방 민족은 왕조를 세워 중국의 영토를 정복하고, 한민족을 지배하기도
했다. 요, 금, 원, 청이 바로 북방 민족에 의해 세워진 정복 왕조이다.
이들 정복 왕조는 한민족에 대해서는 중앙 집권 제도를 실시하는 한편,
자기 민족에게는 전통적인 부족 제도를 남기는 등 교묘한 통치 방식으로
존속을 꾀했다.

주요 북방 민족

시기	민족
기원전	흉노
	선비→북위를 건국
	유연
	돌궐
	위구르
10세기	거란→요를 건국
	여진→금을 건국
	몽골→원을 건국
	타타르
17세기	만주→청을 건국

유라시아를 제압하고,
동서를 연결한 몽골 제국

몽골 제국의 최대 영역

몽골 제국의 계승자들

칭기즈 칸의 자손들은 몸소 통치할 나라를 세워 대칸 밑에서 원만하게 연합했다.
4한국은 킵차크한국, 차가타이한국, 우구데이한국, 일한국을 이른다.

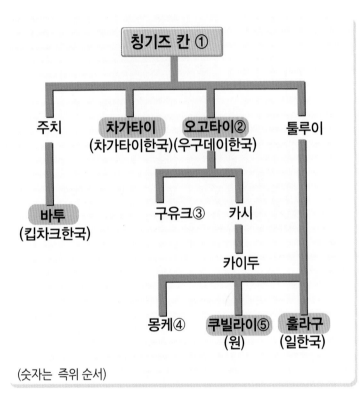

(숫자는 즉위 순서)

러시아
오고타이에게 명을 받은 바투가 이끄는 10만 명의 군은 키예프 공국을 무너뜨리고 러시아 전 지역을 지배한다. 바투는 킵차크한국을 건국했다.

중앙아시아
칭기즈 칸의 차남인 차가타이가 차가타이한국을 건국한다. 후에 이슬람화가 되었다.

유럽
러시아를 제압한 후, 바투군은 유럽에 침입한다. 1241년, 폴란드·독일 연합군을 격파한다. 하지만 오고타이 사망 후 더 이상의 원정은 중지된다.

이슬람 세계
훌라구가 이끄는 군이 바그다드를 공략한다. 1258년, 아바스 왕조는 멸망하고 일한국이 세워졌다. 후에 이슬람화가 되었다.

→ 몽골군의 원정로
→ 바투의 원정로
--- 4한국의 경계

본격화된 동서 교류

- 몽골 제국의 이슬람 지역 정복으로 서유럽 여러 나라의 관심이 높아지고, 로마 교황이나 프랑스 국왕의 사절이 방문했다.
- 가톨릭 포교를 위해 선교사가 파견되었다.
- 베네치아의 상인 마르코 폴로는 17년간 원의 쿠빌라이를 섬겼고, 그 체험으로 『동방견문록』이 탄생했다.
- 이슬람 천문학의 영향으로 정확한 달력이 탄생했다.

서

동

- 나침반, 인쇄 기술, 화약의 3대 발명품이 이슬람 세계로 전해졌다.
- 도자기의 수출도 활발했다.

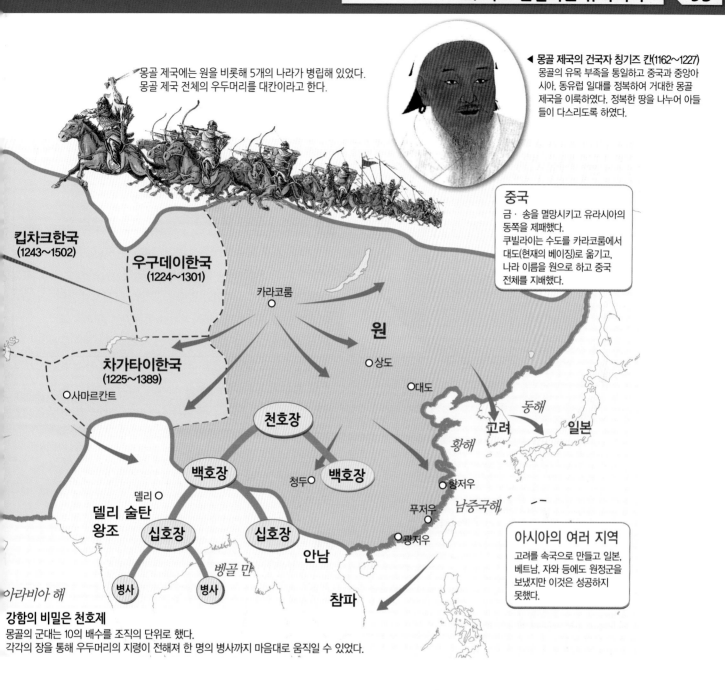

몽골 제국에는 원을 비롯해 5개의 나라가 병립해 있었다.
몽골 제국 전체의 우두머리를 대칸이라고 한다.

◀ 몽골 제국의 건국자 칭기즈 칸(1162~1227)
몽골의 유목 부족을 통일하고 중국과 중앙아
시아, 동유럽 일대를 정복하여 거대한 몽골
제국을 이룩하였다. 정복한 땅을 나누어 아들
들이 다스리도록 하였다.

중국
금·송을 멸망시키고 유라시아의
동쪽을 제패했다.
쿠빌라이는 수도를 카라코룸에서
대도(현재의 베이징)로 옮기고,
나라 이름을 원으로 하고 중국
전체를 지배했다.

킵차크한국
(1243~1502)

우구데이한국
(1224~1301)

카라코룸

원

상도

차가타이한국
(1225~1389)

대도

사마르칸트

고려   동해   일본

황해

천호장

백호장   청두   백호장

항저우

델리

델리 술탄
왕조

십호장   십호장   푸저우   남중국해

광저우

병사   병사   안남

벵골 만

아라비아 해   참파

아시아의 여러 지역
고려를 속국으로 만들고 일본,
베트남, 자와 등에도 원정군을
보냈지만 이것은 성공하지
못했다.

강함의 비밀은 천호제
몽골의 군대는 10의 배수를 조직의 단위로 했다.
각각의 장을 통해 우두머리의 지령이 전해져 한 명의 병사까지 마음대로 움직일 수 있었다.

북방의 한 부족이었던 몽골. 칭기즈 칸의 등장으로 큰 변화가 생겼다.

송과 금이 양립한 12세기, 몽골 고원에서는 유목민인 여러 부족이 싸우고 있었다.

이것을 정리한 것은 몽골족의 테무친, 후에 칭기즈 캔(칸은 군주의 의미)이다. 칭기즈 칸은 강력한 군대와 함께 정복 활동을 시작한다.

튀르크족 국가인 호라즘 왕국의 정복을 시작으로, 중앙아시아 일대를 제압하고 오아시스길을 지배하에 두는 일에 성공했다.

이렇게 거대한 상업권을 손에 넣게 된다.

칭기즈 칸의 사후에도 그 자손에 의한 지배 영역 확대의 기세는 멈추지 않았다.

초원길도 제압하고, 유라시아의 대부분을 산하에 두는 사상 유례가 없는 대제국을 형성하게 된다.

몽골 제국의 출현에 의해 유라시아 동서 세계의 교섭이 진전되어 갔다.

이슬람이나 중국의 상인들이 육로, 해상의 경로를 왕래하며 문화를 서로 전하게 된다.

몽골 부활을 꾀한
티무르 왕조, 그 쇠퇴로 일어난 일

몽골 제국의 해체와 그 후

킵차크한국
16세기에는 소멸한다. 영내에서 독립한 모스크바 대공국이 세력을 넓혔다.

원
14세기 후반에 명군에게 대도를 점령당하고 몽골 고원으로 철수한다.

일한국
13세기 말에 이슬람화된다. 14세기 중반에는 건국자 훌라구의 혈통이 끊어져 사실상 멸망한다.

우구데이한국
14세기 초에 차가타이한국에 병합된다.

차가타이한국
우구데이한국 병합 후에 분열된다.

티무르 왕조(1370년~1507년)
차가타이한국과 일한국의 지배 영역을 대부분 통일한다.
오스만 제국을 격파하고, 소아시아를 한때 지배하에 두는 등 파죽지세를 보였다. 명의 토벌을 계획했지만, 티무르의 죽음으로 인해 좌절된다.
그 후 내란으로 인해 붕괴되었다.

오스만 제국
티무르 왕조가 약화되는 것과는 반대로 힘을 강화하여 대제국이 되었다.

무굴 제국
티무르의 자손인 바부르는 북인도에 침입하여 제국을 세웠다.

1 분열된 몽골 제국의 부흥을 꾀한 티무르

쿠빌라이 사후 몽골 제국은 쇠퇴해 갔다. 우구데이한국을 병합한 차가타이한국은 동서로 분열되었다.
원에서는 재정난과 기아가 민중을 괴롭혀 각지에서 반란이 일어난다. 홍건적의 난을 계기로 몽골인은 중국 지배에서 손을 뗐다.
원이 멸망하고 일어난 것이 티무르였다. 분열된 차가타이한국 출신의 장수였지만, 몽골 제국의 부흥을 내걸고 유라시아의 재통일을 위해 군사 행동을 개시했다. 티무르는 중앙아시아의 사마르칸트를 수도로 삼고, 서아시아의 통일을 완수했다. 이것이 티무르 왕조이다.
몽골 제국의 부활까지는 가지 못했지만, 100년 이상에 걸쳐 번영했다.

2 티무르 왕조에서 오스만 제국과 인도의 무굴 제국으로

13세기 말, 소아시아에 튀르크족의 국가가 건설된다. 20세기까지 계속된 오스만 제국의 시초이다.
티무르 왕조에 의해 한때는 붕괴 직전까지 몰린 오스만 제국이지만, 티무르 왕조의 쇠퇴와 함께 세력을 회복한다. 1435년에는 콘스탄티노플을 공격하여 함락시키고 비잔티움 제국을 멸망시켰다. 한편 몽골 부활을 내세운 티무르 왕조는 멸망하지만, 티무르의 자손에 의해 그 뜻은 계승된다. 티무르의 자손인 바부르는 북인도에 무굴 제국을 건설한다. 무굴 제국의 지배층은 이슬람교도이지만, 주민의 대부분은 힌두교도였다.
국내의 안정을 꾀하기 위해 개종을 강요하지 않았고, 비이슬람교도에게 부과되는 세를 징수하는 일도 없었다. 이러한 융화 정책에 의해 무굴 제국은 확대되어 갔다.

두 제국의 발자취

오스만 제국(1299년~1922년)

- 1299년, 튀르크족의 오스만 1세가 건국
- 1402년, 티무르 왕조와의 전투(앙카라 전투)에서 패배하여 쇠퇴의 위기를 맞는다.

- 티무르 왕조의 쇠퇴로 부활한다. 1453년에는 비잔티움 제국을 멸망시키고, 콘스탄티노플을 이스탄불로 개칭하여 수도로 삼는다.

- 술레이만 1세 시대(재위 1520년~1566년), 북아프리카에서 오리엔트와 발칸 반도에 걸친 대제국이 된다. 이슬람교로의 개종을 강요하지 않고, 영내의 이교도 지역 사회에 자치권을 인정하는 제도를 실시한다. 헝가리 정복(1526년), 빈 포위(1529년) 등 유럽 여러 나라를 위협하는 존재가 되었다.

예니체리 부대 병영의 모습

- 오스만 제국의 지배하에 있는 크리스트교도 소년을 강제로 모집해 이슬람교로 개종시키고 훈련하여 편성시킨 예니체리 (상비군)이 대외 전투에서 활약했다. 이들은 매우 용맹하다고 알려져, 예니체리 군악대가 연주하는 행진곡은 유럽의 군대를 부들부들 떨게 했다고 한다.

- 17세기 이후, 유럽 여러 나라의 힘이 강해짐에 따라 서서히 쇠퇴한다.
- 18세기 말 이후에는 열강 여러 나라의 분쟁에 휘말리게 된다.

1400년
1500년
1600년
1700년
1800년

무굴 제국(1526년~1858년)
무굴은 몽골을 의미함

- 1526년, 티무르의 자손 바부르에 의해 건국되었다. 악바르(재위 1556년~1605년)의 시대에 제국의 기초가 만들어진다.

타지마할

- 제 5대 황제 샤자한(재위 1628년~1658년)의 시대에 전성기를 맞이하지만, 황제 자리를 둘러싸고 싸움이 일어나 만년에는 유폐 생활을 보냈다.

- 아우랑제브 황제(재위 1658년~1707년)의 시대, 영토는 최대였다. 하지만 힌두교도에 대한 억압을 강화하여 제국은 약화되기 시작했다.

아우랑제브 황제
(재위 1658년~1707년)

- 힌두 국가인 마라타 왕국의 독립, 지방 정권의 탄생 등에 의해 해체가 진행되고, 무굴 제국은 명목뿐인 존재가 된다.

서아시아에서
이슬람 국가가 발전하다.

이슬람 국가의 발전

11세기 이후에 인도와 서아시아에서는 이슬람 국가들이 성립하여 발전하였으며, 이 시기에 다양한 문화가 융합되었다.
한편 이슬람, 인도 지역 상인들의 활발한 해상 무역 활동으로 동남아시아 지역에 이슬람교가 전파되어 이슬람 제국이 형성되었다.

1 **셀주크 튀르크가 성장하다.**

11세기에 셀주크 튀르크는 바그다드를 점령하고 아바스 왕조의 칼리프로부터 술탄의 칭호를 받았다. 셀주크 튀르크는 이후 계속해서 세력을 확대하여 비단길과 바닷길을 통한 동서 교역로를 장악하였다. 셀주크 튀르크는 크리스트교의 성지인 예루살렘까지 차지하고, 크리스트교도의 성지 순례를 금지하여 비잔티움 제국과 충돌하게 되었다
(십자군 전쟁).

오스만 제국의 영역

셀주크 튀르크의 발전

1071년에 점령, 십자군 전쟁의 계기 제공

→ 셀주크 튀르크의 진출 방향
■ 셀주크 튀르크의 최대 영역
→ 제1차 십자군 진로(1096년~1099년)

◀ **티무르 제국의 발흥지에 세워진 티무르의 동상 (우즈베키스탄의 타슈켄트)**
티무르(1336년~1405년)는 동쪽으로 명나라를 치고 그곳에 이슬람교의 모스크를 지으려고 계획하였으나, 인도를 치라는 손자의 의견을 받아들여 델리를 공격하여 수만 명을 처형하였다.

2 **오스만 제국이 번영하다.**

셀주크 튀르크의 지배를 받던 소아시아 지역의 여러 부족들은 13세기 말부터 각기 독립하여 나라를 세웠다. 오스만 족도 그중의 하나였다. 오스만 제국은 한때 티무르 제국과의 전쟁에서 패배하여 타격을 받기도 하였지만, 서방으로 영토를 확장시켜 나아갔다. 소아시아 지역과 발칸 반도로 세력을 확장하여 비잔티움 제국을 멸망시켰다(1453년). 비잔티움 제국의 수도였던 콘스탄티노폴리스의 이름을 이스탄불로 바꾸고 수도로 삼았다.
16세기에 이르러, 오스만 제국은 이집트와 유럽의 헝가리 왕국까지 정복하여 아시아, 아프리카, 유럽의 세 대륙에 걸쳐 영토를 가진 제국을 이루었다. 오스만 제국은 술레이만 1세 때, 에스파냐와 로마 교황청의 연합 함대를 격파하여 지중해의 해상권을 장악하고, 이스탄불을 중심으로 동서 무역을 독점하여 경제적 번영을 누렸다.

■ 1326년경의 영역
→ 진출 방향
■ 최대 영역

이집트의 맘루크 왕조를 정복하면서 메카와 메디나 등 이슬람교의 성지를 장악하였을 뿐 아니라, 맘루크 왕조의 보호를 받고 있던 아바스 왕조의 후예로부터 칼리프의 칭호까지 물려받았다. 이로써 오스만 제국은 술탄·칼리프제를 확립하여 명실상부한 이슬람 세계의 지배자가 되었다.

무굴 제국의 성립과 발전(16세기~18세기)

무슬림 황제가 인도를 다스리다.

16세기 초에 인도는 여러 개의 작은 왕국으로 나뉘어 있었다.
티무르의 후손인 바부르는 북인도에 침입하여 델리의 술탄을 누르고 무굴 제국을 세웠다(1526년).
무굴 제국은 아크바르 대제 때에 크게 발전하여 북인도의 대부분 지역을 모두 차지하고 아프가니스탄까지 영토를 넓혔다.
중앙 집권적 행정 제도를 정비하면서 힌두교도를 포용하는 정책을 내세웠는데 힌두교도에게 부과하던 인두세를 폐지하고, 그들을 관리와 군인으로 등용하기도 하였다.
아우랑제브 황제 때에는 데칸 고원을 점령하여 영토를 최대로 넓혔다.
하지만 이슬람 제일주의를 내세워 힌두교도들에게 다시 인두세를 부과하고, 힌두교도를 비롯한 이교도들을 탄압하였다. 또한 잦은 정복 전쟁 때문에 국력이 소모되었고, 외침과 왕위 계승 문제까지 생기면서 도처에서 반란이 일어났다. 그 후에도 내분이 계속되면서 무굴 제국은 점차 쇠퇴하였다.
이를 틈타 영국과 프랑스가 인도에 침투해 오기 시작하였다.

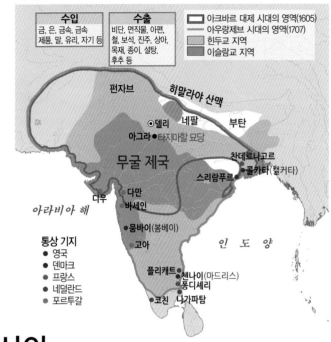

무굴 제국의 영역

수입	수출
금, 은, 금속, 금속 제품, 말, 유리, 자기 등	비단, 면직물, 아편, 철, 보석, 진주, 상아, 목재, 종이, 설탕, 후추 등

☐ 아크바르 대제 시대의 영역(1605)
　 아우랑제브 시대의 영역(1707)
▨ 힌두교 지역
▨ 이슬람교 지역

통상 기지
● 영국
● 덴마크
● 프랑스
● 네덜란드
● 포르투갈

다양한 문화가 발전한 동남아시아

1 동남아시아의 이슬람화

인도양을 중심으로 하는 무역이 활발해지고, 인도 출신의 이슬람 상인들과 교류가 늘어나면서 13세기경에 인도네시아와 말레이시아 지역에도 이슬람교가 퍼지기 시작하였다. 당시 인도네시아의 지역과 말레이 반도를 다스리던 마자파힛 왕국은 힌두교 국가였지만, 상인들이 믿는 불교와 이슬람교도 존중하였다.
14세기에 이슬람교로 개종한 마자파힛 왕국은 향료 무역을 독점하고 중국 및 이슬람 상인들과 거래하면서 번영을 누렸다.

15세기 초에 수마트라 출신의 지배층이 세운 믈라카 왕국도 인도의 상인들을 통해 이슬람교를 받아들였다.
믈라카 왕국은 중국, 동아시아, 인도를 잇는 해상 무역의 요충지인 믈라카 해협을 장악하여 경제적 번영을 누렸다.
그러나 유럽과 동남아시아의 교역이 확대되던 16세기 초에 믈라카 왕국은 포르투갈에게 점령당하였다.

2 타이 족의 나라들

타이 족이 세운 최초의 왕조, 수코타이 왕조는 중국 문화와 상좌부 불교를 받아들이고, 타이 문자를 만들어 민족 문화를 발전시켰다.
14세기 중엽에는 짜오프라야 강 상류 지역에 세워진 아유타야 왕조의 세력이 확대 되었고, 수코타이 왕조는 15세기 중엽에 멸망했다.
아유타야 왕조는 해상 무역이 발달하여 명과 유럽 국가들과 교역하며 경제적으로 크게 번영하였고 불교 문화도 발전하였다. 18세기에 아유타야 왕조가 미얀마 족(버마 족)의 침입으로 멸망하자, 짜오 프라야 짜끄리(라마 1세)가 짜끄리 왕조를 세워 미얀마와의 전쟁을 수습하고 방콕을 수도로 하여 새로운 왕조를 열었다(1782). 짜끄리 왕조는 지금의 타이 왕조로 이어지고 있다.

3 유교 문화가 발전한 베트남

10세기에는 대월이 중국으로부터 독립하였고, 13세기에는 북부 지역의 쩐 왕조는 "대월사기"를 편찬, 한자를 본뜬 고유의 쯔놈 문자를 사용하여 문화적 자부심과 민족의식을 높였다.
15세기 초, 레 왕조는 과거제를 실시하고 관료제를 정비하였으며 율령을 받아들여 베트남 최초로 법전을 편찬하였다. 15세기 후반에는 인도차이나 남부의 참파를 점령하여 영토를 넓게 되었다. 그러나 16세기경 남북으로 나뉘어져 서로 대립하였다가 19세기 초에 응우옌 왕조가 세워지게 되었다.

동남아시아의 이슬람 문화

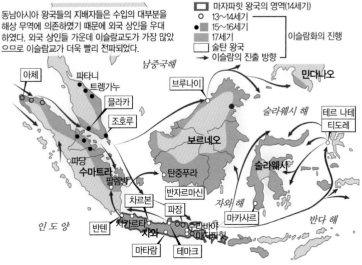

동남아시아 왕국들의 지배자들은 수입의 대부분을 해상 무역에 의존하였기 때문에 외국 상인을 우대하였다. 외국 상인들 가운데 이슬람교도가 가장 많았으므로 이슬람교가 더욱 빨리 전파되었다.

☐ 마자파힛 왕국의 영역(14세기)
○ 13~14세기
● 15~16세기
▨ 17세기
☐ 술탄 왕국
→ 이슬람의 진출 방향
　 이슬람화의 진행

한족이 탈환한 정권이
또다시 이민족의 손에 들어가다.

명의 특징

명에서 청으로의 발자취

조공 무역

주변 여러 나라와 조공 관계를 맺고 국가가 무역을 관리했다. 국가 간의 조공 관계는 주변국으로부터 바쳐지는 공물과 그것에 대한 답례품의 형태로 이루어졌다.
한편 16세기에는 밀무역이 활발해진다. 밀무역 집단은 왜구라고 불리지만, 실제로는 중국인이 대부분을 차지했다.

조선이나 일본의 류큐 왕국, 베트남의 여조 등이 명과 조공 관계를 맺었다.

명의 성립

1368년, 주원장이 남경을 수도로 하는 명을 건국하고 황제가 된다(홍무제).

명의 발전

3대 황제인 영락제(재위 1402년 ~1424년)의 시대에는 수도를 북경으로 옮기고, 대외 정책에 힘을 쏟는다.

▲ 명 태조 주원장(1328년~1398년) 농민 출신으로 홍건적에 가담하고 세력을 키워 황제가 되었다. 주원장은 30여 년에 걸친 재위 기간 동안 10만 명이 넘는 지주와 관료를 숙청한 것으로 유명하다.

만리장성

북방의 몽골이 세력을 넓히고 있었다. 특히 16세기에는 명을 압박하는 움직임이 강해졌다.
이것을 막기 위해 막대한 비용을 들여 건설한 것이 만리장성이다.

정화의 대원정

영락제의 명을 받아 실시된 남해 원정이다.
이슬람교도인 환관 정화에 의해 1405년부터 약 30년간 7번의 원정이 이루어졌는데, 아프리카의 동부 해안에까지 도달하는 대원정이 되었다.

도요토미 히데요시

도요토미 히데요시에 의한 조선 침공(1592년, 1597년)이 일어나자, 명은 조선에 원군을 보냈다.
이 무렵, 북방 민족에 의한 반란의 진압 등에도 거액의 비용이 들어 명의 재정은 급속히 악화되어 갔다.

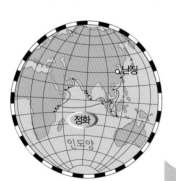

유럽보다 한발 빠른 명의 대항해 시대. 세계의 여러 나라에 명과 조공 관계를 맺도록 요구하는 것이 그 목적이었다.

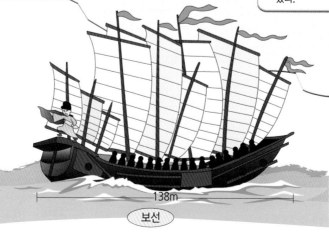

138m

보선

1. 항해의 목적: 명의 국력을 널리 알리고 동남아시아의 여러 나라와 조공·책봉 체제를 강화하기 위해서
2. 항해 기간과 횟수: 1405년~1433년, 총 일곱 차례
3. 경로: 중국→베트남→자와 섬→ 믈라카 술탄국→실론→인도 남부→중국 (제4차 항해 때 페르시아와 아프리카까지 진출)

1 「중화 회복」을 내걸고 명이 정권을 빼앗았다.

원 말기에 붉은 두건을 두른 반란군이 나타났다(홍건적의 난). 미륵하생(彌勒下生) 다시 말해 「미륵이 지상에 나타나 세상을 변화시켜 준다.」는 신앙을 가진 백련교의 비밀 결사가 그 중심이었다. 반란군 지도자 중 하나인 빈농 출신의 주원장은 지주와 손을 잡고 「중화 회복」을 내건 왕조를 세운다.
이것이 명의 시작이다. 몽골인에 의한 정복 왕조가 끝나고 중국의 지배권은 다시 한족이 잡게 되었다.
명은 주변의 아시아 여러 나라를 자국의 교역 문화권 가운데 편입시키면서 발전해 갔다. 하지만 대외 정책에 쫓기는 가운데 민중의 불만이 증가해, 결국에는 명을 멸망으로 몰아넣는 반란이 일어나게 되었다.

2 혼란을 제압한 만주족, 중국은 다시 북방 민족의 손에 들어간다.

반란군을 제압한 것은 북방 민족인 여진(후에 만주로 개칭)이 세운 국가인 청의 군대였다.
이때, 20세기에 이르기까지, 300년에 걸쳐 계속되는 청의 중국 전역에 대한 지배가 시작되었다.
한족이 탈환한 정권은 또다시 북방 민족의 손에 넘어가게 된 것이다.

청의 정치 특징

국내외의 산적한 문제
북방 민족의 침입이나 왜구의 증가, 도요토미 히데요시의 조선 침공 등에 의해 재정은 악화일로를 걷는다.

농민의 반란
무거운 세금이 부과되어 곤궁해진 농민들이 반란을 일으켜 베이징을 점거한다(이자성의 난).
644년 명은 멸망한다.

청의 시작
만주족 국가인 청의 군대가 베이징에 들어가 반란군을 진압한다. 청 왕조로서 중국 전역을 지배한다.

명의 지배 체제를 계승
압도적 다수를 차지하는 한족을 지배하기 위해, 회유책을 실시했다.
명의 여러 제도를 그대로 계승하는 동시에, 관료나 각료의 경우 한족과 만주족을 같은 수로 등용했다. 또한 유교 등 한족의 지식을 살리도록 적극적으로 장려했다.

▲ 이발사가 마을을 순회해서 변발로 만들었다. 반항하는 사람은 본보기로 죽임을 당했다.

만주족의 풍속을 강요
회유책을 실시하는 한편, 만주족의 전통적인 헤어 스타일인 변발을 강요했다.
만주족의 관습을 한족이 따르게 함으로써, 만주족이야말로 청의 지배자임을 알게 했다.

18세기에 전성기를 맞이하고, 사상 최대의 중화 제국을 구축했지만, 19세기 이후에는 열강 여러 나라의 압력이 심해져 점차 식민지 같은 취급을 받게 된다.

유라시아의
동쪽은 문화의 교차점

각 지역의 상황

조선
위만 조선 이후, 고구려, 백제, 신라, 고려, 조선 등이 번영했다.

일본
불교를 비롯한 대륙의 문화는 백제를 통해서 도입되었고, 아스카 문화의 기초를 만들었다.

러시아

태국
7세기 초에 고대 국가가 건국된다. 13세기 중반에 타이족의 국가가 성립된다. 상좌부 불교를 국교로 만든다. 14세기 중반에 성립된 아유타야 왕조가 세력을 넓혔다.

둔황

원강

동해

일본
에도
가마쿠라
교토
나라

조선

황해

룽먼

청

미얀마
8세기 중반에 고대 국가가 건국되고, 11세기 중반에는 버마족의 국가가 성립된다. 상좌부 불교가 국교화되었다.

동중국해

베트남
남부는 2세기 말에 후한에서 독립하고, 해상 교역으로 번성했다. 북부는 오랫동안 중국의 지배를 받아왔지만, 10세기에 자립한다. 한때 명의 지배하에 놓여 있었지만, 다시 독립한다. 17세기~18세기에는 남북의 독립이 계속되었지만, 1802년 베트남 최초의 통일 왕조인 응우옌 왕조가 성립된다(월남국).

무굴 제국

캄보디아
1세기 말에 부남이 건국된다. 6세기에 자립한 크메르족의 국가는 힌두교를 국교로 삼았다. 앙코르 왕조는 앙코르 와트를 건립했다.

미얀마

태국   베트남

캄보디아
앙코르 와트

태평양

필리핀
말레이계 이주민이나 이슬람계 이주민이 살고 있었지만, 16세기에 에스파냐령이 되면서 크리스트교화되었다.

필리핀

남중국해

12세기에 힌두교의 사원으로 건국된 앙코르 와트. 14세기 이후는 불교 사원으로 전용되었다.

말레이시아

자와
8세기에 건국된 사일렌드라 왕조는 대승 불교의 사원인 보로부두르를 건립했다. 13세기 말에 출현한 마자파힛 왕국은 힌두교국이 되었다.

보르네오

말레이·수마트라
7세기 후반에 성립된 스리비자야 왕국이 자와의 마자파힛 왕국에 의해 정복된 뒤, 믈라카 왕국이 건국되었다. 무역의 중심지로 번성하고, 15세기 후반에는 이슬람교화된다.

수마트라

자와   보로부두르

중국과 조선 · 일본의 관계

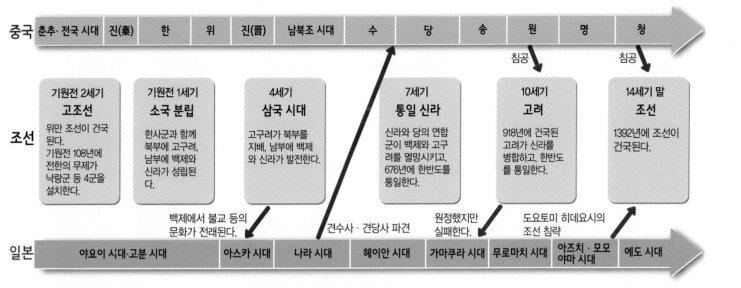

중국: 춘추·전국 시대 | 진(秦) | 한 | 위 | 진(晉) | 남북조 시대 | 수 | 당 | 송 | 원 | 명 | 청

침공 → 원
침공 → 청

조선:

기원전 2세기 고조선
위만 조선이 건국된다.
기원전 108년에 전한의 무제가 낙랑군 등 4군을 설치한다.

기원전 1세기 소국 분립
한사군과 함께 북부에 고구려, 남부에 백제와 신라가 성립된다.

4세기 삼국 시대
고구려가 북부를 지배, 남부에 백제와 신라가 발전한다.

7세기 통일 신라
신라와 당의 연합군이 백제와 고구려를 멸망시키고, 676년에 한반도를 통일한다.

10세기 고려
918년에 건국된 고려가 신라를 병합하고, 한반도를 통일한다.

14세기 말 조선
1392년에 조선이 건국된다.

백제에서 불교 등의 문화가 전래된다.
견수사 · 견당사 파견
원정했지만 실패한다.
도요토미 히데요시의 조선 침략

일본: 야요이 시대·고분 시대 | 아스카 시대 | 나라 시대 | 헤이안 시대 | 가마쿠라 시대 | 무로마치 시대 | 아즈치 · 모모야마 시대 | 에도 시대

중국의 영향을 받은 조선과 일본. 동남아시아는 인도의 영향도 받았다.

유라시아 대륙의 동쪽 끝에 위치한 조선과 일본, 동남아시아 여러 나라는 중국이나 인도와 같은 대국의 영향을 받으면서 발전해 갔다.
후한이 멸망한 뒤, 중국 사회가 혼란스럽던 시기에는 난민이 속출했는데 이런 사람들과 함께 우수한 기술이나 중국 문화가 조선과 일본에 전해지게 되었다.
한편 동남아시아는 지리적으로 인도에도 가까워, 중국과 인도의 중계 무역지로 발달하고, 양쪽의 문화적 영향을 받게 되었다.
또한 이슬람 상인이 교역에 개입하게 되면서 이슬람의 영향도 받기 시작한다. 교류 무역 중심지의 하나였던 믈라카 왕국이
이슬람교로 개종한 15세기 이후에는 여러 섬을 중심으로 단숨에 이슬람화가 진행되어 갔다.

동남아시아의 변천

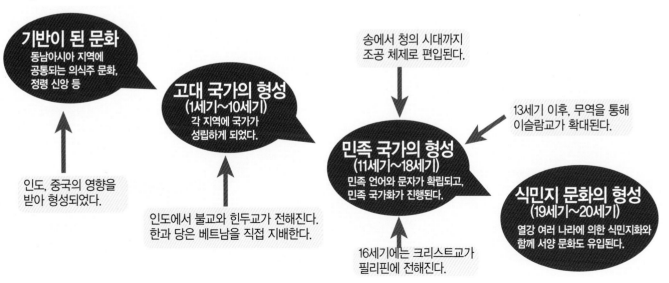

기반이 된 문화
동남아시아 지역에 공통되는 의식주 문화, 정령 신앙 등

고대 국가의 형성 (1세기~10세기)
각 지역에 국가가 성립하게 되었다.

송에서 청의 시대까지 조공 체제로 편입된다.

13세기 이후, 무역을 통해 이슬람교가 확대된다.

민족 국가의 형성 (11세기~18세기)
민족 언어와 문자가 확립되고, 민족 국가화가 진행된다.

식민지 문화의 형성 (19세기~20세기)
열강 여러 나라에 의한 식민지화와 함께 서양 문화도 유입된다.

인도, 중국의 영향을 받아 형성되었다.

인도에서 불교와 힌두교가 전해진다.
한과 당은 베트남을 직접 지배한다.

16세기에는 크리스트교가 필리핀에 전해진다.

무사가 지배한
일본 사회

1 무사, 정치를 주도하다.

일본에서는 12세기 말부터 무가 정치가 시작되었다. 무가 정치란 무인들이 독자적인 권력과 조직을 가지고 다스리는 정치이다. 중앙에서는 무사의 우두머리인 쇼군(장군)이 막부를 세워 국왕에 버금가는 세력을 떨쳤고 지방에서는 쇼군이 임명한 무사들이 세력을 키워갔다.

중국에서 명이 들어설 무렵, 일본 무가 정치의 중심은 무로마치 막부였다. 무로마치 막부는 3대 쇼군인 아시카가 요시미쓰 때에 전성기를 누렸다. 그는 명과 국교를 맺고 무역을 중시하였으며 명으로부터 일본 국왕이라는 칭호를 받았다.

그러나 그가 죽은 후 막부의 권위는 급격하게 약화되었고, 일본은 15세기 후반부터 각지의 영주들이 독립하여 서로 세력을 다투는 전국 시대로 접어들었다.

무사 정권의 변천

일본 최초의 무사 막부 정권을 세운 미나모토노 요리토모

12세기 후반에 전국을 장악하고 쇼군에 올라 가마쿠라 막부를 열었다. 이후 막부 정치는 일본이 개항할 때까지 이어졌다.

울릉도 / 독도

무로마치 막부 1336~1573

가마쿠라 막부 1192~1333

에도 막부를 연 도쿠가와 이에야스

도요토미 히데요시가 병으로 죽자 권력을 잡고 쇼군이 되어 에도(도쿄)에 막부를 열었다.

에도 / 가마쿠라 / 교토 / 오사카

에도 막부 1603~1867

전국 시대 1468~1569

전국 통일 1590~1598

도요토미 히데요시

오다 노부나가가 죽은 뒤 정권을 잡고 전국 통일을 완성하였다. 전국을 통일하고 나서 조선을 침략하였다.

조총을 사용한 오다 노부나가

15세기 중엽부터 무사들의 전쟁이 시작되어 100여 년간 계속되었다. 오다 노부나가는 조총을 사용하여 대부분의 무사들을 굴복시켰으나 부하에게 살해되었다.

2 에도 막부의 성립과 발전

15세기 중엽, 무로마치 막부가 약화되면서 무사들이 권력을 다투는 전국 시대가 약 100여 년간 계속되었다.

전국 시대를 통일한 도요토미 히데요시는 임진왜란을 일으켰으나 실패하였다. 그 후, 도쿠가와 이에야스가 정권을 장악하여 에도 막부를 열고 다이묘(봉건 영주)들을 강력하게 통제하였다(1603년).

에도 막부는 외국과의 교역을 제한하였으나 조선, 중국과는 교류하였다. 서양 국가 중 네덜란드와는 교역함으로써 서양의 근대 학문을 받아들였는데, 이것을 난학이라고 한다. 난학은 일본의 근대화에 이바지하였다.

에도 시대에는 전국이 하나의 경제권으로 통합되었고, 농업 기술이 향상되어 수공업과 상업, 도시가 발달하였다. 이에 따라 상공인 계층이 성장하여 경제력을 갖추게 되었고, 이들은 가부키 등의 공연을 즐기며 새로운 문화의 중심 계층으로 자리잡았다.

18세기 후반에는 중국의 학문 대신 일본 고유의 정신으로 돌아가자는 국학 운동이 일어나, 일본 고유의 종교인 신도가 유행하기도 하였다.

에도 시대의 주요 도시와 신분

아프리카 대륙에 밀어닥친
이슬람의 물결

16세기까지의 상황

이슬람 상인과의 교역으로 연안을 중심으로 번영했다.

아프리카 대륙에서 가장 많이 알려진 문명은 이집트 문명이지만 연안을 중심으로 금이나 소금, 상아, 향신료 등의 산물을 교역하며 의해 번영한 여러 도시와 나라들이 흥망을 거듭했다.

아프리카 대륙은 아라비아 반도와 가깝기도 하고 이슬람 상인의 출입이 많아 이슬람화가 빠르게 진행되었지만 에티오피아의 악숨 왕국처럼 크리스트교가 뿌리 깊은 나라도 있었다. 각자의 땅에서 풍부한 번영을 이루어 간 아프리카의 상황은 대항해 시대 이후 크게 변화했다.

아메리카 대륙 등에서 필요한 노동력으로 많은 흑인이 끌려간 것이다.

노예 무역이 주력 상품이 된 아프리카 사회는 노동력 부족과 인구 침체에 빠졌고, 이는 아프리카 대륙의 그 후의 발전을 저해하는 한 요인이 되었다.

북
유럽과의 관계가 깊고 로마 제국령이 되었지만, 후에 이슬람화가 진행된다.

가나 왕국
(8세기~13세기)

말리 왕국
(13세기~17세기)

나이저 강 유역
(기원전 5000년경)
나이저 강 유역에서 농경 시작

서
금 등을 풍부히 산출하여 이슬람 상인이 자주 드나들었다. 이슬람의 무라비트 왕조가 일대를 정복한 뒤에는 이슬람화가 진행된다.

지중해

중왕국

고왕국

신왕국

이집트 왕국
(B.C. 3000년경~ B.C. 330년)
기원전 3000년경에 최초의 왕조가 성립된 후 이집트 문명을 형성하였다. 기원전 30년 로마의 지배를 받았고, 7세기 후반부터는 이슬람 세계에 편입되었다.

나일강 주변
나일강 하류에는 이집트 문명이 형성된다. 상류에는 제철과 상업으로 번영한 쿠시 왕국이 번영했지만, 4세기에 에티오피아의 악숨 왕국이 멸망시킨다. 악숨 왕국은 향신료의 수출 등으로 번영하며, 크리스트교화된다.

쿠시 왕국
(B.C. 800~ 350년)
세계 최초의 철공장을 건설하였고, 이집트 상형 문자를 발달시킨 독자적인 글자를 사용하였다.

악숨 왕국
(100년~940년)
쿠시 왕국을 멸망시키고 철기 문화를 계승하였다. 4세기경에 크리스트교가 전래되었다. 에티오피아 왕국의 전신이다.

동
옛날부터 해상 교역이 활발히 이루어져 왔다. 이슬람 상인에 의한 인도양 무역의 거점이 되고, 광물 자원과 무역에 의해 번영했다.

사하라 사막

페스
트리폴리
가다메스
탄두프
타가자
가트
콤비살레
팀북투
가오
빌마
젠네
바마코
카노
다이마

도자기·유리
소금
금
식량
식량
구리
구리
구리
금·노예

대서양

대항해 이후
유럽 여러 나라에 의해 무기를 제공받은 아프리카 연안의 부족이 여러 부족을 지배한다. 포로들은 아메리카 대륙에 노예로 팔려 갔다.

인도양

노예 무역선 속에는 흑인 노예가 꽉 들어찬 채로 운반되었다.

🪨	금광
○	교역 도시
——	교역로
➝	교역 물품

17세기	18세기	19세기(~중반)

멕시코 고원에서 발달

에스파냐의 아메리카 대륙 진출
코르테스, 피사로에 의한 문명 파

지역 정벌로 제국 성립

· 1517년 루터의 종교 개혁 시작 ⇨ 칼
· 1519년 마젤란의 세계 일주(~1522)
· 1521년 에스파냐, 멕시코 정복, 아스
· 1533년 에스파냐의 피사로, 잉카 제
· 1534년 영국 국교회 성립

절대주의 국가 에스파냐의 성쇠
· 1571년 레판토 해전에서 승리하고,
· 1580년 포르투갈 병합
· 1581년 네덜란드 독립 선언
· 1588년 무적 함대의 패배

도 항로 개척

루터

칼뱅

바스쿠 다 가마

시민 혁명의 시대

· 1613년 러시아, 로마노프 왕조 성립(~1917)
· 1618년 독일, 30년 전쟁(~1648)
· 1620년 북아메리카 동부 해안에 청교도 이주
· 1628년 영국 의회가 「권리 청원」을 가결
· 1642년 청교도 혁명(~1649)
· 1689년 명예 혁명(1688년)에 의해 「권리 장전」을 제정

권리 장전

산업 혁명과 자본주의 제도의 확립

· 1701년 프로이센 왕국 성립
· 1709년 영국, 인클로저 운동
· 1740년 오스트리아 왕위 계승 전쟁(~1748)
· 1760년경 영국에서 산업 혁명 시작
· 1768년 아크라이트가 수력 방적기 발명,
    와트가 증기 기관의 개량에 성공
· 1772년 폴란드 분할(~1795)
· 1775년 미국 독립 전쟁(~1783)
· 1776년 미국 독립 선언문 발표
· 1789년 프랑스 혁명이 시작되고 「인권 선언」 채택

와트의 증기 기관

미국 독립 선언문에 서명하는
13개 식민지의 대표들

· 1804년 「나폴레옹 법전」의 제정과 나폴레옹의 황제 즉위
· 1806년 신성 로마 제국 멸망
· 1812년 러시아 원정의 실패와 나폴레옹의 실각
    베네수엘라의 산 마르틴, 남아메리카 독립운동 지휘
· 1814년 빈 회의(~1815)
· 1822년 멕시코 · 브라질 제국 수립
· 1823년 미국, 먼로주의 선언
· 1825년 영국, 세계 최초 철도 개통
· 1830년 프랑스, 7월 혁명

나폴레옹 법전

나폴레옹의 황제 즉위

독립
점령, 비잔틴 제국 멸망

· 1502년 페르시아, 사파비 왕조 성립
· 1526년 바부르, 인도에 무굴 제국 성
· 1529년 오스만 제국, 신성 로마 제
· 1565년 필리핀, 에스파냐의 침략 시
· 1600년 영국이 동인도 회사 설립

· 1602년 네덜란드가 동인도 회사 설립
· 1615년 말루쿠 제도, 네덜란드에 점령

영국의 동인도 회사

· 1757년 플라시 전투, 영국의 인도 독점
· 1779년 카자르 왕조, 페르시아 통일

· 1803년 안남, 국호를 베트남으로 정함.
· 1805년 이집트, 무함마드 알리 집권(~1840)
· 1826년 오스만 제국, 예니체리를 철폐하고 신식 군대 편성
· 1827년 알제리, 프랑스의 침략을 받음.
· 1833년 오스만 제국, 이집트 자유 독립 승인

· 1543년 일본, 포르투갈 인이 총포 전
· 1578년 명, 포르투갈 인에게 광저우
· 1590년 도요토미 히데요시, 일본 통일
· 1592년 일본, 조선 침략(임진왜란)

· 1603년 일본, 에도 막부 성립
· 1616년 만주족(여진족)의 누르하치, 후금 건국
· 1636년 후금, 국호를 청으로 고침, 조선 침략(병자호란)
· 1644년 명 멸망, 청의 중국 통일
· 1661년 청, 강희제 즉위

· 1712년 청, 조선과 백두산정계비 설정
· 1715년 청, 영국 동인도 회사가 광저우에 상점 설치
· 1722년 청, 옹정제 즉위(~1735)
· 1735년 청, 건륭제 즉위
· 1757년 청, 외국 무역을 광저우에 한정
· 1758년 청, 중가르 병합
· 1759년 청, 위구르 족을 평정하고 신강(신장)이라 개칭
· 1793년 청, 영국 사절 메카트니 건륭제 알현
· 1796년 청, 백련교의 난(~1804)

강희제

· 1803년 일본, 미국 배가 나가사키에 들어와 통상 요구
· 1840년 청, 아편 전쟁(~1842)
· 1842년 청, 영국과 난징 조약 체결, 영국에 홍콩 할양
· 1850년 청, 태평천국 운동(~1864)
· 1854년 일본, 미국 페리 함대 내항
· 1856년 청, 애로호 사건(제2차 아편 전쟁)(~1860)
· 1858년 일본, 미 · 일 수호 통상 조약 체결
· 1860년 청, 영 · 프 연합군이 베이징 점령, 양무운동

11세기경의 세계

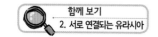
함께 보기
2. 서로 연결되는 유라시아

▣ 11세기경의 개요 ▣

각지에서 일어난 자립화의 움직임

이 시대에는 대제국의 붕괴를 겪고, 각지에서 지방 정권의 자립과 세력 강화가 진행되었다.

각 지역의 중심부가 변경의 신흥 세력에게 압박받는 경우를 볼 수 있었는데 송을 압박한 거란족이 세운 요나라 외에도 남인도와 캄보디아, 동부 자와 등이 성장하였다.

폭넓게 보면, 유럽의 이슬람에 대한 반격(국토 회복 운동인 레콘키스타와 십자군 등)도 여기에 포함된다.

지방 분립 상태에 있던 이슬람 세계에서는 변경의 튀르크계 여러 집단이 강해져 자립하고, 아나톨리아와 인도에 침입하여 이슬람 확대의 제2막을 열었다.

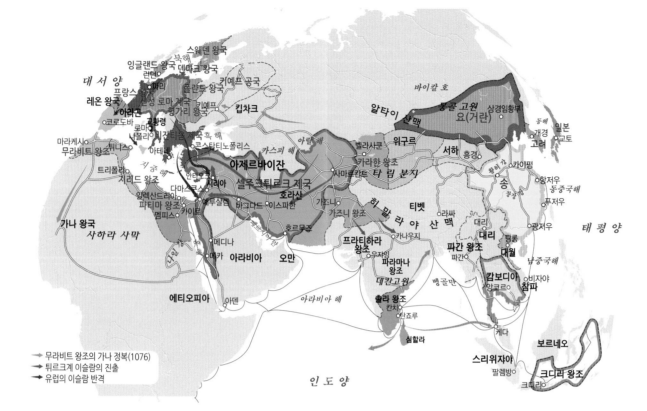

→ 무라비트 왕조의 가나 정복(1076)
→ 튀르크계 이슬람의 진출
→ 유럽의 이슬람 반격

13세기경의 세계

함께 보기
2. 서로 연결되는 유라시아

▣ 13세기경의 개요 ▣

몽골에 의한 유라시아의 일체화

이 시대는 「몽골의 세기」라고도 하는데, 몽골이 유라시아의 대부분을 지배하고, 그들의 교역 중시 정책 때문에 유라시아 규모의 거대한 교류권이 출현했다.

유목민 몽골은 중앙아시아를 순식간에 휩쓸고, 초원길과 오아시스길을 지배하에 두었다. 뿐만 아니라 중국을 지배하고, 대운하를 정비하여 바닷길과도 연결되었다.

한편, 이슬람 세력은 이집트의 맘루크 왕조 때 몽골을 격퇴했다. 보통 구이슬람 국가에서는 몽골 지배자를 이슬람으로 개종시켰다.

또한 인도에서는 델리를 중심으로 이슬람 왕조가 성립되어 북인도를 지배했다. 유럽에서는 비잔티움 제국의 일시적 멸망에 관여한 이탈리아 상인이 번영하고 있었다.

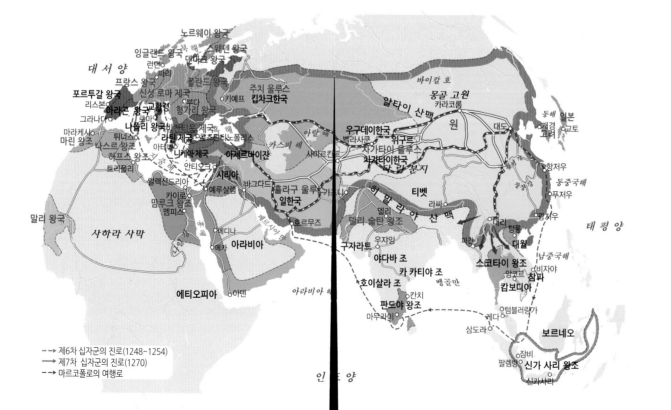

--→ 제6차 십자군의 진로(1248~1254)
→ 제7차 십자군의 진로(1270)
→ 마르코폴로의 여행로

12세기경의 세계

함께 보기
연결되는 유라시아

▣ 12세기경의 개요 ▣

군웅할거(여러 영웅이 각기 한대

이 시대에는 전 세기부터 일어나고
다극화가 더욱 심화되었다. 금의 화
동(남송의 성립) 등 여러 지역의 통
정치적으로는 통치력이 부족한 정
경제 발전을 이루었다. 이러한 상
유목민의 세계 제국 출현의 바탕
특히 경제 발전이 두드러졌던 것
강남 개발이 현저히 진전되고, 기
발전했다.

서유럽에서는 확대 운동 · 개간 운
지식을 접촉하여 각지에서 대학

--→ 제3차 십자군의 진로(1189~1192)
→ 아율대석의 서역로

14세기경의 세계

보기
연결되는 유라시아

▣ 14세기경의 개요 ▣

위기와 새로운 시대의 태동

이 시대에는 각지가 이상 기상 · 노
해 위기에 빠졌다. 몽골 제국은 해
몽골 제국은 해체되었지만, 몽골
부하」로서 통치에 관여하고 있었
후계 국가가 출현했다.

예를 들면, 티무르는 중앙아시아
아나톨리아에서는 차대의 이슬람
났으며, 모스크바는 후에 러시아
서아시아와 유럽에서는 페스트기
또한 교황권이 쇠퇴하고, 각 지
르네상스의 인문주의 정신이 싹

--→ 페스트 전파 추정 루트
→ 이븐 바투타의 여행로
→ 티무르의 진출
● 1370년 건국 당시 티무르의 세력권

확대되는 유럽

일체화되기 시작한 세계

역사를 움직인 인물③

크리스토퍼 콜럼버스
(1451년~1506년)

마르틴 루터
(1483년~1546년)

고대 그리스 · 로마 문화를 바탕으로 한
인간 중심의 문화 탄생
르네상스가 이탈리아에서 탄생한 이유

1 이슬람 세계와의 교류가 활발했다.

교역 등을 통하여 이슬람 세계를 접할 기회가 많았다.
그리스 · 로마 고전의 번역 등 최첨단의 이슬람 문화,
학문이 유입되고 자극이 되었다.

메디치가 군림한 이탈리아의 피렌체는 르네상스 문화가 한층 더 발달한
도시였다.

▶ 미켈란젤로의 '다비드 상'
(1504년, 피렌체 아카데미아 미술관)

2 대상인이 출현하여
후원자가 되었다.

십자군을 계기로 이탈리아의 여러 도시는 경제적인
발전을 이루었다.
국가로 통일되어 있지 않고, 여러 도시가
분립한 상태인 이탈리아에서는 제후나 부호가 자기의
권위를 높이기 위해, 경쟁적으로 예술가의 후원자가
되었다. 그 중에서도 금융업자인 메디치가는 교황이나
프랑스 왕비를 배출할 정도의 세력이 있었으며, 예술
보호에도 열심이었다.

◀ 르네상스 예술의 후원자 메디치 가문
피렌체의 메디치 가문은 무역과 은행업으로 많은
부를 축적하였다.
왼쪽의 흉상은 로렌초 데 메디치(1449년~1492년)
로, 그는 보티첼리와 같은 화가와 건축가, 조각가,
인문주의자를 후원하였으며, 피렌체의 미술가를
이탈리아 각지에 파견하여 이탈리아에 르네상스를
퍼뜨렸다. 그의 아들 교황 레오 10세는 미켈란젤로,
라파엘로 등을 후원하였다.

1 교회 중심의 사고에서 탈피하여 인간성을 중시하는 시대로 접어들다.

14세기 후반, 중세 유럽에 군림한 로마 교황의 권위는 크게 흔들리고 있었다. 교회 중심의 가치관에 대한 의문이 높아지고, 인간이야말로 세계의 중심이 아닌가하는 그런 사고방식이 이탈리아에서 생겨 각지에 파급되어 갔다.
후에 이 시대는 「르네상스」라 불리게 된다. 르네상스는 「부흥」 혹은 「재생」이라는 의미로 그리스 · 로마의 고전 문화를 본보기로 하였다.
중세 이전, 즉 교회에 지배되기 전에 꽃피웠던 인간 중심의 문화를 부흥하려는 움직임이 시작된 것이다.

2 대항해, 종교 개혁 등 시대를 움직이는 토대가 되다.

르네상스 시대에는 회화 · 조각 · 건축 등 많은 예술 작품이 탄생했다. 하지만 르네상스는 단지 예술 세계의 사건만은 아니었다.
이 시대에 동방에서 전해진 3대 발명품 중 활판 인쇄 기술은 종교 개혁을, 나침반은 대항해 시대를 실현하기 위한 중요한 수단이 되었다. 더욱이 인간 중심의 사고는 기본적인 권리나 민주주의 같은 근대 사회의 기초가 되는 개념으로 발전해 간다.
중세에서 근대로 변화하기 시작한 시대, 그것이 르네상스였다.

3 비잔티움 제국에서 학자들이 망명해 왔다.

1453년, 비잔티움 제국의 콘스탄티노플이 오스만 제국의 손에 넘어가자 이탈리아로 망명하는 사람들이 속출했다.
비잔티움 제국에서는 그리스의 고전 문화가 계승되고 있었다. 망명한 학자들이 가지고 들어온 고전 문화는 이탈리아에서 재평가되었다.

4 로마 문화의 「본고장」 이었다.

이탈리아는 고대 로마가 발달한 곳이다.
따라서 그리스 · 로마 시대의 번영을 피부로 느낄 수 있는 환경에 있었다.

유럽에 퍼진 르네상스의 물결

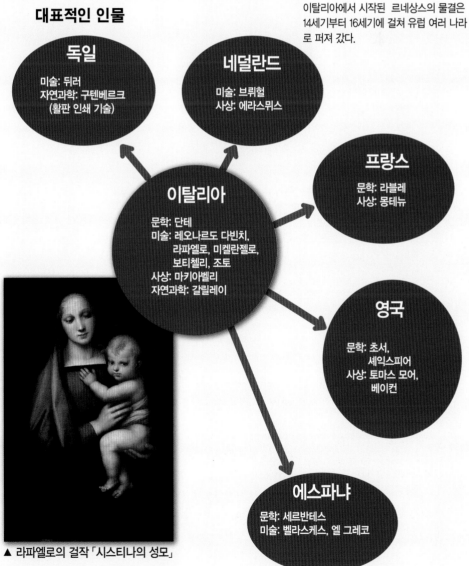

이탈리아에서 시작된 르네상스의 물결은 14세기부터 16세기에 걸쳐 유럽 여러 나라로 퍼져 갔다.

대표적인 인물

독일
미술: 뒤러
자연과학: 구텐베르크
(활판 인쇄 기술)

네덜란드
미술: 브뤼헐
사상: 에라스뮈스

프랑스
문학: 라블레
사상: 몽테뉴

이탈리아
문학: 단테
미술: 레오나르도 다빈치,
라파엘로, 미켈란젤로,
보티첼리, 조토
사상: 마키아벨리
자연과학: 갈릴레이

영국
문학: 초서,
셰익스피어
사상: 토마스 모어,
베이컨

에스파냐
문학: 세르반테스
미술: 벨라스케스, 엘 그레코

▲ 라파엘로의 걸작 「시스티나의 성모」

에스파냐와 포르투갈의
아메리카 대륙 정복
정복된 2개의 제국과 그 후

차빈 문화
안데스 고원의 여러 문명

올메카 문명
멕시코 고원의 여러 문명

잉카 제국
쿠스코를 수도로 안데스 고원 일대의 광대한 영토를 지배한 대제국.
수준 높은 문명을 구축했지만, 1533년 에스파냐의 피사로에 의해 멸망했다.
새로운 수도는 리마.

아스테카 제국
아스테카족이 멕시코 고원에 세운 제국. 수도는 테노치티틀란. 1521년, 에스파냐 인 코르테스가 공격해 들어와 수도를 파괴하고, 거기에 에스파냐 인 마을을 세웠다(현재의 멕시코시티).

양국 모두 말을 알지 못했다.
말을 탄 에스파냐 병사를 보고 무서워 벌벌 떨었다.

피사로의 잉카 정복

에스파냐의 정복자 에르난 코르테스가 가져온 천연두는 아스테카 문명(제국) 멸망의 주요 원인이 되었다.

강제 노동(엔코미엔다)과 천연두 같은 역병의 만연에 의해 원주민의 인구가 격감했다.

원주민과 이주민의 결혼에 의해 라틴 문화가 뿌리내린다.

흑인 노예의 투입

▶ 크리스토퍼 콜럼버스
이탈리아의 탐험가인 콜럼버스는 카리브 해의 바하마 제도에 도착했는데 죽을 때까지 이곳을 인도의 일부라고 믿었다(1492년).

대 서

산살바도르 섬

콜럼버스의 항해로 알려진 지역
1492년

서인도 제도

아메리고 베스푸치
1499년 브라질에 상륙했다. 그는 여러 번의 항해를 통해 자신이 도착한 곳이 인도가 아닌 새로운 대륙이라는 사실을 밝혀낸다. 이후 지도제작자 발트제뮐러는 이 신대륙을 아메리고의 이름을 따서 아메리카 대륙이라고 하였다.

쿠스코

리우데자네이루

부에노스아이레스

▲ 캐러벨 선 대항해에 이용된 포르투갈의 쾌속 범선으로 두 개의 돛대에 삼각돛을 달아 맞바람을 안고도 안전하게 항해할 수 있었다.

1 중앙아메리카와 남아메리카를 제압한 에스파냐

포르투갈에 새로운 항로 개척의 선두를 뺏긴 에스파냐는 서쪽 주변 항로의 개척을 지원한다. 최초로 항해를 실현한 콜럼버스는 자신이 도착한 섬들이나 대지가 인도라고 확신한다. 하지만 그곳은 유럽인에게 있어서는 미지의 신대륙이었으며, 후에 아메리카 대륙이라고 이름이 붙여졌다. 그 후, 에스파냐는 중앙아메리카와 남아메리카를 정복하였다. 한편 유럽 본토에서는 종교 개혁이 시작되었는데 이에 대항하여 가톨릭의 포교를 도모하는 움직임은 대항해를 부추기는 또 다른 요인이 되었다.

대항해 시대의 주요 인물과 항로

1488년 ⟶ 바르톨로메우 디아스, 희망봉 발견
1492년 ⟶ 콜럼버스, 아메리카 대륙 도착
1498년 ⟶ 바스쿠 다 가마, 인도 항로 개척
1503년 ⟶ 아메리고 베스푸치, 아메리카 항해
1519년 ⤏ 마젤란, 세계 일주를 떠남(~1522년)

포르투갈 본국과 그 식민지
에스파냐 본국과 그 식민지
영국 본국과 그 식민지

▲ 나침반

경제적 동기와 종교적 동기와 더불어 나침반의 전파나 지구가 둥글다는 지구 구체설에 대한 믿음 등 여러 조건이 혼합되어 대항해 시대의 막이 열렸다.

▲ 천체 관측기

엔리케 왕자(1394년~1460년) ▶
포르투갈의 왕자로 항해 탐험대를 만들어 신항로 개척을 후원하였다.

포르투갈
본(리스보아)
에스파냐
▪팔로스
오스만 제국

무굴 제국

▲ 위도 측정기

▪베르데 곶
▪캘리컷
▪몸바사
명
조선
동해
필리핀 제도
▪세부섬
태 평 양

세부 섬에서 마젤란 사망
1521년

인 도 양

포르투갈의 바스쿠 다 가마가 인도 서부 해안의 캘리컷에 도착(1498년)

에스파냐의 마젤란 일행, 서쪽 항로로 세계 일주에 성공(1519년~1522년)

▪희망봉

바르톨로메우 디아스 ▶
포르투갈의 바르톨로메우 디아스가 아프리카 남쪽 끝의 희망봉에 도착(1488년).

▲ 카락 선 콜럼버스와 마젤란이 항해에 이용였던 카락 선은 돛을 달 수 있는 기둥이 세 개나 되어 돛을 많이 달아 더 멀리, 빠르게 운행할 수 있었다.

▲ 페르디난드 마젤란
마젤란은 포르투갈 인이었지만, 불만스러운 대우를 받자 에스파냐로 이주해 대항해를 실현했다. 마젤란 자신은 필리핀에서 목숨을 잃었다.

② 선두를 달린 것은 소국인 포르투갈

15세기 말부터 16세기까지 유럽 여러 나라는 잇따라 해외로 나아갔다. 이때 선두를 달린 것은 이베리아 반도의 포르투갈이다.
이슬람 세력 추방 후 반도의 대부분은 에스파냐 왕국이 되었다.
소국인 포르투갈은 영토를 구하러 우선 북아프리카로 향한다.
이슬람화된 북아프리카를 크리스트교권으로 되돌린다는 명분도 있었지만 당시 유럽에서 진귀했던 향신료도 동기가 되었다.

지중해의 동부 해안에서는 오스만 제국의 진출로 인해 경제 불안이 일어나 향신료의 값이 폭등했다.
따라서 원산지인 인도와 직접 무역을 하면 더 큰 이익을 얻을 수 있다는 경제적 동기와 더불어 대항해 시대의 막이 열리게 되었다.

신항로 개척 후 물자의 흐름이 변하고,
국제 무역이 확대되다.

대항해 후의 무역

번영의 중심은 지중해에서 대서양 연안의 나라들로 옮겨 간다.

대항해에 의해 유럽과 아시아, 아메리카 대륙을 연결하는 신항로가 개척되었다. 대서양을 경유하여 직접 아시아와 교섭할 수 있는 길이 열린 것이다. 이와 함께 유럽의 상업 활동의 중심지는 지중해에서 대서양에 면한 나라들로 옮겨 갔다. 또한 1545년에는 아메리카 대륙의 안데스 산중에서 포토시 은광이 발굴되었다.

원주민의 수난

에스파냐는 원주민을 동원하여 밀밭, 포도원, 제당소, 은광 등에서 강제로 일을 시켰다.

잉카 제국 시대에 2,000만 명 이상이었던 멕시코 지역의 인구는 전쟁, 전염병과 중노동으로 급격하게 줄었다.

원주민이 줄어들자 에스파냐 인들은 아프리카에서 흑인 노예를 사서 데려왔다.

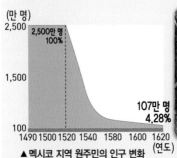

▲ 멕시코 지역 원주민의 인구 변화   ▲ 은광에서 일하는 원주민

유럽을 부유하게 하고, 아프리카에 고통을 준 삼각 무역

아프리카는 노동 인구가 급격히 감소하고, 부족 간의 갈등이 커져 정상적인 발전이 불가능해졌다.

아메리카에서는 플랜테이션 경영을 중심으로 하는 경제 구조가 형성되어 해외 의존도가 높아지게 되었다.

한편 삼각 무역에 참가한 유럽 여러 나라는 거액의 부를 쌓았고, 산업 혁명으로 이어졌다.

대량의 은이 유럽에 유입됨에 따라 물가는 급상승한다. 토지 임대료에 의존했던 봉건 영주들은 몰락하고, 상공업이 발전하게 된다. 이와 더불어 아메리카 대륙에서 주요 노동력인 원주민(인디오)이 감소하자 아프리카 대륙에서 흑인 노예의 이송이 시작된다.
아프리카 대륙에서 이송된 흑인 노예가 아메리카 대륙에서 생산한 산물이 유럽으로 건너가고, 그것이 아시아와의 교역에 쓰이는 등 전 세계적인 규모의 상권이 형성 되었다.

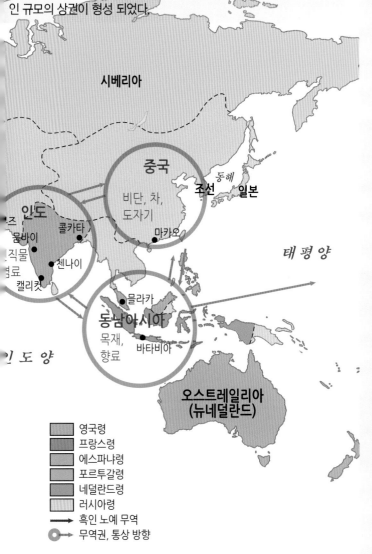

범례:
- 영국령
- 프랑스령
- 에스파냐령
- 포르투갈령
- 네덜란드령
- 러시아령
- → 흑인 노예 무역
- ⊙→ 무역권, 통상 방향

지도 라벨: 시베리아, 중국, 동해, 조선, 일본, 비단, 차, 도자기, 마카오, 인도, 콜카타, 뭄바이, 직물, 첸나이, 향료, 캘리컷, 믈라카, 동남아시아, 목재, 향료, 바타비아, 태평양, 인도양, 오스트레일리아 (뉴네덜란드)

금과 동일한 가치가 있었던 동방의 향신료

유럽 사람들에게 향신료는 약초이자 보존료, 조미료로서 생활에서 빠질 수 없는 상품이었다.
이슬람 상인이나 이탈리아 상인들의 손을 거치지 않고 인도의 후추, 믈라카 지역의 육두구나 정향 등을 직접 거래하고 싶은 욕구가 신항로 개척으로 이어졌다.

선두를 장악한 나라들의 변천

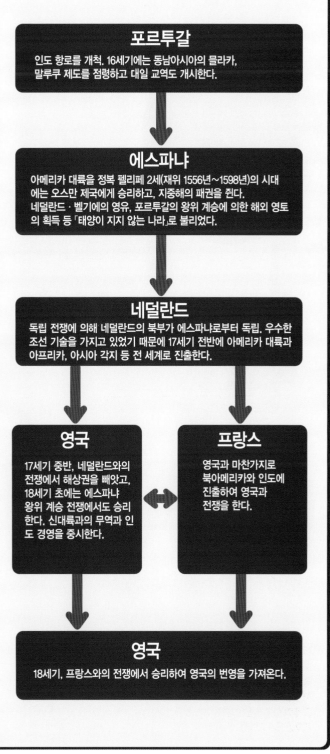

포르투갈
인도 항로를 개척. 16세기에는 동남아시아의 믈라카, 말루쿠 제도를 점령하고 대일 교역도 개시한다.

에스파냐
아메리카 대륙을 정복 펠리페 2세(재위 1556년~1598년)의 시대에는 오스만 제국에게 승리하고, 지중해의 패권을 쥔다. 네덜란드·벨기에의 영유, 포르투갈의 왕위 계승에 의한 해외 영토의 획득 등 「태양이 지지 않는 나라」로 불리었다.

네덜란드
독립 전쟁에 의해 네덜란드의 북부가 에스파냐로부터 독립. 우수한 조선 기술을 가지고 있었기 때문에 17세기 전반에 아메리카 대륙과 아프리카, 아시아 각지 등 전 세계로 진출한다.

영국
17세기 중반, 네덜란드와의 전쟁에서 해상권을 빼앗고, 18세기 초에는 에스파냐 왕위 계승 전쟁에서도 승리한다. 신대륙과의 무역과 인도 경영을 중시한다.

프랑스
영국과 마찬가지로 북아메리카와 인도에 진출하여 영국과 전쟁을 한다.

영국
18세기, 프랑스와의 전쟁에서 승리하여 영국의 번영을 가져온다.

전쟁으로 발전한
가톨릭과 프로테스탄트의 대립

각자의 주장

신성 로마 황제(카롤루스 5세)

로마 교회와 협력 관계에
있으며 루터파를 탄압했다.

오스만 제국의 압박과 프랑스 국왕과의 전쟁 등의
대외 문제에 대처하기 위해 1526년에 루터파를 용
인한다. 그러나 3년 뒤에 다시 탄압한다.
이것에 「항의하는 사람들」이라는 의미로 신교는
「프로테스탄트」로 불리게 되었다.

가톨릭(구교)

로마 교황(레오 10세)

메디치가 출신의 교황 레오 10세는 성 베드로 대성당의
건축 자금을 조달하기 위해 면벌부를 대대적으로 팔았다.

독일의 신학자 마틴 루터

「면벌부 같은 것으로 구원받을 수 있을까?
구원은 성서의 가르침을 믿고 받드는 데에
있다!」

1517년 면벌부의 판매에 대해 95개조 반박
문을 발표하는데, 종교 개혁의 발단이 된다.
성서 신앙, 만인 사제주의를 주장하며, 성직
자 신분을 부정한다. 로마 교회에서 파면되
고 황제로부터 탄압을 받지만, 반황제파인
제후들에게 지지를 받는다.

스위스에 망명한 프랑스인 칼뱅

「구원받을 자는 미리 정해져 있다(예정설).
재산을 모으는 것은 신의 가르침에 충실
했다는 증거이다.」

루터에게 공조한다. 예정설을 주장하고 근로와
절약에 의한 이익 추구를 인정하기 때문에, 상공
업자들을 중심으로 유럽 각지로 퍼진다.
▼칼뱅파의 명칭들
· 프랑스: 위그노
· 영국: 퓨리턴
· 네덜란드: 고이센

영국의 국왕 헨리 8세

「이혼을 인정하지 않는 교회에서 탈퇴하고,
새로운 교회를 만들어 주겠어!」

왕비와의 이혼 문제로 교황과 대립한다.
1534년 국왕을 수장으로 하는 영국 국교회
가 성립되었다. 교리면에서는 신교이지만,
의례면에서는 주교 제도를 유지하는 등
구교에 가깝다.

1 성서 중심의 프로테스탄트가 확산되어 있었다.

14세기~15세기에 걸쳐 영국의 위클리프, 뵈멘(보헤미아)의 후스
등에 의해 가톨릭 교회의 타락을 비판하는 움직임이 있었다.
그리고 대략 1세기 후 독일의 루터에 의해 시작된 종교 개혁은
프로테스탄트라 불리는 새로운 크리스트교의 창시로 이어지며,
세력이 확산되었다.
성서의 교리를 중시하는 루터는 『신약성서』의 독일어 번역을 완성
시킨다. 바로 그 무렵 활판 인쇄가 도입되어 성서나 루터의 주장이
쓰여진 팸플릿 등이 민중의 손에 닿기 쉽게 되었다.
이것이 프로테스탄트의 확산을 뒷받침하는 요인의 하나가 되었다.

2 가톨릭 측도 반격에 나섰다.

세력을 확대하는 프로테스탄트에 대해 가톨릭 측도 반격에
나선다.
종교 재판을 통한 사상 통제 외에도 프란시스코 사비에르 등
이 예수회를 결성해 해외에서의 포교에 몰두한다.
쌍방의 대립은 격화되어 종교 전쟁을 초래하게 된다.
그 후 양쪽은 점차 공존의 길을 걷게 되었다.

종교적 대립이 만들어 낸 전쟁

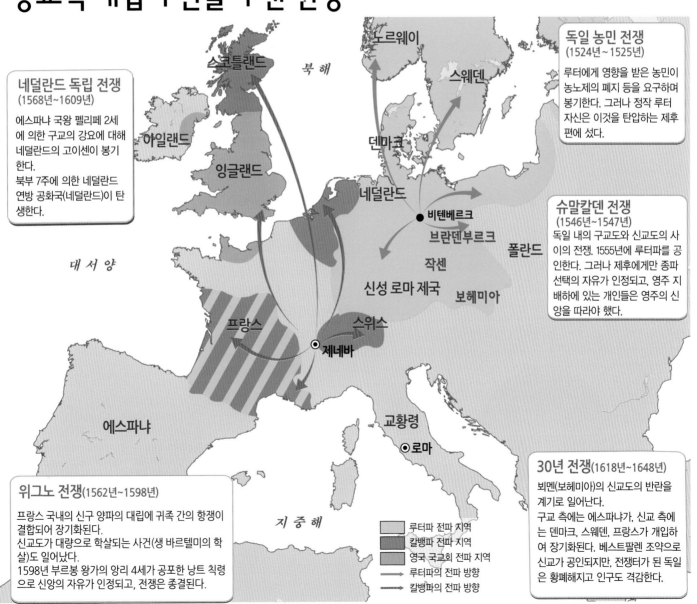

각각 다른
근대 국가로의 변천
16세기~18세기의 주요국의 움직임

17세기 스웨덴이 전성기를 맞이하지만, 러시아와의 북방 전쟁(1700년~1721년)에서 패배하고 발트 해의 패권을 러시아에게 넘겨주었다.

프로이센

18세기, 프리드리히 빌헬름 2세에 의한 개혁이 실시된다.

30년 전쟁에 의한 피해가 비교적 적었기 때문에, 독일 북동부의 프로이센이 대두한다.
서유럽 여러 나라에 곡물을 수출하여 부를 축적한다.
프리드리히 빌헬름 1세 시대에 군사 대국이 된다.
프리드리히 빌헬름 2세(재위 1740년~1786년)는 「군주는 국가 제일의 공복(公僕)」으로 자칭하며, 군주 주도로 산업의 육성, 국민의 복지 향상 등을 내걸고 계몽 전제주의를 받아들였다.

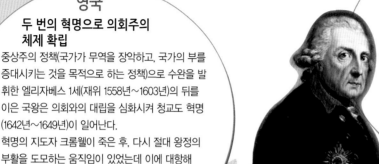

「군주는 국가 제일의 머슴이다.」
프리드리히 빌헬름 2세(프리드리히 대왕)(1712~1786)
서유럽 국가들을 모방하여 관료제와 상비군을 마련하고, 국내 산업을 육성하기 위한 적극적인 정책을 실시하였다.

영국

두 번의 혁명으로 의회주의 체제 확립

중상주의 정책(국가가 무역을 장악하고, 국가의 부를 증대시키는 것을 목적으로 하는 정책)으로 수완을 발휘한 엘리자베스 1세(재위 1558년~1603년)의 뒤를 이은 국왕은 의회와의 대립을 심화시켜 청교도 혁명(1642년~1649년)이 일어난다.
혁명의 지도자 크롬웰이 죽은 후, 다시 절대 왕정의 부활을 도모하는 움직임이 있었는데 이에 대항해 일어난 것이 명예혁명(1688년)이었다. 두 번의 혁명에 의해 「국왕은 군림하되 통치하지 않는다.」는 영국 의회 정치의 기틀이 완성되었다.

「나는 잉글랜드와 결혼했다
엘리자베스 1세(1533~1603)
당시 유럽 최강이었던 에스파냐의 공격을 물리치고 아메리카 대륙에 버지니아 식민지를 건설하였으며, 동인도 회사를 만들어 무역을 촉진하였다.

프랑스

루이 14세의 통치하에서 절대 왕정이 전성기를 맞이했다.

위그노 전쟁을 종식시킨 앙리 4세의 손자인 루이 14세(재위 1643년~1715년)의 시대에 절대 왕정의 전성기를 맞이하고, 국왕은 강대한 권력을 떨쳤다. 거듭되는 침략 전쟁과 몹시 사치스러운 궁중 비용을 조달하기 위해, 일반 민중은 무거운 세 부담으로 고통을 받았다.
또한 낭트 칙령을 폐지한 일로 위그노 상공업자가 대량으로 망명하여, 국내 산업의 발전이 저해되었다.

프로이센에 대항하기 위해 프랑스와 손을 잡은 마리아 테레지아는 딸 마리 앙투아네트를 프랑스 왕가에 시집보냈다.

에스파냐는 합스부르크 왕가의 펠리페 2세(재위 1556년~1598년)의 시대에 전성기를 맞이하지만, 이후 국력은 쇠퇴했다.

이탈리아는 소국이 분립하는 상태가 계속되었다.

「짐(朕)은 국가이다.」라고 한 루이 14세는 절대 왕정의 상징적 인물이다.

절대 왕정의 구조

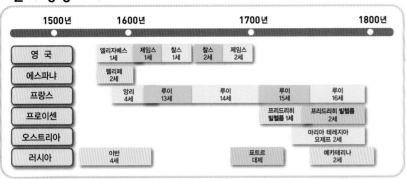

	1500년	1600년	1700년	1800년
영국		엘리자베스 1세 / 제임스 1세 / 찰스 1세	찰스 2세 / 제임스 2세	
에스파냐		펠리페 2세		
프랑스		앙리 4세 / 루이 13세	루이 14세	루이 15세 / 루이 16세
프로이센			프리드리히 빌헬름 1세	프리드리히 빌헬름 2세
오스트리아				마리아 테레지아 요제프 2세
러시아	이반 4세		표트르 대제	예카테리나 2세

절대 군주 — 관료제 / 상비군

중상주의 / 왕권 신수설

신흥 시민 세력 ↔ 봉건 세력

절대 군주가 상비군과 관료제를 유지하는 데에는 많은 비용이 들었으므로, 이 비용을 무역 이익을 통해 확보하고자 하였다.

러시아
17세기 초, 로마노프 왕조 성립

15세기에 세력을 확장한 모스크바 대공국의 이반 3세는 비잔티움 제국 마지막 황제의 조카와 결혼하여 로마 제국의 후계자를 자처하고 차르(황제)라는 칭호를 사용하였다.
16세기에는 남러시아, 시베리아 일부에까지 영토를 넓히고, 러시아 제국이 된다. 1613년에 로마노프 왕조가 성립된다. 서구 여러 나라와는 반대로 농노제가 강화되고, 전제 지배가 계속된다. 러시아를 강국으로 이끈 것은 표트르 대제(재위 1682년~1725년)와 예카테리나 2세(재위 1762년~1796년)이다. 하지만 그 사이에도 농민의 지위 향상은 이루어지지 않고 농노제는 유지되었다.

정쟁으로 국력을 약화시킨 폴란드의 영토를 러시아와 프로이센, 오스트리아는 3차로 나누어 분할한다. 1795년 폴란드는 소멸되어 버렸다 (부활은 제1차 세계 대전).

「러시아를 유럽처럼 만들겠다.」
표트르 대제(표트르 1세)(1672년~1725년)
표트르 1세의 시대에 러시아는 시베리아 전 지역과 북미 대륙의 알래스카에까지 영토가 확대된다. 1867년에 미국에 매각될 때까지 알래스카를 영유하고 있었다.

오스트리아
프로이센과 격전을 벌였다.

12세기에 성립된 오스트리아 공국은 합스부르크 왕가에 의해 지배되었다. 15세기 이후에는 신성 로마 황제 자리를 합스부르크 왕가가 세습해 가게 되었다.
전성기를 맞이한 것은 마리아 테레지아(재위 1740년~1780년) 때이다. 하지만 마리아 테레지아의 즉위에 이의를 제기한 프로이센과의 사이에서 오스트리아 왕위 계승 전쟁이 일어나, 영토의 일부를 빼앗겼다.

흑 해

지 중 해

「주권 국가」가 형성되고, 절대 왕정이 실시되었다.

16세기 이후, 유럽에서는 「주권 국가」가 형성되어 갔다. 주권 국가란 다른 나라의 간섭이나 지배를 받지 않고 주권을 완전히 행사하는 독립국을 의미한다.
이와 함께 왕권이 강화되고 국왕에게 권력이 집중되었는데, 국왕이 절대적인 지배권(주권)을 갖고 있는 통치 체제가 절대 왕정(절대주의)이다. 권력의 근거는 「신으로부터 부여받았다(왕권신수설)」라든가 「국가 제1의 공복(公僕)이기 때문에(계몽주의)」라든가 여러 가지였지만, 강대한 권력을 갖고 있었다는 사실에는 변함이 없다. 각국의 왕은 혈연 관계나 동맹 관계를 맺으면서 자국의 확대를 꾀했다. 하지만 절대 왕정은 쇠퇴해 가는 운명에 놓인다.
18세기 말에는 시민 계층의 세력 확대와 함께, 국왕은 배제되고 국민이 주권자가 되는 시대가 막을 열게 된다.

산업 혁명이

자본주의 사회와 사회주의 사상을 탄생시켰다.

영국은 세계의 공장이 되다.

▲ **제니 방적기** 공장 노동자가 바퀴를 돌려 한 번에 16 가닥의 실을 잣고 있다.

기술 혁명

18세기, 면직물 생산이 활발해졌다. 그것과 함께 면사의 대량 생산이 가능한 방적기가 차차 개발되었다. 산업 혁명은 우선 면공업의 분야에서 시작되었다. 초기의 기계는 아직 소형이었다.

영국에서 산업 혁명이 시작된 이유

- 명예혁명 이후의 정치적 안정
- 인클로저 운동을 통한 노동력 확보와 토지 경영의 근대화
- 석탄, 철 등의 풍부한 지하자원
- 넓은 해외 식민지와 풍부한 자본
- 하천과 운하를 연결하는 교통망의 확충

동력 혁명

와트가 증기 기관을 개량하여, 증기의 힘으로 방적기나 역직기(직물을 짜는 기계)를 움직이게 하여, 생산성은 비약적으로 높아졌다.

교통 혁명

증기 기관의 개량은 증기 기관차나 증기선을 탄생시켰다. 이로 인해 대량의 원료·제품·연료의 수송이 가능해졌다.

▲ **공장제 기계 공업의 정착** 공장은 노동자를 고용하여 제품을 대량 생산하였다.

기계제 대공장에서 대량 생산된 제품은, 광대한 시장으로 판매되었다. 영국은 19세기 전반에는 「세계의 공장」이 되었다.

이러한 혁명에 의해 일어난 사회적인 변화를 통틀어 산업 혁명이라 한다.

▲ **철도의 이용** 1825년 스티븐슨의 증기 기관차가 달링턴에서 스톡턴까지 40km를 달렸다. 이후 철도를 통해 무거운 원료와 상품을 먼 거리까지 신속하게 운송할 수 있게 되어 산업 혁명이 더욱 빠르게 확산되었다.

영국이 정상을 차지한 몇 가지 이유

산업 혁명은 1760년대에 영국에서 시작되었다. 여러 가지 조건을 겸비했기 때문에, 영국은 최초로 산업 혁명을 맞이한 나라가 되었다.

- 중상주의 정책에 의해, 광대한 해외 시장을 획득해 갔다. 1600년대에는 영국 동인도 회사가 설립되어 면직물 생산이 활발한 인도와의 교역이 확대되었다.
- 원래 모직물 생산이 활발해 공장제 수공업이 보급되어 갔다.
- 농업의 대규모화가 진행되어, 토지에서 쫓겨난 소작 농민이 임금 노동자가 되었다.
- 석탄, 철 등의 자원이 풍부했다.
- 17세기 이후, 자연 과학과 기술의 진보가 두드러졌다.
- 자국에서 만든 면직물과 맞바꾸어, 아프리카에서 흑인 노예를 미국으로 보내고, 원료인 면화를 매입하는 삼각 무역을 실시했다.

1 몇 개의 혁명적인 변화가 산업 혁명으로 이어졌다.

18세기 후반, 세계 최초의 산업 혁명이 영국에서 일어났다. 양질의 싼 공업 제품이 대량으로 생산되는 시대가 도래한 것이다. 시작은 면직 공업에서부터였다.

영국은 본래부터 모직물이 발달한 나라였다. 거기에 유입되어 온 것이 인도의 면직물이었다.

쓰기에 편리하고 가격도 싼 면직물은, 순식간에 인기 상품이 되고, 영국 국내에서의 생산도 시작된다.

무명실이나 면직물의 생산에 사용되는 기계의 개발이 진행되고, 동력이 되는 증기 기관이 개량된다. 게다가 증기 기관을 사용한 철도나 배가 등장한다. 이러한 변화가 영국 국내의 풍부한 자원을 배경으로 산업 혁명으로 이어진 것이다.

2 면공업뿐만이 아니라, 그 밖의 산업 분야에도 확대되었다.

면공업의 발전은 기계를 제조하는 기계 공업이나, 기계의 원료가 되는 철을 만드는 철공업, 기계를 움직이거나 철을 생산하는 데에 필요한 석탄업 등, 그 밖의 산업 분야로도 파급되어 갔다.

유럽 여러 나라와 미국이 뒤따르고, 세계는 크게 변화되어 갔다.

산업 혁명이 초래한 것

자본주의 사회

다수의 노동자를 고용하여 큰 공장을 경영하고, 이윤을 추구하는 자본가가, 경제의 추세를 좌우하는 자본주의 사회가 확립되었다.
종래의 소규모 수공업은 쇠퇴해 갔다.

산업 혁명에 의해 자본가는 부를 축적하는 한편, 노동자는 가혹한 상태에 놓이게 되었다. 자본주의의 원리에 의문을 가진 사람들이 생기게 되었다.

사회주의 사상

이윤 추구가 가장 중요시된 결과, 노동자는 장기간의 노동과 저임금을 강요당하고, 비위생적인 환경에서의 생활이 강요되는 등, 노동 문제나 사회 문제가 발생했다.

이 현상에 대해 자유 경쟁의 수정과 자본주의 사회를 변화시키려는 사회주의 사상이 생겼다.

▲ **빈부의 격차 발생** 산업화의 결과, 자본가와 노동자 간에 빈부의 격차가 심해졌다.

◀ **마르크스(1818년~1883년)** 독일 출신의 사회주의자로, 노동 착취 및 인간 소외와 같은 자본주의의 문제를 노동자들이 혁명을 통해 해결해야 한다고 주장하였다.

◀ **기계 파괴 운동(러다이트 운동)** 일부 노동자들은 「기계가 자신들의 일자리를 빼앗는다.」고 생각하여 기계 파괴 운동을 전개하였다.

타국에 대한 파급

우선 벨기에와 프랑스로, 뒤이어 독일과 미국으로 파급되었다.
19세기 말에는 러시아와 일본에서도 산업 혁명이 시작되었다.

영국 대 유럽 여러 나라의 전쟁이기도 한
미국 독립 전쟁

처음부터 독립을 목적으로 한 전쟁은 아니었다.

대항해 시대 이후, 북아메리카는 유럽 여러 나라의 영토 전쟁의 장이 되었다. 최종적으로 승리한 것은 영국이었지만, 그 승리도 잠시,
이번에는 영국 본토와 북미의 13개 식민지 사이에서 항쟁이 시작된다.
영토 전쟁이 초래한 재정난을 식민지 주민에 대한 과세로 해결하려고 한 본국에 대한 불만이 폭발한 것이다. 처음에는 식민지의 자치권을
지키기 위한 싸움이었지만, 독립을 주장하는 토마스 페인이 저술한 『상식(Common Sense)』의 출판에 의해 추세는 변화되어 갔다.
1776년 7월 4일, 13개 식민지 연합은 「미국 독립 선언문」을 발표한다. 이듬해에는 13주로 이루어진 아메리카 합중국이 성립된다.
하지만 영국은 그것을 승인하지 않았고 독립 전쟁은 계속되었다. 미국에게 지원을 요청받은 유럽 여러 나라는 영국을 공격할 좋은 기회라고
생각하며 점차 참전했다. 1783년, 영국도 드디어 독립을 승인하게 되었다.

북아메리카의 쟁탈전

프랑스령 루이지애나

프랑스는 17세기 초에 캐나다에 진출한다. 17세기 후반 루이 14세 시대에는 미시시피강의 동서로 펼쳐진 광대한 식민지를 손에 넣는다.
• 원주민과의 모피 거래가 중심이 되었으며, 일시적으로 거주하여 인구가 적었다.
• 프랑스 본국이 직접 통치했다.

▲ 독립 당시의 미국 국기

프렌치 · 인디언 전쟁
(1755년 - 1763년)

북아메리카에서의 패권을 다투어, 영국과 프랑스가 충돌했다. 원주민(인디언)은 공존 가능한 프랑스 편에 붙어서 싸웠지만, 영국이 승리했다.
프랑스는 북아메리카의 식민지를 잃게 되었다.

미국 헌법(1788)

제1조
〈입법부〉 이 헌법에 의하여 부여되는 모든 입법 권한은 미국 연방 의회에 속하며, 연방 의회는 상원과 하원으로 구성된다.

제2조
〈행정부〉 행정권은 미국 대통령에 속한다.

제3조
〈사법부〉 미국의 사법권은 1개의 대법원에, 그리고 연방 의회가 수시로 제정 · 설치하는 하급 법원들에 속한다.

영국령 13개 식민지

17세기 초에 최초의 식민지 버지니아를 건설하고, 1620년에는 영국 국교회의 박해를 피한 청교도의 일행이 뉴잉글랜드를 형성하였으며 1664년에는 네덜란드령이었던 뉴암스테르담을 빼앗아 뉴욕으로 명명하는 등 대서양 연안에 13개의 식민지가 건설되었다.
• 자영 농민으로서 가족 단위로 정착하였다. 인구가 많았다.
• 식민지의 정치적인 운영에는 관습적으로 자치권이 인정되었다.
• 공업 생산, 경제 · 무역 활동은 영국 본국이 관리하였다.

미국 독립의 변천

1765년
인지법에 대한 반대 운동

출판물에 정부가 발행하는 인지를 첨부해 세금을 걷으려고 하는 법률에 대해, 식민지 대표는 영국의 의회에 참여하고 있지 않기 때문에 「대표 없이 과세 없다」며 반대 운동이 일어났다.

1773년
보스턴 차 사건

영국은 동인도 회사가 아메리카 식민지에서 홍차를 독점 판매하도록 인정하는 차조례를 제정하고, 통제를 강화하였다. 식민지의 상인들은 맹렬히 반대했다.

인디언으로 변장한 아메리카 식민

▲ 보스턴 차 사건 차조례에 반대하는 급진파는 원주민으로 변장하고, 홍차를 실은 동인도 회사의 배를 습격하여 짐을 바닷속에 던져버렸다. 보스턴 항의 바닷물은 새빨갛게 물들었다고 한다.

대립은 격화되고 잇달아 무력 충돌이 일어난다. 워싱턴을 총사령관으로 하는 미국 독립 전쟁이 시작되었다.

영국은 아메리카 합중국의 독립을 승인한다.

1775년
무력 충돌

1776년
독립 선언

1783년
파리 조약

13개 식민지의 대표가 자유 · 평등 등을 주장한 미국 독립 선언문을 발표한다. 프랑스 · 에스파냐 · 네덜란드의 참전과 러시아를 중심으로 하는 무장 중립 동맹의 결성에 의해 영국은 고립되어 간다.

라틴아메리카의 독립

멕시코 (1821)
아이티 (1804)
쿠바 (1902)
도미니카 (1841)
온두라스 (1821)
과테말라 (1821)
니카라과 (1821)
엘살바도르 (1821)
파나마 (1903)
베네수엘라 (1811)
가이아나 (영)(네)(프)
코스타리카 (1821)
콜롬비아 (1819)
에콰도르 (1828)
대 서 양
브라질 (1822)
페루 (1821)
볼리비아 (1825)
파라과이 (1811)
태 평 양
칠레 (1818)
우루과이 (1828)
아르헨티나 (1816)

독립 전의 식민 지배국
▢ 에스파냐
▢ 포르투갈
(숫자 : 각국의 독립 연도)

▲ 시몬 볼리바르(1783~1830) 콜롬비아, 베네수엘라, 볼리비아 등 라틴아메리카 북부의 독립운동을 이끌었다.

라틴아메리카에도 잇달아 독립 국가가 탄생했다.

아메리카 합중국의 독립 후에, 유럽에서 일어난 프랑스 혁명, 나폴레옹의 대륙 제패를 배경으로, 라틴아메리카에서도 잇달아 독립 국가가 탄생했다.
아이티가 프랑스로부터 독립한 것을 시작으로 라틴 아메리카의 여러 나라들은 독립을 선언하며 식민지 본국에 맞섰다. 라틴 아메리카 북부에서는 시몬 볼리바르가, 남부에서는 산 마르틴이 활약하여 에스파냐군을 물리쳤다. 이에 힘입어 브라질은 포르투갈로부터, 멕시코는 에스파냐로부터 각각 독립하였다.
아메리카 합중국을 따라 헌법을 제정하기는 했지만, 국가 체제를 사유화하는 부유층에게 좌지우지되는 나라도 많아 불안정한 정세가 계속되었다.

절대 왕정에서 국민이 주역인 국민 국가로

프랑스 혁명의 진행 과정

1

특권 계급에게도 세금을 부과하려고 했지만, 성취되지 않았다.

재정난 극복을 위해 정부는 제1 신분(성직자), 제2 신분(귀족)의
면세 특권 폐지를 요구했다. 1789년, 일부 귀족의 요구에 의해
삼부회가 개최되었지만, 별다른 성과를 거두지 못했다.
제3 신분(평민)과 일부의 특권 신분이 국민 의회를 발족시켰다.

◀ 혁명 이전의 프랑스 신분
사회(풍자화) 성직자와 귀족
이 늙고 여윈 평민의 등에
올라타 있다. 평민은 주로
농민인데, 귀족이나 성직
자보다 먼저 생긴 계층이
므로 노인으로 표현하였다.

2

압정의 상징이 된 바스티유 감옥에 파리 시민이 몰려와 점거했다.

국민 의회를 탄압하려는 움직임이 일어나 시민과 농민의 분노가 폭발한다.

국민 의회 탄압의 움직임에 대해 민중이 반발하여, 바스티유
감옥 습격 사건과 농민 반란이 발생한다.
국민 의회는 이 사태를 수습하기 위해, 봉권적 특권의 폐지를
선언하고, 「인권 선언」도 채택했다.

> **인권 선언**
> 제1조
> 인간은 자유롭고 평등한 권리를 지니고 태어나서 살아간다.
> 사회적 차별은 오르지 공공 이익에 근거할 경우에만 허용될
> 수 있다.
> 제2조
> 모든 정치적 결사의 목적은 인간이 지닌 소멸될 수 없는
> 자연권을 보전하는데 있다. (이하 생략)

3

프랑스 왕권 회복을 요구하며, 타국이 간섭하기 시작한다.

국민 의회는 많은 개혁을 단행하고, 1791년에는 입헌 군주정을
규정한 헌법을 공포한 후 해산한다. 이런 움직임에 오스트리아,
프로이센이 혁명에 대한 개입을 경고한다.
국민 의회를 대신한 입법 의회는 1792년 공화정을 주장하는
지롱드파가 정권을 획득하였고, 오스트리아에 선전 포고했다.

◀ 국왕 일가는 왕비 마리 앙투아네트의 친정인 오스트리아에 도피를 도모하지만
실패하였으며 국민의 신뢰를 잃었다.

자유롭고 평등한 「국민」을 탄생시킨 혁명이었다.

영국에서 산업 혁명이 진행되고, 북미에서 아메리카 합중국이 탄생한 18세기 말, 프랑스에서는 혁명이 일어났다.

절대 왕정의 시대에 사람들은 제1 신분(성직자), 제2 신분(귀족), 제3 신분(평민)으로 구분되어 있었다. 제1 신분(성직자), 제2 신분(귀족)은 광대한 토지를 가진 특권 계급으로 전성기를 누리고 있었지만, 인구의 90% 이상을 차지하는 제3 신분(평민)은 고통스러운 생활을 강요당하고 있었다.

이러한 구제도(앙시앵레짐)를 뒤집어엎고 새로운 틀을 만들려는 일련의 움직임이 프랑스 혁명이다. 혁명에 의해 신분제 사회와 특권 계급의 지배에서 해방된 「국민」이 생겨났다. 그리고 자유롭고 평등한 주권을 가진 국민이 국가를 형성하는 「국민 국가」가 탄생된다.

▲ 단두대(기요틴) 프랑스 혁명 당시 사용한 사형 기구이다. 이 기구는 1792년 정식 사형 도구가 되었다.

4

오스트리아 · 프로이센군을 격퇴시키고 공화정을 수립한다.

프랑스 국내에 침입한 오스트리아 · 프로이센군을 격퇴시키기 위해 파리의 민중과 전국에서 모인 의용군이 활약했다.

1792년 9월, 보통 선거에 의한 국민 공회가 성립된다. 왕정은 폐지되고, 공화정이 수립된다.

◀ 의용군과 함께 싸운 혁명적인 민중은 상퀼로트(퀼로트를 입지 않은 사람)라고 불리었다. 퀼로트(반바지)는 부유층의 상징이었다.

5

전 유럽이 적이며, 국내는 급진파에 의한 공포 정치로 치닫는다.

국민 공회에서는 급진파인 자코뱅파가 세력을 확대하고, 1793년 1월 루이 16세를 처형한다.

같은 해, 영국을 중심으로 「대불 대동맹」이 결성되어 전 유럽이 프랑스의 적이 된다. 로베스피에르가 이끄는 자코뱅파는 이 위기를 극복하려고 급진적인 정책을 거듭하는 한편, 반대파를 처형하는 공포 정치를 단행한다.

◀ 로베스피에르

6

쿠데타가 일어나고, 독재는 끝이 난다.

공포 정치에 대한 반감으로, 쿠데타가 발생하고 자코뱅파의 독재는 끝이 난다.

외국과의 내통 혐의를 걸어 왕을 처형함으로써 프랑스는 왕정을 폐지하고 공화정이 되었다.

 ◀ 반대파를 계속해서 처형한 로베스피에르 자신이 단두대에 오르게 된다.

유럽을 지배한 영웅
동장군에 패배하다.
나폴레옹, 영광과 좌절의 발자취

1
프랑스 혁명의 혼란이 계속되는 가운데 반란 진압과 원정으로 이름을 높인다.

총재 정부는 「대불 대동맹」에 대항하기 위해 군대에 대한 의존을 강화하고 있었다.
그런 가운데 등장한 것이 젊은 군인, 나폴레옹이다.
왕정 복고를 내걸고 국내의 반란을 진압하고, 이탈리아 원정, 이집트 원정에서도 지휘를 맡아 일거에 주목의 대상이 된다.

2
개혁을 추진하고, 국민의 동의하에 황제의 자리에 앉다.

1799년 쿠데타에 의해 총재 정부를 무너뜨리고 통령 정부를 수립한다. 3명의 통령을 두었지만 사실상은 나폴레옹의 독재였다. 프랑스 혁명 이후, 대립하고 있던 로마 황제와 화해한 것 외에 『나폴레옹 법전』의 편찬 등의 개혁을 추진한다.
1804년에 국민 투표로 황제 나폴레옹 1세가 된다.

코르시카 섬에서 태어난 나폴레옹 보나파르트 (1769년~1821년). 유럽의 지배자 군림하는 황제가 되지만 그 천하는 오래 가지 못했다.

제국은 붕괴되어 사라졌지만 법전은 남아 있다.

혁명 후의 프랑스에 대해 유럽 여러 나라는 대불 동맹을 맺어 자국에 미칠 혁명의 파급을 막으려 하고 있었다. 이것에 대항한 것이 나폴레옹이다.
이탈리아에서의 오스트리아 세력의 견제를 목적으로 한 이탈리아 원정, 영국의 인도에 대한 루트를 단절시킬 목적으로 한 이집트 원정을 시작으로, 전 유럽 통일을 도모하는 전쟁을 벌였다.
신성 로마 제국을 해체하고 한때는 영국을 제외한 유럽 전역을 지배하에 둔 나폴레옹이었지만, 러시아 원정의 실패로 큰 타격을 입는다.
지배하에 있던 여러 나라 국민이 봉기하여 나폴레옹군을 격파하면서 제국은 맥없이 붕괴되어 사라졌다.
하지만 나폴레옹이 남긴 것은 여러 가지가 있다. 그 중에서도 인권 선언의 정신을 명확히 하고, 근대 시민 사회의 원리를 정리한 『나폴레옹 법전』 세계 각국의 법제의 모범이 되었다.

▲ 나폴레옹 법전

나폴레옹이 지배한 지역

북해
스웨덴 왕국
덴마크-
노르웨이 왕국
볼로디노✕ ● 모스크바
영국
프로이센 왕국 ●틸지트 1812
대서양 ●런던 베를린● 라이프치히✕ 1806 러시아 제국
워털루✕ 1813 ●바르샤바
파리● 1815 바르샤바 대공국
라인 동맹 ✕아우스터리츠
프랑스 스위스 1805 ●빈
1800 오스트리아 제국
마렝고✕ 흑해
포르투갈 왕국 이탈리아 왕국
●마드리드 코르시카 ●로마 오스만 제국
리스본● 에스파냐왕국 사르데냐 왕국 나폴리 왕국
✕트라팔가르 시칠리아 왕국
세인트 헬레나로 유배 1815
이집트 원정 1798~1799
지중해

나폴레옹 당시의 프랑스
나폴레옹에게 정복된 국가
나폴레옹의 동맹 국가
✕ 주요 전투지
→ 나폴레옹의 진로

3
대륙 제패에 나서지만 영국군에게 어려움을 겪는다.

1805년, 유럽 제국을 건설하기 위한 전쟁에 돌입했다. 아우스터리츠의 삼제회전(三帝會戰)에서 오스트리아·러시아 연합군을 격파하고 라인 동맹을 결성했다. 프로이센·러시아 연합군도 격파하여, 대륙 지배는 순조롭게 진행되었다. 하지만 트라팔가르 해전에서 영국군에게 패배하고, 영국 본토 상륙 계획은 좌절되었다.

4
영국과 밀무역을 한 러시아에 원정을 가지만, 참패하고 유배된다.

나폴레옹은 영국을 굴복시키기 위해 1806년, 대륙 봉쇄령을 발령했다. 유럽 여러 나라에 영국과의 무역을 금지시켰지만, 러시아는 이를 위반했다. 1812년, 제재 조치로 시작된 러시아 원정은 크게 실패했다. 이것을 계기로 유럽 여러 나라는 나폴레옹군에게 도전하여 승리했다. 1814년, 체포된 나폴레옹은 엘바 섬에 유배되고 프랑스는 왕정이 부활했다.

기아와 러시아의 혹독한 추위로 병사는 격감했다. 61만 명으로 시작한 군대가 마지막에는 5000명이 되어 버렸다.

5
부활을 해도 백일천하(百日天下). 최후에는 외로운 섬에서 파란 많은 생애를 마쳤다.

이듬해인 1815년 3월, 파리로 돌아온 나폴레옹은 왕정을 폐지하고 다시 황제의 자리에 앉았다. 하지만 6월에는 영국·프로이센 연합군과의 전투에서 패배해 또다시 유배된다. 그리고 남대서양의 세인트헬레나 섬에서 생애를 마쳤다.

복고적 유럽 지배 체제를 붕괴시킨
자유주의와 국민주의

빈 회의에서 결정된 복고적 성격의 유럽 지배 체제

유럽 여러 나라의 대표가 모여 토의한 빈 회의. 영토 문제를 둘러싸고 각국의 이해가 대립했다.
「회의는 춤을 추나 회의 진척은 없다.」고 야유를 받을 정도로 격앙되었다.

프랑스, 에스파냐에서 부르봉 왕조가 부활한다.

영국은 실론 섬, 케이프 식민지 등을 획득한다.

네덜란드는 남네덜란드(벨기에)를 획득한다.

신성 로마 제국은 해체되고, 오스트리아와 프로이센 등으로 이루어진 독일 연방이 조직된다.

러시아 황제는 폴란드 왕을 겸한다.

▲ 빈 회의(1814~1815) 나폴레옹 전쟁이 끝나자, 유럽 각국의 외무 장관들이 오스트리아의 수도 빈에 모였다. 이 회의는 유럽의 질서를 프랑스 혁명 이전으로 돌리기로 결정하였다. 이에 따라, 옛 왕조가 부활하고 국경선도 혁명 이전과 비슷한 상태로 돌아갔다.

스위스는 영세 중립국으로 보장받는다.

스웨덴은 덴마크로부터 노르웨이를 획득한다.

프로이센은 동서로 영토를 확대한다.

이탈리아는 나폴리에 부르봉 왕가 부활, 교황령도 회복한다.

오스트리아는 북이탈리아(베네치아, 롬바르디아)를 획득한다.

각지에서 일어난 변화의 물결은 걷잡을 수가 없었다.

1814년, 나폴레옹의 지배가 붕괴된 뒤에 유럽 전역에 걸친 혼란을 수습하기 위해 빈 회의가 개최되었다.
의장은 오스트리아의 외무 장관 메테르니히였다. 정통주의(프랑스 혁명 이전의 상태로 복귀하고자 하는 이념)와
여러 나라의 세력 균형을 원칙으로 회의가 진행되어, 영토와 국경이 결정된 「빈 의회의 최종 의정서」가 조인되었다.
이렇게 결정된 19세기의 유럽 국제 체제를 「빈 체제」라고 한다.
영국, 러시아, 오스트리아, 프로이센은 동맹을 맺고, 체제를 유지했다. 후에는 프랑스도 동맹에 가담한다.
하지만 프랑스 혁명이나 나폴레옹의 지배를 통해 싹튼 자유주의, 내셔널리즘(민족주의)은 걷잡을 수가 없어,
세계 각국에서 반란이 일어나는 사태가 되었다. 반란은 대부분 진압되었지만, 빈 체제는 붕괴되었다.
이후 각국은 각각의 행보로 근대 국가로 발전하게 되었다.

빈 체제 붕괴의 흐름

독일
부르셴샤프트(학생 동맹)의
통일 운동 (진압)
1817년~1819년

1820년

라틴아메리카
잇따라 독립
1810년~1820년대

그리스
오스만 제국으로부터의
독립 전쟁 (독립 달성)
1821년~1829년

이탈리아
비밀 결사 카르보나리의
반정부 운동 (진압)
1820년~1821년

러시아
청년 장교들에 의한
데카브리스트의 난 (진압)
1825년

에스파냐
입헌 혁명 (진압)
1820년~1823년

1830년

▲ 프랑스 7월 혁명

프랑스 7월 혁명
1830년, 부활한 부르봉 왕조의 샤를 10세가 의회를
탄압한다. 이것에 반발한 시민이 파리에서 봉기하여,
국왕은 국외로 망명한다. 은행가 등의 부르주아지의
초청으로 새로이 루이 필립이 국왕이 된다.

폴란드
반란 (진압)
1830년

벨기에
독립 달성
1830년

이탈리아
카르보나리 혁명 (진압)
1831년

영국
선거 제도의 개혁을 요구하는
노동자의 운동(차티스트 운동)
1830년~1850년대

베를린 3월 혁명
독일 통일과 헌법을
요구하는 운동
1848년

1840년

프랑스 2월 혁명
1848년, 시민과 노동자가 보통 선거를 요구하며
봉기한다. 국왕 루이 필립은 망명하고, 노동자
대표도 참가하는 임시 정부가 성립된다.

▲ 프랑스 2월 혁명 각지에서 민중이 일어나 자유주의
개혁과 민족 자립을 요구했다.

이탈리아
독립운동 (진압)
1848년~1849년

헝가리, 보헤미아
민족 운동 (진압)
1848년~1849년

빈 3월 혁명
메테르니히 실각 후,
영국으로 망명
1848년

빈 체제 붕괴

자유주의가 확산되고
국민 국가가 탄생하다.

영국에서 선거권이 확대되다.

영국은 산업 혁명 이후, 자본가 계층이 성장함에 따라 선거법을 개정하여 도시의 중산층에게까지 선거권을 확대하였다. 그러나 선거권을 얻지 못한 노동자들은 '인민 헌장'을 내걸고 선거권을 요구하며 차티스트 운동을 전개하였다. 운동은 비록 실패하였지만, 이들의 주장은 이후 계속된 선거법 개정을 통해 점차 실현되었다. 19세기 후반, 영국은 정치면에서는 자유당과 보수당에 의한 양당 정치가 발전하고, 경제면에서는 수입 곡물에 관세를 부과하던 곡물법을 폐지하는 등 자유 무역 체제를 확립함으로써 세계 경제의 중심으로 성장할 수 있었다.

이탈리아의 통일

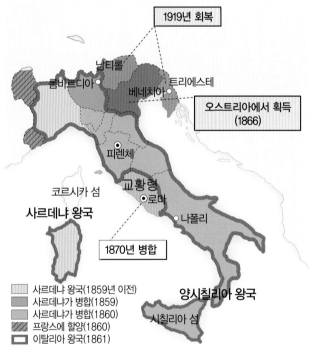

사르데냐를 중심으로 이탈리아가 통일을 이루다.

19세기 초까지 여러 나라로 분열되어 있던 이탈리아에서는 통일 국가를 세우려는 움직임이 일어났다. 프랑스 2월 혁명의 영향으로, 마치니가 이끄는 청년 이탈리아 당이 통일 운동을 전개하였으나 실패하였다.

이후 이탈리아의 통일 운동은 사르데냐의 재상 카보우르가 주도하였다. 그는 산업을 육성하고 군대를 개편하는 등 국력을 기르고, 프랑스의 지원을 받아 오스트리아와의 통일 전쟁을 승리로 이끌어 중북부 이탈리아를 통합하였다.

이 무렵, 남부 이탈리아에서는 가리발디가 의용군을 이끌고 시칠리아와 나폴리를 점령하여 사르데냐 왕에게 바쳤다. 이로써 남북을 통합한 이탈리아 왕국이 탄생하였다(1861).

더 나아가 프로이센·오스트리아 전쟁을 틈타 베네치아를 병합하고, 프로이센·프랑스 전쟁을 계기로 교황령을 점령함으로써 통일을 완성하였다(1871).

▲ 이탈리아의 통일 사르데냐 왕국, 로마, 교황령 등의 여러 지역으로 나뉘어 있던 이탈리아에서도 통일 운동이 일어났다.

이탈리아 통일의 주역

카보우르 ▶ 사르데냐의 수상으로 사르데냐 중심의 이탈리아 통일을 이끌었다.

◀ 마치니 청년 이탈리아 당을 조직하여 공화정을 주장하였다.

▲ 가리발디와 에마누엘레 2세 가리발디가 통일된 이탈리아의 초대 국왕이 될 에마누엘레 2세를 만나고 있다.

독일의 통일

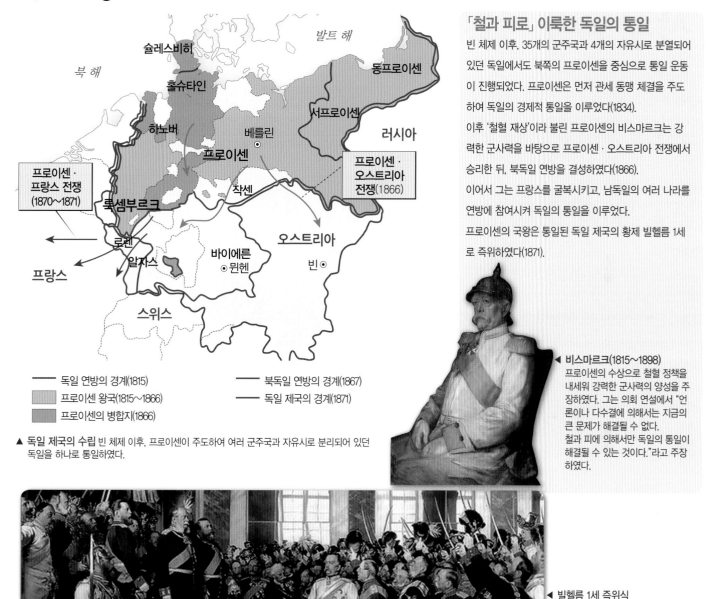

- 독일 연방의 경계(1815)
- 프로이센 왕국(1815~1866)
- 프로이센의 병합지(1866)
- 북독일 연방의 경계(1867)
- 독일 제국의 경계(1871)

▲ 독일 제국의 수립 빈 체제 이후, 프로이센이 주도하여 여러 군주국과 자유시로 분리되어 있던 독일을 하나로 통일하였다.

「철과 피로」 이룩한 독일의 통일

빈 체제 이후, 35개의 군주국과 4개의 자유시로 분열되어 있던 독일에서도 북쪽의 프로이센을 중심으로 통일 운동이 진행되었다. 프로이센은 먼저 관세 동맹 체결을 주도하여 독일의 경제적 통일을 이루었다(1834).

이후 '철혈 재상'이라 불린 프로이센의 비스마르크는 강력한 군사력을 바탕으로 프로이센·오스트리아 전쟁에서 승리한 뒤, 북독일 연방을 결성하였다(1866).

이어서 그는 프랑스를 굴복시키고, 남독일의 여러 나라를 연방에 참여시켜 독일의 통일을 이루었다.

프로이센의 국왕은 통일된 독일 제국의 황제 빌헬름 1세로 즉위하였다(1871).

◀ 비스마르크(1815~1898)
프로이센의 수상으로 철혈 정책을 내세워 강력한 군사력의 양성을 주장하였다. 그는 의회 연설에서 "언론이나 다수결에 의해서는 지금의 큰 문제가 해결될 수 없다. 철과 피에 의해서만 독일의 통일이 해결될 수 있는 것이다."라고 주장하였다.

◀ 빌헬름 1세 즉위식
1871년에 빌헬름 1세가 프랑스 베르사유 궁전 「거울의 방」에서 독일 황제로 즉위하였다.
이것은 독일 민족 국가가 수립되었음을 상징하는 의식이었다.

프로이센의 통일 정책

혁명을 마음에 품은 뻔뻔스런 무리가 너무도 많습니다. 국민을 대표하는 의원의 사명은 일반인의 목소리를 지도하고, 그것을 바탕으로 행동하는 것이라고 생각합니다.
비록 빈약한 우리의 몸에 비해 군비가 너무 무겁다 해도, 그것이 우리에게 유익하다면 우리들은 그것을 몸에 지니는 정열을 지녀야 할 것이며, 또한 감히 그와 같이 하기를 원하는 바입니다.
독일이 착안해야 할 것은 프로이센의 자유주의가 아니라 그 군비인 것입니다. 「빈 회의」 이래 우리의 국경은 정상적인 국가에 어울리는 것이 아닙니다. 이 시대 중요한 문제들은 언론이나 다수결에 의해 좌우되는 것이 아니라, 철과 피에 의해서만 해결될 수 있는 것입니다.　— 비스마르크의 의회 연설(1862년) —

혁명과 결부된
사회주의 사상

사회주의 사상의 흐름

공상에서 현실로. 러시아 혁명으로 이어졌다.

산업 혁명 이후, 자본주의의 폐해가 드러나게 됨에 따라 노동자의 생활 향상 등의 실현을 요구하는 사회주의 사상이 확산되었다.

사회주의의 내용은 다양했지만 국제 정세에까지 영향을 주게 된 것은 마르크스와 엥겔스의 등장이었다.

마르크스는 자본주의 체제가 몰락하는 것은 역사적인 필연이며 사회주의 사회의 실현을 위해서는 국제적 단결이 필요하다고 주장했다.

마르크스주의는 사회주의 사상의 주류가 되고, 국제적인 연대 조직, 인터내셔널이 결성된다.

이러한 흐름을 이어받아, 러시아에서는 마르크스주의를 내걸은 러시아 사회 민주 노동당이 창설된다. 후에 「러시아 혁명」으로 이어지는 첫 걸음을 내디딘 것이다.

공상적 사회주의
인도적 입장에서의 개혁에 의해 이상 사회가 실현될 수 있다고 했다.
로버트 오언(영)
생시몽(프)
푸리에(프)

생시몽(1760~1825)

과학적 사회주의
자본주의의 현실을 과학적으로 분석, 계급 투쟁을 발전시켜 갔다.
마르크스(독)
엥겔스(독)

마르크스(1818~1883)

무정부주의
국가 권력을 부정하고, 착취와 계급이 없는 사회의 실현을 도모한다.
부르동(프)
바쿠닌(러)

부르동(1758~1797)

제1 인터내셔널
폴란드 봉기 탄압에 항의하는 집회를 계기로 결성.
1864년 9월 영국 런던에서 결성된 최초의 국제적인 노동자 조직.

 해산

제2 인터내셔널
「독일 사회 민주당」이 중심이 되었지만, 각국의 보조는 흐트러지고 결속은 느슨해져 갔다.

레닌(1870~ 1924)

러시아 혁명의 주역, 레닌은 마르크스주의의 실천을 꾀했다.

제국주의와 세계 대전 Ⅳ
계속 이어진 세계의 파탄

에이브러햄 링컨
(1809년 ~ 1865년)

마하트마 간디
(1869년~1948년)

유럽 여러 나라의 재편과 미국의 발전
유럽 여러 나라의 상황과 국제 관계

러시아

「남하 정책」을 실시하지만 실패한다.
국내 불안이 높아져 갔다.

북의 대국 러시아는 부동항(겨울에도 얼지 않는 항구) 획득을 꾀하여,
끊임없이 남하를 시도했다.
1853년에는 오스만 제국 내의 그리스 정교도 보호를 이유로 크림 전쟁
을 시작하지만, 영국, 프랑스 등이 오스만 제국을 지원하여 러시아는
패배했다. 이를 계기로 국내 개혁의 필요성을 통감한 알렉산드르 2세는
「농노 해방령」을 선포한다.
하지만 농민의 생활은 생각한 것처럼 향상되지 않고, 테러리즘 사상이
확대되어 황제 암살 등의 사건이 일어났다.
1877년, 러시아와 오스만 제국은 다시 충돌한다(러시아·튀르크 전쟁).
전쟁에서는 이겼지만 영국과 오스트리아가 맹렬히 반발하여 남하정책
은 또다시 불완전하게 끝났다.

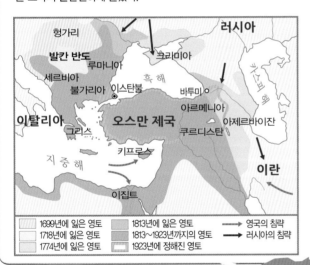

독일

프로이센 수상 비스마르크의 「철혈 정책」으로
통일을 완수한다.

1862년, 프로이센의 수상이 된 비스마르크는 독일 통일을 위해
「철혈 정책」을 주장했다.
'철'은 군비, '혈'은 병사의 헌신을 의미한다. 덴마크 전쟁(1864년)
에서 영토를 확대시키고, 1866년 오스트리아와의 전쟁에서도 승리
한다. 게다가 더욱이 프랑스와의 전쟁에서 라인강 서쪽 기슭에 있
는 알자스, 로렌 지방을 손에 넣는다. 1871년 독일 제국이 성립된다.

비스마르크(1815년~
1898년)는 독일 제국의
초대 재상이 되었다.

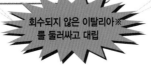

발칸 반도를
둘러싸고 대립

이탈리아

가리발디의 활약으로 통일 달성

소국의 분립이 계속되었지만, 1859년 북이탈리아의 사르데냐 왕국이
프랑스의 지원 아래 오스트리아와 싸우고, 롬바르디아를 합병했다.
다음해에는 프랑스에게 사부아와 니스를 양도하는 대신에 중부 이탈
리아를 합병했다.
같은 해에 가리발디가 「붉은 셔츠대」를 이끌고 나폴리와 시칠리아를
점령하고, 사르데냐 왕에게 바쳤다. 이탈리아 왕국의 성립에 의해 통
일이 달성되었다.

오스트리아

제국 내에서 민족 자립의 움직임 확산

이탈리아 통일 전쟁이나 프로이센과의 전쟁에서 패배한 오스트리아는
헝가리를 자치국으로 하여 1867년 오스트리아·헝가리 제국을 결성한다.
원래 다민족이 거주하는 이 지역에서는 민족의 자치와 독립을 요구하는
움직임이 강해 제국은 불안정한 상태가 계속되었다.

※이탈리아 왕국의 성립 후에도
오스트리아 영내에 머무른 남티롤 등

회수되지 않은 이탈리아※
를 둘러싸고 대립

영국

대영 제국의 절정기를 맞아 재빨리 해외 진출을 본격화했다.

「세계의 공장」으로서 다른 나라를 이끌어 간 영국에서는 의회 정치가
순조롭게 발전하여, 자유당과 보수당의 2대 정당이 서로 경쟁했다.
1870년대 이후, 미국과 독일의 발전과 함께 불황의 물결이 밀려왔다.
그런데 영국은 「세계의 공장」에서, 부를 해외에 빌려주어 이익을 얻는
「세계의 은행」으로의 전환을 꾀했다.
동시에 해운력을 배경으로 적극적인 식민지 정책을 수행했다.
특히 인도 통치를 중요시했다.

빅토리아 여왕(재위 1837년
~1901년)의 통치하에 영국
은 번영의 시대를 맞이했다.

알자스, 로렌 지방을
둘러싸고 대립

프랑스

백부로부터 물려받은 팽창 정책을 취한 나폴레옹 3세

2월 혁명 뒤, 대통령 선거에서 나폴레옹의 조카 루이 나폴레옹이 당선
되었다.
1852년에는 국민 투표로 황제 나폴레옹 3세가 되었다.
적극적인 대외 정책이 전개되었지만, 프로이센과의 전쟁에서 패하자
제정(帝政)은 붕괴된다(1870년). 노동자에 의해 수립된 자치 정부(파리
코뮌)는 두 달여 동안 지속되고 공화파 정부에게 진압되었다.
1875년에 헌법이 제정되고, 제3공화정이 확정되면서 식민지 정책에
힘을 쏟기 시작했다.

튀니지

튀니지를
둘러싸고 대립

▲ 나폴레옹 3세 프랑스 제2공화국 대통령(재위 1848~1852) ·
제2제정 황제(재위 1852~1870). 2월 혁명 뒤 대통령에 당선
되고 쿠데타로 의회를 해산하였다.
이후 1852년에 헌법을 제정하고 황제로 즉위하였다.

미국

「유럽과는 상호 불간섭」을 기조로 대국화가 진행되었다.

독립 후 미국은 서쪽으로 영토 확장을 진행하였고, 19세기 중반에는 대륙
의 태평양 기슭까지 도달했다.
외교면에서는 1823년, 당시의 대통령 먼로가 「유럽과의 상호 불간섭 정책」
을 선언한다. 이후, 먼로주의는 미국 외교의 기조가 되었다.
19세기 후반에 들어설 무렵, 남부와 북부의 대립이 드러나 미국은 분열을
겪게 되지만 남북 전쟁에서 북부가 승리하면서 재통일이 이루어진다.
그 후 공업 분야에서 급성장을 이룬 미국은, 19세기 말 세계의 공업국이
되었다.

▼남북 전쟁(1861년~1865년)

수출용 면화 재배를 해 온 남부는 주의 자립, 노예제의 용인 등을
주장했다. 강력한 중앙 정부의 수립과 노예제의 폐지를 호소하는
북부와 대립하여 아메리카 합중국에서의 탈퇴를 꾀한다.
이를 계기로 남북 전쟁이 발발했다.

링컨 대통령(재위 1861년
~1865년)은 남북 전쟁이
한창일 때, 「노예 해방 선
언」을 내걸고 내외 여론의
지지를 모아, 북부 승리의
흐름을 만들었다.

자본주의가 발전하고, 각국 간의 이해 대립도 두드러지기 시작했다.

산업 혁명과 프랑스 혁명, 미국 독립 전쟁 등을 거쳐 구미 여러
나라는 국민 국가를 건설하고, 자본주의 사회로 변모해 갔다.
자본주의의 발전에 따라 다른 나라와의 관계가 깊어지고 그것과
함께 이해의 대립도 심화되어 갔다.
나라와 나라의 협력 관계, 적대 관계는 복잡하게 뒤얽혀 변화되어
갔다. 그리하여 전쟁의 시대를 맞이하게 된다.

거대한 자본을 배경으로
열강 여러 나라는 해외로 진출했다.
제국주의의 성립

자유 자본주의
산업 혁명 이후부터 19세기 중반까지의 자본주의 사회는 경공업을 중심으로 자유 경쟁을 하는 것이 원칙이었다. 개인 기업이 많았고, 해외 시장을 확보하는 것이 중요했다.

자본의 집중
철강·전기·화학 분야에서 제2차 산업 혁명이 일어나 중소 기업은 도태되었다.

독점 자본주의
중공업을 중심으로, 금융 자본이 지배하는 거대 기업이 시장을 독점하고 가격을 통제한다. 공장, 철도, 농장 경영 등, 여러 가지 형태로 식민지에 막대한 투자가 이루어지게 된다.

식민지의 재분할 전쟁의 위기

노사 계급 대립의 격화

식민지의 민족 운동 격화

종단 정책의 완성에 성공한 영국은 이집트의 카이로와 남아프리카의 케이프타운, 인도의 캘커타를 연결하는 식민지 정책(3C 정책)을 추진했다.

▲ **세실 로즈** 영국의 대표적인 제국주의자로 남아프리카에서 다이아몬드 광산을 경영하였고, 케이프 식민지 총독을 지냈다.

영국 / 독일 / 프랑스 / 비잔티움 / 오스만 제국 / 바그다드 / 모로코 / 알제리 / 프랑스령 서아프리카 / 에티오피아 / 라이베리아 / 콩고 / 마다가스카 / 독일령 남서아프리카 / 남아프리카 연방 / 케이프타운

아프리카
19세기 중반에 중앙아프리카의 탐험이 이루어진 이래, 열강의 아프리카 여러 나라에 대한 관심이 높아졌다. 1883년, 벨기에 국왕이 콩고 영유권을 선언한 것이 계기가 되어 아프리카 대륙은 눈 깜박할 사이에 열강 여러 나라에게 분할 점령되어 버렸다. 대륙의 남과 북으로 점유를 확대시키고자 종단 정책을 취한 영국과 횡단 정책을 취한 프랑스는 수단에서 충돌하지만 프랑스가 양보했다.

제국주의의 시작 시기와 주요 정책

영국 「세계의 공장」에서 대외 투자로 이익을 얻는 「금융 대국」으로 변모. 3C 정책으로 식민지화 추진

독일 보호 관세 정책에 의해 독점 자본을 형성한다. 베를린, 비잔티움, 바그다드를 연결하는 3B 정책으로 인도양으로의 진출을 도모한다.

일본 「부국강병」「식산흥업(殖産興業):생산을 늘리고 산업을 일으킴」의 슬로건 아래 정부 주도로 자본주의화를 추진한다.

1870 — 1880 — 1890 — 1900

프랑스 러시아 등에 대한 투자로 돈벌이를 한다. 식민지도 확대된다.

미국 광대한 국내 시장과 생산력의 향상에 의한 독점 자본을 형성한다. 카리브 해 정책을 추진한다.

러시아 프랑스에서 자본을 도입한다. 시베리아 철도를 건설한다. 발칸 반도도 노린다.

각지에서 진행된 식민지화

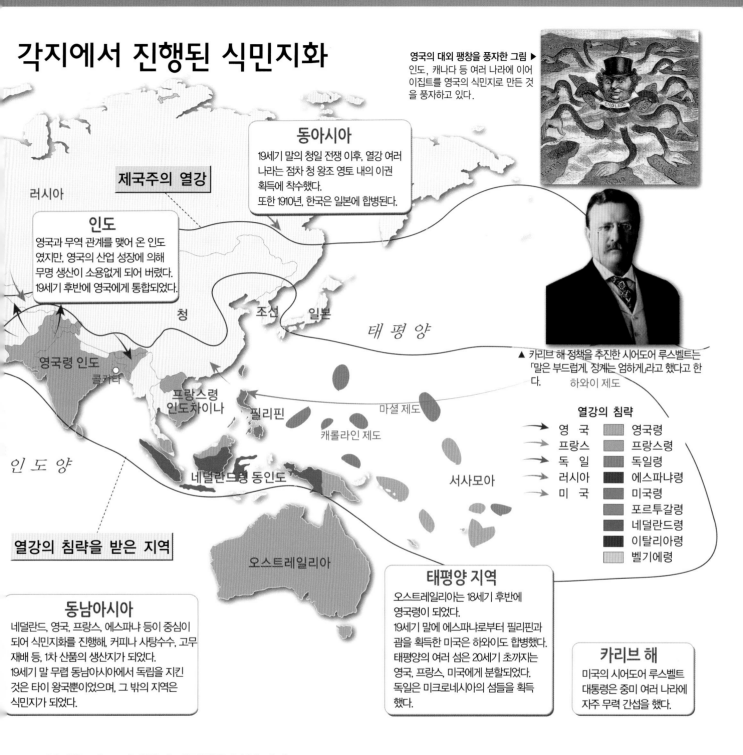

◀ 영국의 대외 팽창을 풍자한 그림 ▶
인도, 캐나다 등 여러 나라에 이어
이집트를 영국의 식민지로 만든 것
을 풍자하고 있다.

제국주의 열강

동아시아
19세기 말의 청일 전쟁 이후, 열강 여러
나라는 점차 청 왕조 영토 내의 이권
획득에 착수했다.
또한 1910년, 한국은 일본에 합병된다.

러시아

인도
영국과 무역 관계를 맺어 온 인도
였지만, 영국의 산업 성장에 의해
무명 생산이 소용없게 되어 버렸다.
19세기 후반에 영국에게 통합되었다.

청　　조선　일본

태 평 양

영국령 인도
콜카타

프랑스령
인도차이나

필리핀

마셜 제도

캐롤라인 제도

▲ 카리브 해 정책을 추진한 시어도어 루스벨트는
「말은 부드럽게, 징계는 엄하게」라고 했다고 한
다.　하와이 제도

인 도 양

네덜란드령 동인도

서사모아

열강의 침략

→ 영 국	영국령
→ 프랑스	프랑스령
→ 독 일	독일령
→ 러시아	에스파냐령
→ 미 국	미국령
	포르투갈령
	네덜란드령
	이탈리아령
	벨기에령

열강의 침략을 받은 지역

동남아시아
네덜란드, 영국, 프랑스, 에스파냐 등이 중심이
되어 식민지화를 진행해, 커피나 사탕수수, 고무
재배 등, 1차 산품의 생산지가 되었다.
19세기 말 무렵 동남아시아에서 독립을 지킨
것은 타이 왕국뿐이었으며, 그 밖의 지역은
식민지가 되었다.

오스트레일리아

태평양 지역
오스트레일리아는 18세기 후반에
영국령이 되었다.
19세기 말에 에스파냐로부터 필리핀과
괌을 획득한 미국은 하와이도 합병했다.
태평양의 여러 섬은 20세기 초까지는
영국, 프랑스, 미국에게 분할되었다.
독일은 미크로네시아의 섬들을 획득
했다.

카리브 해
미국의 시어도어 루스벨트
대통령은 중미 여러 나라에
자주 무력 간섭을 했다.

열강은 서로 경쟁하며 세력권을 넓혀 갔다.
19세기 말 이후, 거대한 군사력과 생산력을 바탕으로, 정치·경제적으로 강한 영향력을 가진 대국이 나온다. 이 나라들을 열강이라고 한다.
열강은 자국을 강대하게 하기 위해 아시아, 아프리카, 태평양 지역 등의 여러 나라를 점차 식민지, 혹은 종속 지역으로 삼아 갔다.
원재료가 되는 1차 산품을 생산하게 하거나, 자본을 수출하여 경영에 개입하기 위해서이다. 이런 움직임을 제국주의라고 한다.
이윽고 제국주의 정책이 서로 충돌해 열강 간의 대립이 점차 드러나게 되었다. 이해가 일치하는 열강끼리는 동맹 혹은 협상 관계를 맺었다.
처음에는 유동적인 관계였지만 러·일 전쟁을 겪고 나서, 양극으로 분화되어 간다.
종속적인 입장에 놓인 지역에서는 민족 운동 등 저항의 움직임도 있었지만, 그러한 움직임이 결실을 맺지는 못하였다.

내정의 혼란과 외부로부터의 압력으로
청은 멸망의 길을 걸었다.
청의 변천

백련교의 난
(1796년~1804년)

농민의 빈곤 등을 배경으로 다시 세력을 확장한 백련교도가 각지에서 반란을 일으켰다.
오래 지속된 반란에 의해 청의 재정은 악화되었다.

태평천국 운동
(1851년~1864년)

그리스도의 동생을 자칭하는 홍수전은 태평천국의 건설을 도모하여 봉기하고, 「멸만흥한(滅滿興漢)」을 내걸고 청 왕조에 대항했다.
청의 정규군은 이것을 진압하지 못하여, 한때는 청의 남반부 대부분을 지배하는 기세를 보였지만, 한족 관료로 조직된 의용군과 다른 여러 나라의 개입으로 멸망했다.

▲ 태평천국의 옥새

▲ 태평천국 운동의 지도자 홍수전(1814~1864)

주요 국내 문제

1800	1850

대외적인 압력

아편 전쟁
(1840년~1842년)

18세기 말부터 청에서 대량의 차를 수입하게 된 영국은 청에 축적된 은을 되찾기 위해 인도산 아편을 청으로 밀수출하고, 영국의 면 제품을 인도에 수출하는 삼각 무역을 시작했다. 아편으로 인해 청의 은이 외부로 유출되고 중독 문제가 심각해지자, 청 정부는 아편 몰수를 강행한다.
이에 대해 영국이 군대를 파견하여 전쟁이 시작되었다. 전쟁에서 영국이 압도적인 승리를 거두면서 청과 영국은 불평등 조약인 난징 조약을 체결하게 되었다. 뿐만 아니라 미국과 프랑스도 청과 난징 조약 같은 불평등 조약을 맺어 이권을 얻게 되었다.

삼각 무역(19세기)

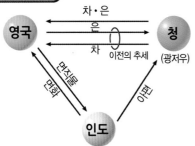

▲ 19세기 삼각 무역과 아편의 밀무역 영국은 인도에서 재배한 아편을 세계 최대 시장 청에 팔아 은 유출을 막았다.

제2차 아편 전쟁(애로호 사건)
(1856년~1860년)

아편 전쟁 후, 수출량이 늘지 않은 영국은 영국 선박인 애로 호가 나포된 사건을 구실로 프랑스와 함께 전쟁을 시작했다. 베이징 조약에 의해 청은 추가적인 양보를 강요당했다.

▲ **아편 전쟁** 아편 전쟁은 근대 최초의 '더러운 전쟁'으로 불린다. 그림은 1841년 1월 7일, 당시 세계 최대의 증기선 군함인 영국의 네메시스호(앞쪽)가 중국 군함을 포격하고 있는 장면이다.

각지에서 진행된 식민지화

의화단 운동
(1900년~1901년)

열강의 진출에 따른 크리스트교의 포교에 대해, 반크리스트교 운동이 일어났다.
의화단도 반크리스트교 종교 단체 의하나로, 「부청멸양(청나라를 돕고 서양을 멸망시킨다)」을 내걸고 봉기했다.

▲ **외국군과 싸우는 의화단** 중국 민중은 외세 침략과 크리스트교 확산에 반대하는 운동을 일으켰으나, 일본, 영국 등 8개국 연합군 약 2만 명에 의해 진압되었다.

신해혁명
(1911년~1912년)

쑨원이 조직한 혁명 단체가 청 왕조 타도를 내걸고 운동을 시작했다.
그 움직임이 각지에 퍼져 국내의 대부분의 성(省)이 독립을 선언했다.
중화민국이 성립되고, 황제는 퇴각하여 청 왕조는 멸망했다.

▲ 쑨원(1866~1925)

1900

만주에서 군을 철수하지 않은 러시아와 청으로 진출하려는 일본의 대립이 심화되어, 러·일 전쟁으로 발전했다.

청·프 전쟁
(1884년~1885년)

베트남을 식민지로 만들려는 프랑스에 대하여, 베트남의 종주국으로서 청이 파병을 했지만 패배했다.

청·일 전쟁
(1894년~1895년)

조선에서 일어난 동학 농민 운동 진압을 위해 일본과 청의 양국이 출병한다.
이것이 청일 양군의 군사 충돌로 발전했다.
전쟁에서 패한 청은 일본에게 타이완과 랴오둥 반도를 할양하고 막대한 배상금을 지불하게 되었다.
이를 계기로 열강의 중국 진출이 격화되었다.

8개국 출병
(1900년)

「의화단 사건」 진압을 위해 열강 8개국은 연합군을 출병시킨다.
청은 이에 대해 선전포고를 했지만 패배한다.
결국 거액의 배상금을 지불하고 외국 군대의 베이징 주둔 등을 인정하게 되었다.

➡ 러·일 전쟁

약화된 청에 열강 여러 나라가 군집했다.

17세기에서 18세기에 걸쳐, 청은 강희제·옹정제·건륭제 치하에서 사상 최대의 중화 제국을 구축하고 많은 조공국을 거느린 종주국이 되었다.
청의 무역 창구는 광둥성의 광저우 한 개 항뿐이었으며 거래 상대도 한정되어 있었다. 하지만 이러한 조공 체제는 아편 전쟁을 계기로 해체되어 갔다. 내정의 혼란 등으로 인해 약화된 청에 열강 여러 나라가 군집하여, 조차지 획득 경쟁에 나선다. 조차지는 다른 나라에 빌려 준 토지인데, 실질적인 통치권은 빌린 나라가 갖는다.
이렇게 식민지와 거의 같은 취급을 받게 된 청은 국력이 약화되어 멸망을 향해 갔다.

청의 근대화를 좌절시킨 서태후

내외의 혼란이 계속되는 가운데 청의 국내에서도 근대화를 지향하는 움직임이 나타났다. 하지만 서양의 학문이나 기술을 도입하여, 부국강병을 꾀하려 한 「양무운동」은 청·일 전쟁의 패배로 좌절된다.
그 후 일본의 메이지 유신을 본받아 황제 독재 체제에서 입헌 군주제로의 전환을 목표로 하는 「변법자강 운동」이 일어나지만, 이것도 서태후와 결탁한 수구파의 반격에 의해 불과 3개월 만에 실패로 끝나 버렸다.
이런 상황은 열강의 진출을 가속화시켰을 뿐만 아니라 청 왕조 타도의 움직임을 이끌어 내는 것으로 이어졌다.

▲ 서태후(1835년~1908년) 서태후는 조카를 황제로 앉히고 정치의 실권을 계속 장악했다.

일본이 근대화를 추진하고,
제국주의 국가로 변화하다.
일본의 개항과 근대화

페리(1794~1858)

1 나라의 문을 열다.

에도 막부는 네덜란드와의 무역을 제한적으로 허용하였을 뿐, 다른 서양 열강의 통상 요구를 거부하고 있었다. 이때 청이 아편 전쟁에서 패배하였다는 소식은 일본인들에게 큰 충격을 주었다. 이런 상황에서 미국 페리 제독이 군함을 이끌고 와 강력하게 통상을 요구하자, 막부는 미·일 화친 조약을 맺고 개항하였다(1854).

4년 뒤에 다시 체결한 미·일 수호 통상 조약은 영사 재판권을 인정하고, 관세 자주권을 포기한 불평등 조약이었다.

이후, 일본은 다른 서양 열강과도 비슷한 내용의 조약을 맺었다.

▲ 페리의 요코하마 상륙도 에도 막부는 서양 열강의 통상 요구에 쇄국 정책으로 대응해왔으나, 미국의 페리 제독이 강력하게 통상을 요구하자 1854년 미·일 화친 조약을 맺고 개항하였다.

〈 메이지 정부의 주요 개혁 내용 〉

정치: 중앙 집권 체제 수립(에도 → 도쿄로 명칭을 바꾸어 수도 확정), 지방 제도 정비(폐번치현)

사회: 신분제 폐지, 무사들의 봉건적 특권 폐지, 의무 교육 실시, 유학생 파견

경제: 토지 제도와 조세 제도의 개혁, 근대 산업 육성

군사 · 외교: 징병제 실시, 이와쿠라 사절단 파견(서구 열강과의 불평등 조약 재협상 → 실패)

기타: 신도의 국교화, 우편 · 철도 · 은행 제도의 실시

▲ 이와쿠라 사절단 일본은 서구 문물과 제도를 살펴보고 불평등 조약의 개정에 대해 논의하기 위해 해외에 대규모 사절단을 파견하였다(1871년). 이 사절단에는 이토 히로부미와 같은 메이지 정부의 핵심 인사도 포함되어 있었다.

▲ 헌법 공포식(1889년) 메이지 유신 이후 의회 개설과 국민의 참정권을 요구하는 자유 민권 운동이 일어나자, 메이지 정부는 1889년에 국왕에게 최고권을 부여하는 입헌 군주제 헌법을 제정하였다.

메이지 국왕(1852년~1912년) ▶
메이지 유신은 1868년 에도 막부를 타도하고 국왕 중심의 국가를 만든 메이지 정부가 실시한 근대화 개혁을 뜻한다. 메이지 유신으로 일본은 입헌 군주제 국가가 되었다.

2 메이지 유신으로 근대적 개혁을 추진하다.

개항 이후, 서양과의 무역으로 물가가 오르고 세금이 증가하여 백성들의 생활이 어려워졌다. 또한 굴욕적인 조약을 체결한 막부에 대한 불만도 높아졌다. 이에 지방의 무사들을 중심으로 한 막부 반대 세력은 에도 막부를 무너뜨리고, 천황 중심의 새로운 정부를 수립한 후, 근대적 개혁을 추진하였다(메이지 유신, 1868년).

메이지 정부는 봉건제를 폐지하고 강력한 중앙 집권 정책을 추진하였다. 또한 신분 제도를 폐지하고 징병제와 의무 교육 제도를 실시하였다. 이와 함께 근대적 산업을 육성하고, 외국의 실정을 파악하기 위해 미국과 유럽에 유학생과 사절단을 파견하는 등 서양 문물을 적극적으로 받아들였다. 이후 일본은 빠른 속도로 근대 국가의 모습을 갖추어 나갔다.

▲ 나가사키 조선소 에도 막부가 1861년에 세웠다.

제국주의 국가 대열에 합류한 일본

청·일 전쟁과 러·일 전쟁에서 승리, 조선을 식민지로 만들다.

메이지 유신을 통해 경제력과 군사력을 강화한 일본은 서구 열강을 본받아 원료 공급지와 상품 시장을 확보하기 위하여 해외로 눈을 돌렸다. 이때 일본이 주목한 곳은 이웃의 동아시아 지역이었다.

일본은 미국이 자기 나라에 썼던 방법을 그대로 모방하여 조선을 개항시키고, 이어서 조선을 식민지로 만들기 위한 계획을 실행하였다.

조선에서 동학 농민 운동이 일어나자, 일본은 청이 출병한 것을 구실로 조선에 군대를 파견하였다. 그리고 동학 농민군과 화해한 조선 정부가 청·일 양군의 철수를 요구하였는데도 이를 무시하고 조선에 남아 내정을 간섭하였다. 이와 동시에, 일본은 황해를 운항하던 청의 함대를 기습 공격하여 청·일 전쟁을 일으켰다(1894). 전쟁의 시작과 함께 일본군은 랴오둥 반도까지 진격하였고, 해전에서 청의 북양 함대를 전멸시켰다. 결국 청은 일본과 굴욕적인 강화 조약을 체결할 수밖에 없었다. 청·일 전쟁의 승리로 일본은 아시아의 강대국으로 발돋움하였고, 이후 서구 제국주의 열강의 대열에 합류하였다.

삼국 간섭 이후, 러시아는 랴오둥 반도의 이권과 의화단 운동을 진압하기 위해 파견했던 군대를 계속 만주에 주둔시켰고, 조선에서도 아관 파천을 거치면서 러시아의 영향력이 커졌다. 영국은 러시아를 견제하기 위해 일본과 영·일 동맹을 맺었다. 미국과 영국의 지원을 약속받은 일본은 러시아군을 기습 공격하여 러·일 전쟁을 일으켰다(1904). 러시아를 견제하려던 영국과 미국의 전비 지원 등에 힘입어, 일본은 전쟁에서 승리를 거두고 러시아와 포츠머스 조약을 체결하였다(1905). 이로써 일본은 한반도를 자신의 세력권에 두게 되었으며, 대륙 침략의 기반을 확보하고 조선을 무력으로 진압하였다.

1910년, 일본은 조선의 국권을 빼앗고 본격적으로 대륙 침략에 나섰다.

▲ 제국주의 대열에 합류하는 일본

청·일 전쟁(1894년)

원인: 조선에서 동학 농민 운동(1894년) 발발→ 조선 정부가 청에 군사 요청→ 톈진 조약을 구실로 일본이 조선에 군대 파견

과정: 일본의 경복궁 무력 점령 → 청 군대를 기습 공격 → 청의 뤼순 점령, 랴오둥 반도까지 장악

결과: 일본의 승리

영향: 청으로부터 배상금을 받음, 랴오둥 반도 및 타이완 획득(시모노세키 조약)

러·일 전쟁(1904년)

원인: 러시아의 남하 정책과 일본의 견제

과정: 일본의 러시아군 기습 공격 → 조선의 중립 선언 → 이를 무시하고 일본은 조선의 정치 간섭 → 제2차 영·일 동맹, 가쓰라·태프트 밀약

결과: 일본의 승리, 포츠머스 조약 체결(1905년)

영향: 한반도가 일본의 세력권으로 들어감. 만주와 대륙 침략의 기반 확보

▲ 청·일 전쟁 전 동아시아의 정세를 풍자한 그림 조선이라는 물고기를 두고 다투는 청나라와 일본 사이에서 러시아가 틈을 노리고 있다.

▲ 운요호 사건과 강화도 조약(1876년) 1875년 메이지 정부의 군함 운요호가 강화도에 접근하여 조선군과 싸운 후 압력을 가하여 강화도 조약을 맺었다.

청·일 전쟁과 러·일 전쟁

▲ 러시아 발트 함대의 항로 수에즈 운하를 지배하고 있던 영국이 러시아의 통과를 허락하지 않아 출발부터 7개월 이상이 걸려 도착하였다.

열강의 침략 속에 전개된
인도와 동남아시아의 민족 운동
인도의 근대화 운동

인도가 영국의 식민지가 되다.

신항로가 개척된 이후 유럽의 여러 나라들은 인도와의 무역에 뛰어들었으며, 무역 거점을 확보하기 위해 인도의 각 지역을 점령하였다. 17세기 초, 영국과 프랑스는 아시아 지역의 무역을 독점하고자 동인도 회사를 설립하고 인도에 대한 침략을 강화하였다.

한편, 무굴 제국은 18세기 이후 재정 파탄과 지방 정권의 등장으로 쇠퇴해 가고 있었다. 이러한 상황을 이용하여 영국과 프랑스는 인도에 군대를 주둔시키면서 세력을 확대해 나갔다. 인도에서 주도권을 두고 경쟁하던 영국과 프랑스는 벵골 지방에서 충돌하였다(플라시 전투 1757). 이 전투에서 승리한 영국은 벵골 지방의 통치권과 조세 징수권을 얻어내 인도의 동부를 실질적으로 지배하였다.

이후 여러 차례의 전쟁을 통해, 19세기 중엽에 영국은 인도의 대부분을 점령하였다. 영국은 인도인에게 많은 세금을 거두었으며 면화와 아편을 강제로 재배시키고 영국산의 값싼 면직물을 팔았다.

이 때문에 인도의 면직물 산업이 무너지고 수공업자들은 실업자가 되었다. 인도는 영국의 산업 발달에 필요한 원료의 공급지와 상품의 시장이 되고 말았다.

▲ 영국의 동인도 회사(1600~1883) 인도와의 무역을 독점하는 회사로 출발하였지만, 점차 인도를 지배하는 기관으로 성격이 변하였다. 위 그림은 영국에 있던 동인도 회사 본사의 모습이다.

영국의 인도 지배와 반영 운동

시크 전쟁 1845~1849
시크 교국
펀자브
● 델리
라지푸타나
● 아그라
마리타 전쟁 1775~1819
베나레스
벵골
마리타 동맹
● 콜카타 (캘커타)
니잠령
아라비아 해
뭄바이 (뭄베이)
● 아마드나가르
야나옹
플라시 전투 1757
고아
영국은 네덜란드로부터 실론 섬 탈취 1795
마이소르
● 첸나이 (마드라스)
● 캘리컷
마이소르 전쟁 1767~1799
실론

□ 1805년까지 영국이 할당받은 지역
→ 영국군의 진로
✦ 세포이의 항쟁 중심지

▲ 인도 국민 회의 영국식 교육을 받은 인도의 중상류층이 조직한 단체로, 1905년 영국의 벵골 분할령에 반대하는 활동을 하면서 민족 운동의 중심이 되었다. 사진은 20세기 중반에 촬영한 것이다.

▲ 세포이의 항쟁(1857) 동인도 회사의 용병(세포이)이 일으킨 반영 항쟁이다. 탄약통에 소와 돼지의 기름을 발라 지급하였는데, 소는 힌두교가 신성시하는 동물이고, 돼지는 이슬람교가 부정하게 여기는 동물이었다.

동남아시아의 식민지화와 민족 운동

제국주의 국가의 식민지가 된 동남아시아

유럽 열강은 동남아시아에서도 식민지 획득 경쟁을 벌였다. 네덜란드는 17세기 초부터 향료 무역을 독점하였으며, 18세기 후반에는 자와 섬을 지배하고, 20세기 초에는 주변의 여러 섬을 차지하여 네덜란드령 동인도를 만들었다.

에스파냐는 필리핀을 식민지로 삼아 마닐라를 중심으로 중국, 멕시코와 삼각 무역을 벌였다. 이후 필리핀은 에스파냐와 미국의 식민지 경쟁 과정에서 미국의 식민지가 되었다.

프랑스는 인도차이나 반도를 침략하여 베트남과 주변 지역을 정복하고 프랑스령 인도차이나를 수립하였다. 영국은 미얀마와 말레이 반도를 중심으로 말레이 연방을 세웠다.

제국주의 열강은 동남아시아 지역에 커피, 사탕수수, 고무 등의 단일 작물을 강제로 재배하게 하고, 대규모 광산을 개발하였다. 열강들은 농작물과 광물을 싼 값으로 사들인 후 본국으로 가져가 공업 원료로 사용하였다. 이를 기반으로 제국주의 국가에서는 산업이 더욱 발전하였다. 그러나 동남아시아에서는 몇몇 상품 작물만 대량으로 재배됨에 따라 여러 산업이 균형 있게 발전할 수 없었다.

필리핀 독립의 아버지 호세 리살

필리핀의 독립운동가로 국민적 영웅 의사, 작가, 화가로 계몽 운동을 벌였다. 1896년 필리핀 인들의 독립운동이 시작되자, 에스파냐는 그를 선동 혐의로 체포하여 사형했다.

호세 리살 ▶
(1861~1896)

소설 "나에게 손대지 마라!"
(1886)

인도네시아 여성 교육에 앞장선 카르티니

인도네시아의 자와 섬에서 태어난 카르티니는 네덜란드 인 학교에서 공부하면서, 민족의식을 깨우치고 여성 교육의 필요성을 절실히 느꼈다. 1902년, 카르티니는 여학생을 위한 학교를 세워 여성 교육에 힘썼다. 하지만 안타깝게도 25살의 젊은 나이로 갑자기 세상을 떠났다.

이후, 카르티니 학교 설립 운동이 일어나, 카르티니의 이름을 딴 학교들이 인도네시아 곳곳에 세워졌다. 이러한 카르티니의 노력은 인도네시아 여성 운동과 민족 운동의 밑거름이 되었다. 인도네시아 인들은 지금까지도 카르티니를 '인도네시아의 어머니'로 부르며 존경하고 있다.

▲ 카르티니(1879~1904)

네덜란드의 인도네시아 지배

네덜란드는 자와 섬에서 커피, 사탕수수 등의 작물을 강제로 재배하도록 하고, 이를 싸게 사들여 막대한 이익을 얻었다.

이에 따라, 자와 섬의 경제 상황은 갈수록 나빠졌으며, 자와 인들의 삶은 비참해졌다.

네덜란드 정부는 자와 인들의 소유지에 정부가 원하는 품종을 의무적으로 재배할 것을 강요하였고, 생산된 농산품을 정부가 아닌 제3자에게 파는 경우에는 처벌하였다.

그리고 그렇게 생산된 물건의 가격은 정부가 마음대로 정하여 구입하였다. ……

이같은 제도로 자주 굶주렸다. 몇 년 전만 해도 기아로 지역 전체가 모두 죽게 된 경우도 있었다. (물타툴리(1860) "막스 하벨라르")

열강의 침략 속에 전개된
서아시아와 아프리카의 민족 운동
서아시아의 민족 운동

오스만 제국의 영토 축소

러시아 제국
오스트리아 · 헝가리 제국
보스니아
루마니아
흑해
이탈리아
세르비아
카스피해
알제리
지 중 해
소아시아
페르시아
모로코
리비아
이집트
아라비아
아라비아

□ 오스만 제국의 최대 영역
▨ 영토 상실(1815~1871)
▨ 영토 상실(1871~1914)
▨ 1914년의 영역

2 아랍에서 와하브 운동이 일어나다.

18세기, 아라비아 반도에서 "이슬람교 초기의 순수함을 되찾자"는 신앙 운동이 일어났다. 운동의 창시자인 이븐 압둘 와하브의 이름에서 유래한 「와하브 운동」은 "쿠란으로 돌아가라."라는 구호 아래 이슬람교의 근본 원리에 충실할 것을 강조하였고, 술과 담배, 도박 등을 철저히 금지하였다. 한편 이러한 복고적인 경향은 현대에 이르러 아랍 세계의 발전을 가로막는 걸림돌이 되기도 하였다. 와하브 운동의 정신을 이념으로 삼아 건국된 사우디아라비아는 다른 이슬람권 국가에 비해 보수적인 성격이 매우 강하다. 이슬람 율법인 샤리아(Sharia)에 따라 통치되며, 여성 활동에 대한 제약도 여전히 강한 편에 속한다.

3 이란에서 입헌 혁명이 일어나다.

19세기에 들어 영국과 러시아는 이란에 대한 압력을 강화하였다. 영국은 인도를 거점으로 이란에 진출하였고, 러시아 역시 남하 정책을 추진하여 이란과 전쟁을 벌이고 불평등 조약을 체결하였다. 이러한 상황 속에서 이란에서는 19세기 말부터 국내 전제 정치의 타도와 영국 · 러시아의 지배에 대한 민족적 저항을 목적으로 하는 「입헌 혁명」이 일어났다. 지식인들과 대도시 상공업자들의 개혁 요구가 거세지자, 왕조는 1906년 의회를 소집했으며 국민 의회가 개회되었다. 그러나 시민운동을 두려워한 전제 왕조가 러시아의 후원 아래 국민 의회를 포격하고 「입헌 혁명」을 무력으로 탄압하자, 이에 대항한 시민들이 무장봉기하여 마침내 승리를 거두었다.
그리하여 1907년 국민 의회가 회복되었으나, 보수와 혁신 세력으로 양분되어 제1차 세계 대전을 맞이하게 되었다.

1 오스만 제국이 근대화를 추진하다.

오스만 제국은 신항로 개척 이후 동방 무역의 이익이 감소하고, 유럽 열강의 계속된 침입과 제국의 지배하에 있던 여러 민족이 독립운동을 일으켜 점차 쇠퇴하였다.
이러한 위기를 극복하기 위해 오스만 제국은 「탄지마트」라는 근대적 개혁을 추진하였다. 이에 따라 민족적 · 종교적 차별을 없애고, 군사력 양성, 산업 진흥, 의회 설립, 헌법 제정 등이 시행되었다. 그러나 개혁은 보수파의 반대와 러시아와의 전쟁 패배로 좌절되었다.
이에 지식인과 청년 장교들은 청년 튀르크당을 조직하고 군사를 일으켜 정권을 장악한 후, 헌법을 부활시키고 외국의 간섭 배제를 요구하는 운동을 벌였다.
한편 18세기에 이집트와 알제리 등은 사실상 독립 상태가 되었다. 또한 18세기 후반까지 이어진 러시아와의 대립으로 흑해 북쪽 지역을 상실하였다. 나폴레옹의 이집트 원정(1789~1801) 이후 프랑스가 알제리를 점령하였으며, 이집트에게 자치권을 허용하였다.
1830년에는 그리스가 러시아, 영국, 프랑스의 지원을 받아 독립을 얻어냈다. 19세기 중엽에는 루마니아, 세르비아, 몬테네그로, 불가리아 등이 차례로 독립을 이루었다.

19세기 아라비아 반도와 이란

타브리즈
우르미아
카스피 해
투르키스탄
마잔다란
유프라테스강
다마스쿠스
하마단
테헤란
마슈하드
러시아 세력권
케르만샤
이스파한
야즈드
비르잔드
카이로
이라크
중립 지대
케르만
시라즈
영국 세력권
반다르압바스
와하브 왕국
메디나
리야드
페르시아 만
홍해
메카
아라비아 해

아프리카의 민족 운동

이집트의 근대화 운동

오스만 제국의 지배를 받고 있던 이집트에서 총독이 된 무함마드 알리는 근대적인 육군과 해군을 창설하고, 산업을 장려하는 등 적극적으로 근대화 정책을 추진하였다. 이를 바탕으로 이집트는 아라비아로 세력을 확대하고, 오스만 제국과 전쟁을 벌여 독립을 이룩하였다.

이집트는 19세기 중엽부터 영국과 프랑스의 도움을 받아 철도와 전신 시설을 마련하고 수에즈 운하를 건설하였다. 이 과정에서 외국에 많은 빚을 지게 되었다. 이 틈을 타 영국은 수에즈 운하의 주식을 사들이고 운하 경영권을 차지하였다. 영국의 내정 간섭이 강화되자, 이집트 군부가 중심이 되어 헌법을 제정하였으며 '이집트인의 이집트 건설'을 주장하였다. 그러나 이러한 민족 운동은 결국 영국에게 진압되어 이집트는 영국의 보호국이 되고 말았다(1914).

◀ 무함마드 알리(1769~1849)
이집트가 오스만 제국으로부터 독립할 수 있도록 적극적인 근대화 정책을 펼친 인물이다. 그러나 근대화 정책의 추진 과정에서 외세의 힘을 빌렸다는 한계가 있었다.

서아시아와 아프리카의 근대 국가 수립 운동

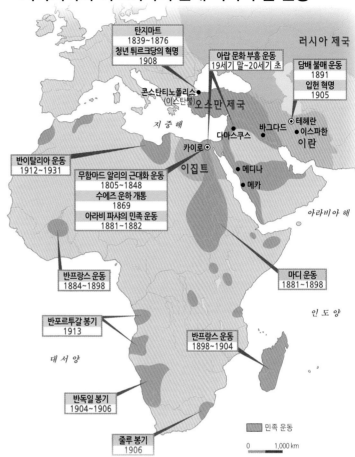

아시아 · 아프리카의 민족 운동

아시아 · 아프리카의 민족 운동

19세기 들어 아시아 · 아프리카의 여러 나라들은 서구 열강의 식민지가 되었고, 자주적인 근대화 추진에 어려움을 겪게 되었다. 이에 따라 아시아 · 아프리카 인들은 두 가지의 과제를 동시에 추진해야 했다. 하나는 유럽 열강의 제도와 기술, 산업화를 받아들여 자국의 뒤떨어진 봉건 사회를 타파하여 근대화를 이룩하는 것이고, 다른 하나는 유럽 열강에 빼앗긴 주권을 되찾아 독립을 이룩하는 것이었다.

양극화되는 열강 여러 나라 사이에서
발칸 반도를 둘러싼 대립이 더욱 악화된다.
러·일 전쟁의 영향

쓰시마 해전에서는 일본이 승리. 열강의 지배하에 있는 각지의 민족을 자각하게 했다.

©d.hatena.ne.jp

일본의 승리

민족 운동의 고조

열강의 지배하에 있는 아시아 여러 나라는 「유럽에 대한 아시아의 승리」로 받아들여 민족적 자각을 고조시켰다.

대외 침략의 본격화

한국의 지도·감독권, 랴오둥 반도 남부의 조차권, 남만주 철도의 이권 등을 얻은 일본은 구미 열강과 나란히 대륙으로의 진출을 본격화시켰다.

러시아의 패배

러시아 제1 혁명

국내에서 정치 개혁을 요구하는 목소리가 높아져 후에 러시아 혁명으로 이어졌다.

발칸 반도 문제

러시아가 아시아에서 발칸 반도로의 진출 정책으로 전환한 일로 독일, 오스트리아와의 관계가 악화되었다.

독일에 대한 포위망의 확립

약진이 두드러진 독일의 위협을 억제하는 일이 그 밖의 열강들과의 공동 과제가 되었다.

러·일 전쟁을 계기로 양극화가 뚜렷해지다.

8개국 출병 후에도 만주에 주둔하는 러시아에 대항해, 1904년 일본이 먼저 전쟁을 시작했다.

러시아의 아시아 진출을 저지하고 싶은 영국이나 미국은 일본을 지지하고, 러시아의 눈을 아시아로 향하게 하고 싶은 독일이나 러·프 동맹을 맺고 있던 프랑스는 러시아를 지지했다. 이는 단지 러시아와 일본의 싸움일 뿐만 아니라 유럽 여러 나라의 의도가 결합된 전쟁의 시작이었다. 전쟁이 한창일 때, 러시아에서는 「피의 일요일 사건(황제에게 청원하러 간 민중에게 경비대가 발포하여 많은 사상자를 낸 사건)」을 계기로 반란이 속출했다. 전쟁의 지속이 어려워지면서, 미국의 조정으로 「포츠머스 조약」이 체결되었다.

러·일 전쟁 후, 러시아의 관심은 발칸 반도로 옮겨져 독일, 오스트리아와 대립한다.

자신들의 적은 러시아가 아니라 독일이라고 생각한 영국은, 러시아와 손을 잡았고, 열강의 양극화가 뚜렷해져 갔다.

러·일 전쟁 후의 국제 관계

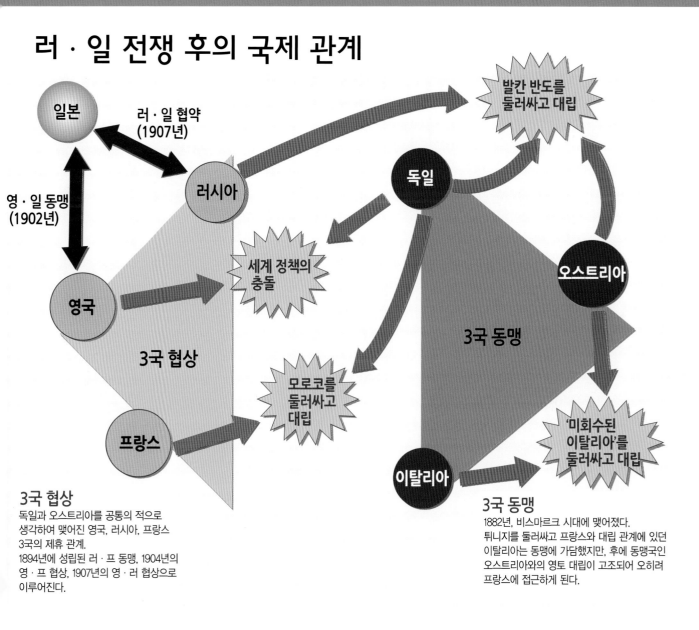

러·일 협약 (1907년)

영·일 동맹 (1902년)

일본

러시아

영국

프랑스

독일

오스트리아

이탈리아

발칸 반도를 둘러싸고 대립

세계 정책의 충돌

모로코를 둘러싸고 대립

'미회수된 이탈리아'를 둘러싸고 대립

3국 협상

3국 동맹

3국 협상
독일과 오스트리아를 공통의 적으로 생각하여 맺어진 영국, 러시아, 프랑스 3국의 제휴 관계.
1894년에 성립된 러·프 동맹, 1904년의 영·프 협상, 1907년의 영·러 협상으로 이루어진다.

3국 동맹
1882년, 비스마르크 시대에 맺어졌다.
튀니지를 둘러싸고 프랑스와 대립 관계에 있던 이탈리아는 동맹에 가담했지만, 후에 동맹국인 오스트리아와의 영토 대립이 고조되어 오히려 프랑스에 접근하게 된다.

발칸 반도는 「유럽의 화약고」가 되다.

발칸 반도를 지배해 온 오스만 제국은 열강의 압박과 함께 「그리스 독립 전쟁」이나 「크림 전쟁」, 「러시아·튀르크 전쟁」 등 거듭되는 전쟁으로 재정이 파탄 나고 「빈사 상태의 환자」로 불릴 정도였다.

오스만 제국의 쇠퇴와 함께 발칸 반도에서는 여러 민족의 독립운동이 활발해진다. 이 움직임에 러시아는 범슬라브주의를, 오스트리아는 범게르만주의를 주장하며 개입한다.

게다가 독일의 「3B 정책」과 영국의 「3C 정책」 각각을 수행하기 위해 중요한 위치에 있었던 것이 화가 되어, 발칸 반도는 「유럽의 화약고」로 불릴 정도의 상황에 몰리게 되었다.

발칸 반도에는 여러 민족들의 이해관계가 복잡하게 얽혀 있었고 특히 영토 문제로 슬라브족과 게르만족 사이에 긴장이 고조되고 있었다.

유럽의 화약고 발칸 반도의 복잡한 민족 분포

오스트리아·헝가리 제국　러시아 인

1908년 오스트리아의 보스니아 헤르체고비나 병합

슬로베니아 인
보스니아
크로아티아 인
헤르체고비나
세르비아 인
사라예보
몬테네그로
이탈리아
알바니아
코소보
마케도니아 인
루마니아
세르비아
불가리아
흑 해
불가리아 인

오스만 제국

게르만족　슬라브족　루마니아 인　알바니아 인　그리스 인　마자르 인　튀르크 인

수렁에 빠진 전쟁의
승패를 결정한 미국의 참전
제1차 세계 대전의 추이

1

오스트리아 황태자 부부가 세르비아인 청년에게 살해되는 사라예보 사건이 발발한다.

1914년 6월 28일, 보스니아 헤르체고비나의 주도 사라예보에서 오스트리아 황태자 부부가 세르비아인 대학생에게 살해되었다. 이 사건이 있기 6년전, 보스니아 헤르체고비나는 오스트리아에게 합병되었다.
사라예보의 주민은 대부분이 슬라브계였는데, 같은 슬라브계인 세르비아에게 있어서는 자신들의 주권을 빼앗긴 것이나 다름없었다. 사건의 배경에는 이러한 상황이 있었다.

※제1차 세계 대전의 배경

범게르만주의 ＼／ 범슬라브주의
삼국 협상 ／＼ 삼국 동맹
3B 정책 ＼／ 3C 정책

▲ 사라예보 사건(1914, 기록화) 사라예보를 방문한 오스트리아 황태자 부부를 세르비아의 청년이 암살하였다. 이것이 제1차 세계 대전이 발발하는 계기가 되었다.

2

오스트리아가 세르비아에 선전 포고를 한다.
「3국 협상」 대 「3국 동맹」의 전쟁이 시작되었다.

사건이 일어나고 1개월 후, 오스트리아의 전쟁 선포를 시작으로 3국 동맹 여러 나라와 3국 협상 여러 나라가 서로 충돌하여 제1차 세계 대전이 시작되었다.
3국 동맹의 일원이었던 이탈리아는 1915년, 3국 협상 진영으로 참전한다. 오스트리아에게 빼앗긴 본래의 영토를 이 기회에 탈환하려 한 것이다.

▲ 3국 동맹과 3국 협상

참전한 나라들

동맹측: 독일, 오스트리아, 오스만 제국, 불가리아의 4개국

협상측: 러시아, 프랑스, 영국, 일본 등 27개국의 연합군

제1차 세계 대전 중의 유럽(1914~1918)

동맹국측
연합국측
★ 주요 전쟁
동맹군의 진출선
동맹군의 점령지
독일의 해상
봉쇄 지역

▲ 3국 동맹과 3국 협상

예상 외의 장기전으로 유럽에 큰 피해를 남겼다.

1914년 7월, 오스트리아의 세르비아에 대한 선전 포고를 신호탄으로 제1차 세계 대전이 시작되었다. 독일과 영국의 패권 다툼이 발전하여, 동맹국과 협상국(연합군)과의 전쟁이 되었다.
독일은 서쪽의 프랑스를 우선 항복시키고, 동쪽의 러시아전에 힘을 쏟으려는 작전이었지만, 모두 간단히 결말이 나지 않고 전쟁은 장기화되어 갔다.
무역로가 끊긴 독일과 러시아에서는 엄중한 경제 통제가 실시되었다. 이로 인해 어려워진 국내 상황은 러시아 혁명과 독일 혁명을 초래하였고, 전쟁 국면을 변화시켰다.
미국이 연합국 측을 따라 참전한 배경에도 경제 문제가 있었다. 영국이나 프랑스는 독일의 배상금으로 대금을 지불하겠다고 약속하고, 미국으로부터 무기를 구입하고 있었다. 이러한 상당에서 전쟁의 장기화는 미국 경제에 있어서도 바람직하지 않은 것이었다.

3

전쟁은 장기화되고 소모전으로 돌입했다.

독일은 대(對)러시아의 동부 전선과 대(對)프랑스의 서부 전선을 거느리게 되었지만 모두 교착 상태에 빠진다. 전쟁은 장기화되고 참전 각국은 여성이나 청소년까지 끌어들여 총력전을 전개하였다.

제1차 세계 대전이 낳은 살상 무기

독일의 정찰 비행기

제1차 세계 대전 중에는 전투기, 탱크, 잠수함과 독가스 등 다양한 신무기가 등장했다.
이런 무기들은 많은 병사들을 짧은 시간 안에 대량으로 살상할 수 있는 무서운 무기들이었다.

영국의 탱크(1916)

독일의 U보트 잠수함

4

1917년, 러시아 혁명과 미국 참전으로 전쟁 국면이 변했다.

1917년 3월, 러시아 혁명이 발발한다.
4월에는 미국이 참전하여 전쟁 국면은 연합국 우위로 기울기 시작했다.
이듬해 러시아의 새 정권은 독일과 단독으로 강화 조약을 맺고, 전선에서 이탈했다.

영국의 다중 외교가 아직도 계속되는 팔레스타인 문제의 발단이 된다.

전쟁이 오래 지속되는 가운데 영국은 전쟁을 유리하게 진행시키기 위해, 아랍 민족과 유대인 국가 건설 운동 양쪽에 독립 지원을 약속하고 협력을 얻었다.
그 모순이 아직도 계속되는 팔레스타인 문제의 발단이 되었다.

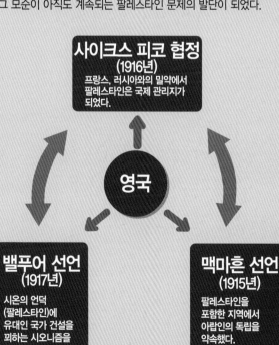

사이크스 피코 협정 (1916년)
프랑스, 러시아와의 밀약에서 팔레스타인은 국제 관리지가 되었다.

영국

밸푸어 선언 (1917년)
시온의 언덕 (팔레스타인)에 유대인 국가 건설을 꾀하는 시오니즘을 지지했다.

맥마흔 선언 (1915년)
팔레스타인을 포함한 지역에서 아랍인의 독립을 약속했다.

제1차 세계 대전의 전개
오스트리아의 선전 포고 (1914. 7.)
동맹국과 연합국의 대결
장기전이 된 서부 전선
동부 전선에서 독일 승리
독일의 무제한 잠수함 작전 (1917. 2.)
미국의 참전 (1917)
독일의 항복 선언 (1918)
베르사유 조약 (1919)

5

독일 제국 붕괴

1918년 가을에는 불가리아, 오스만 제국, 오스트리아가 잇따라 항복한다. 독일에서는 같은 해 11월, 해군 병사의 반란을 계기로 독일 혁명이 일어났다. 황제는 네덜란드에 망명하고, 독일 제국은 붕괴했다.

6

4년 3개월에 걸친 전쟁이 끝났다.

독일 공화국이 선언되고, 독일은 공화국이 된다.
1918년 11월 11일 연합국 측과 휴전 조약이 체결되고 대전은 끝이 났다.

대전 후 혼란이 야기한 혁명과
소비에트 연방의 탄생

**로마노프 왕조는 무너지고, 레닌이 이끄는
소비에트 정권이 성립된다.**

제1차 세계 대전 중인 1917년 3월과 11월에 일어난 두 번의
혁명에 의해 러시아 제국의 로마노프 왕조는 무너지고, 소
비에트 정권이 수립되었다.
이 일련의 움직임을 「러시아 혁명」이라고 한다.
'소비에트'라는 말은 국명으로 사용되지만, 원래는 노동자의
자치 조직이며 평의회 등으로 번역된다.
러시아 혁명으로부터 거슬러 올라간 10여 년 전, 러·일 전쟁
이 한창일 때 탄생했다.
그 소비에트가 정권을 장악하게 된 배경에는 제1차 세계 대
전에 의한 민중의 곤궁이 있었다.
식료품의 지급과 전쟁 반대를 호소하며 민중과 군대가 일어난
것이다. 이 3월 혁명 직후, 스위스로 망명해 있던 정치가 레닌
이 귀국한다.
그리고 레닌의 지도하에 사회주의 국가가 건설되었다.
러시아 혁명의 성공은 각국에 큰 영향을 주었다.
하지만 세계 혁명을 일으키는 것에까지는 이르지 못하고 레닌
의 후계자, 스탈린에 의해 하나의 국가만으로 사회주의를
실현하는 「일국(一國) 사회주의」가 추진되었다.

세계 각국의 공산당 성립

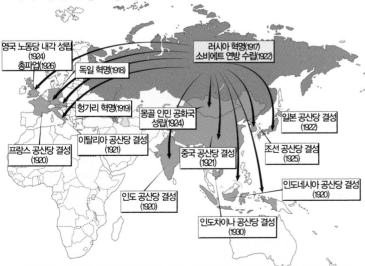

▲ **사회주의의 확산과 세계 각국의 공산당 성립** 러시아에서는 산업화가 늦어지고 전제 정치가
계속되는 가운데 지식인, 노동자, 농민을 중심으로 한 사회 개혁 요구가 혁명으로 이어졌다.
혁명으로 최초의 사회주의 국가가 수립되었다.

러시아 혁명의 진행

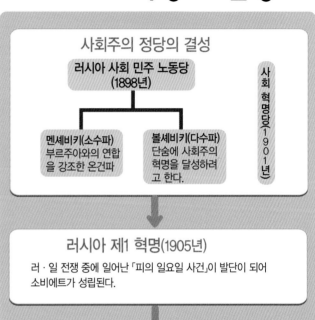

사회주의 정당의 결성

**러시아 사회 민주 노동당
(1898년)**

멘셰비키(소수파)
부르주아와의 연합
을 강조한 온건파

볼셰비키(다수파)
단숨에 사회주의
혁명을 달성하려
고 한다.

사회 혁명당(1901년)

러시아 제1 혁명(1905년)

러·일 전쟁 중에 일어난 「피의 일요일 사건」이 발단이 되어
소비에트가 성립된다.

제1차 세계 대전(1914년~1918년)

전쟁 상황이 악화되어 물자가 결핍되었다.
정부에 대한 불만이 고조되어 갔다.

3월 혁명※(1917년)

로마노프 왕조가 무너지고 이중 권력 상태가 된다.

임시 정부:
사회 혁명당과
멘셰비키가 참여

소비에트:
대도시의 소비에트
중에서 볼셰비키가
대두

「모든 권력을 소비에트로!」
(레닌의 「4월 강령」)

11월 혁명※(1917년)

볼셰비키파가 봉기하여 임시 정부를 무너뜨리고, 사회 혁명당 좌파와
함께 소비에트 정권 수립. 사회 혁명당 제1 당의 헌법 제정 의회를 무력
으로 해산한 레닌은 1918년에 볼셰비키 독재를 확립하고, 공산당으로
개칭한다.

※혁명 전의 러시아에서는 구력이 사용되었고, 각각 구력의 2월, 10월이었기
때문에 2월 혁명, 10월 혁명이라고도 한다.

소비에트 정권의 변천

혁명의 추진

기업의 국유화, 지주로부터의 토지 무상 몰수 등을 실행한다.
반혁명 운동에 대해서는 체카(비상 위원회)나 적군(赤軍)을
조직하여 감독했다.
또한 러시아뿐만 아니라 자본주의 여러 나라에서 혁명을
일으키려고 생각한 레닌은 1919년 3월에 코민테른(공산주의
인터내셔널)을 창설하고 세계 혁명을 도모했다.

◀ 레닌(1870년~1924년) ▶
볼셰비키의 중심 인물로 11월 혁명에서는
제1차 세계 대전의 전 교전국에 무배상,
무합병, 민족 자결을 원칙으로 한 강화를
호소했다.

◀ 레닌의 개혁(풍자화) ▶
권력을 잡은 레닌의 개혁을
풍자한 그림이다. 빗자루
를 들고 개혁의 걸림돌로
인식된 차르와 귀족, 사제,
산업 자본가를 청소하고
있다.

대소 간섭 전쟁(對蘇干涉戰爭)

러시아 혁명의 영향이 자국에까지 미치는 것을
우려한 자본주의 여러 나라는 소비에트 정부를
무너뜨리기 위해 군대를 보냈다.
소비에트 정부는 전시 공산주의의 채택과 적군
(赤軍)의 강화로 이에 대항했다.
외국군의 간섭을 물리쳤지만 생산력의 저하를
초래했다.

전시 공산주의 내용

① 농산물의 강제 징수 ② 식료품 배급제 ③ 기업
의 국유화 ④ 개인 상행위의 금지 ⑤ 강제 노동제

노선 수정, 소련 성립

생산력을 회복하기 위해 신경제 정책(네프)을 채택하여 대전 전의 수준으로
되돌아갔다.
1992년에는, 러시아 · 우크라이나 · 벨라루스 · 자캅카스 4개의 소비에트
공화국이 연합하여, 소비에트 사회주의 공화국 연방(소련)을 결성했다.

신경제 정책의 내용

① 농작물의 강제 징수 폐지 ② 잉여 농작물의 자유 판매 ③ 중소기업의 사적 영업

레닌의 후계자 다툼

레닌의 사후, 세계 혁명을 주장하는 트로츠키와
소비에트 국가만으로 사회주의 국가를 건설하려
는 스탈린의 대립이 고조되었다.

▲ 트로츠키(1879년~1940년)
적군의 지도자로서 활약했지만, 스탈린에 의해
추방되고, 망명지인 멕시코에서 암살되었다.

스탈린 체제의 확립

트로츠키를 실각으로 몰아넣은 스탈린은
최고 지도자로서 절대적인 권력을 장악했다.
계획 경제에 의해 중공업의 건설, 농업의
기계화와 집단화를 추진했다.
또한 반대파를 철저하게 배제하고, 처형하는
대숙청을 단행하여 100만 명이나 되는
사람들이 처형되었다.

◀ 스탈린(1879년~1953년)
소련을 강국으로 이끈 한편,
처참한 대숙청에 의한 공포
정치를 실시했다.

독일은 경제 위기로 괴로워하고, 미국은 경제 발전을 이루었다.

제1차 세계 대전 후의 국제 상황

베르사유 체제의 성립

1919년 파리 강화 회의에서 새로운 국제 질서가 제정되고, 베르사유 조약이 조인되었다. 이 새로운 질서를 베르사유 체제라고 한다.

미국이 견인한 1920년대

대전 중 연합국에 자금이나 물자를 빌려주어 채권국이 된 미국에 세계의 부가 집중하고 호경기로 열광했다.
미국은 풍부한 경제력을 배경으로, 독일의 배상 문제에 대한 개입, 부전 조약(不戰條約)의 책정, 아시아 · 태평양 지역의 국제 질서 제정 등 국제 관계를 주도했다.

베르사유 체제의 파탄

세계 공황을 계기로 각국의 경제는 극도로 악화되었다. 나치스의 대두 등에 의해 베르사유 체제는 붕괴되었다.

오래 계속되지 못한 안정의 시대

1919년 1월 제1차 세계 대전 후의 새로운 국제 질서를 제정하기 위해 「파리 강화 회의」가 열렸다.

강화 회의의 기본 원칙이 된 것은 전년 1월에 미국의 윌슨 대통령이 발표한 「14개조 평화 원칙」이다.

그것은 비밀 외교의 금지와 경제 장벽의 철폐, 군비 축소, 국제 연맹의 설치 등 국제 협조를 내걸은 동시에 민족 자결의 원칙을 주장했다.

하지만 국제 협조라는 것은 이름뿐인 내용이었으며 실제로 결정된 것은 패전국 독일에 대한 제재와 소비에트 · 러시아에 대한 대항책이 중심이었다.

거액의 배상금을 부과받은 독일은 심각한 경제 불황을 겪었지만 호황을 누리던 미국의 주도하에 1920년대 후반이 되어서는 국제 정세가 안정되어 갔다.

1925년에는 「로카르노 조약」이 체결되어, 독일과 프랑스가 화해하고 이듬해 독일은 국제 연맹에 가입한다. 1928년에는 「부전 조약」도 체결된다. 하지만 안정의 시대는 오래 계속되지 못했다. 주식의 대폭락으로 시작된 세계 공황을 계기로, 세계는 다시 전쟁의 시대로 향하게 되었다.

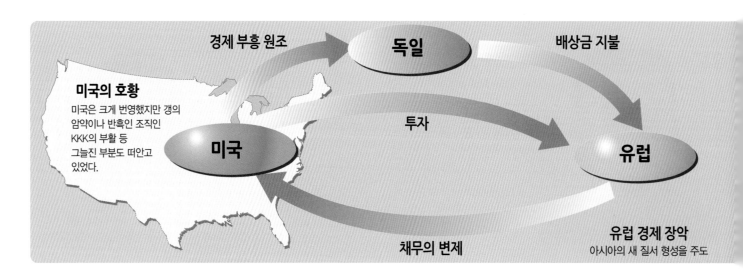

경제 부흥 원조 → 독일

배상금 지불

미국의 호황
미국은 크게 번영했지만 갱의 암약이나 반흑인 조직인 KKK의 부활 등 그늘진 부분도 떠안고 있었다.

미국

투자

유럽

채무의 변제

유럽 경제 장악
아시아의 새 질서 형성을 주도

파란을 품고 있는 베르사유 체제

출발할 때의 이념	국제 협조	민족 자결

독일에 대한 과잉 제재

해외 식민지의 포기와 군비 제한에 더해, 거액의 배상금을 지불하는 등 과잉 제재 조치가 취해졌다.
배상금 지불 연기를 요청하자, 프랑스는 독일 공업 지대를 점거(루르 출병)했다. 이것이 계기가 되어 극도의 인플레이션을 초래했지만, 미국의 경제 원조로 간신히 재기했다.

대국의 국제 연맹 불참

미국은 의회의 반대에 의해 불참했다. 다른 나라들의 동향에 얽매이지 않고, 단독으로 자유롭게 행동할 수 있도록 하기 위해서라는 것이 그 이유였다.
또한 독일 등의 패전국과 소비에트는 처음부터 배제되었기 때문에 연맹 참가국은 유럽 일부 국가에 치우쳐 있었다.

반소 목적으로도 이용

민족 자결의 원칙이 적용된 것은 구 러시아 제국이나 구 오스트리아 · 헝가리 제국 영내의 동유럽 8개국으로 제한되었다.
독일을 약화시키는 동시에, 강화 회의 전년에 탄생한 소비에트 러시아로부터 서구 여러 나라로 혁명이 파급되는 것을 막기 위해서였다.
다른 지역의 독립 요구는 무시되었다.

제1차 세계 대전 후의 유럽

배상금은 1320억 금마르크(1금마르크=금 0.358그램).
마르크의 가치는 대전 직전의 1조분의 1로 하락하여 지폐는 휴지나 다름없었다.

8개국은 소련에 대한 유럽의 장벽

노르웨이　스웨덴　핀란드　에스토니아　라트비아　소련　리투아니아　덴마크　영국　네덜란드　벨기에　독일　폴란드　체코슬로바키아　헝가리　프랑스　스위스　오스트리아　루마니아　흑 해　포르투갈　에스파냐　유고슬라비아　불가리아　이탈리아　알바니아　오스만 제국　지중해　그리스　대 서 양

- 독일이 상실한 지역
- 러시아가 상실한 지역
- 오스트리아가 상실한 지역
- 신생 국가

미국 주도의 「워싱턴 체제」에서 일본의 움직임이 억제되었다.

1921년, 미국의 하딩 대통령의 제창으로 열린 워싱턴 회의에 의해, 아시아 · 태평양 지역의 새로운 질서가 결정되었다.
이 「워싱턴 체제」는 「베르사유 체제」와 나란히 1920년대 국제 질서의 기반이 되었다. 워싱턴 체제의 목표는 제1차 세계 대전 후, 급속히 세력을 확장해 간 일본의 움직임을 봉쇄하는 것이었다.
「4개국 조약」을 받아들여 「영 · 일 동맹」은 파기되었다.
또한 중국의 주권 · 독립의 존중, 영토 보전 등을 확인한 「9개국 조약」의 체결에 따라, 일본은 독일로부터 넘겨받은 중국 영내 권익의 반환 등을 강요당했다.

〈제1차 세계 대전 이후 정치 체제 변화〉

독일 제국 → 바이마르 공화국

오스트리아 · 헝가리 제국 → 오스트리아 제1 공화국, 헝가리 왕국

오스만 제국 → 터키 공화국

러시아 제국 → 소련(소비에트 사회주의 공화국 연방)

제1차 세계 대전 후에
세계 각지에서 전개된 민족 운동
식민지 · 종속 지역의 동향

터키

대전 후, 터키 인의 영토 확보를 제창한 민족 운동이 전개되었다.

이것이 터키 국민 국가(소아시아 중심)의 건국 운동으로 발전했다. 지도자 케말 파샤는 술탄을 추방하고 오스만 제국을 멸망시킨다.

1923년에 터키 공화국을 수립하고 근대화를 추진했다.

▲ **케말 파샤** 아라비아 문자를 폐지하고 로마자를 채택하는 등 터키의 근대화를 추진한 케말 파샤는, 후에「터키의 아버지(아타튀르크)」라는 호칭을 얻었다.

인도

대량의 인도 병사의 출병이라는 협력을 얻은 대신에 전후의 자치를 약속한 영국이었지만, 대전 후에도 실질적인 통치를 계속했을 뿐만 아니라 민족 운동을 심하게 탄압하는 법을 제정했다(롤라트법).

이에 대해 간디는「비폭력 · 불복종」을 주장하며 민족 해방 운동의 지도자가 되었다. 간디의 운동은 전 인도에 확산되어, 독립에 대한 움직임이 고조되었다. 또한 영국은 제염(製鹽)을 전매하고, 50%의 소금세를 부과했다.

이것에 반대한 간디는 1930년, 소금을 만들러 해안으로 떠난다.

이「소금 행진」에 많은 민중이 참가했다. 1935년에는「신인도 통치법」이 제정되어 한정적인 주자치(州自治)가 인정되게 되었지만, 인도의 주권은 인정되지 않았다.

함께 보기
157쪽

서아시아 여러 나라

오스만 제국의 영내에 있던 아랍 여러 지역은 영국과 프랑스의 위임 통치령으로 분할되었다.

하지만 아랍인의 반발이 심해, 서서히 각국의 자치 · 독립이 인정되어 갔다.

팔레스타인은 영국의 위임 통치령이 되었는데, 유대인의 이주가 시작되어 아랍인과 대립하게 되었다.

독립한 나라들
(제2차 세계 대전 전까지)

1918년 예멘 왕국
1919년 아프가니스탄 왕국
1922년 이집트 왕국
1932년 사우디아라비아 왕국
1932년 이라크 왕국

▲ 간디는 불복종 운동의 일환으로「소금 행진」을 했다.

열강의 쇠퇴, 러시아 혁명의 성공 등이 자극이 되었다.

「파리 강화 회의」에서 식민지의 문제는 대다수가 미해결 상태였다. 하지만 대전 중에 일어난 러시아 혁명의 성공이나 패전 처리 때에 제창된 민족 자결의 원칙 등이 지식인이나 노동자에게 준 영향은 커서 제1차 세계 대전 후 세계 각지의 식민지나 종속 지역에서 독립운동이 활발히 일어나게 되었다.

대전으로 인한 경제적인 피해가 남아 있는 열강들이 식민지 지배로부터 후퇴해 있던 것도 독립운동을 부추기는 요인이 되었다. 그러나 또다시 시작된 제2차 세계 대전의 물결에 휩쓸려, 완전한 독립을 달성할 때까지 오랜 시간이 걸린 나라도 적지 않다.

함께 보기 156쪽

중국

중국은 파리 강화 회의에서 제1차 세계 대전 중에 일본이 내민 「21개조 요구」의 취소 등을 요구했지만 무시되었다.

이것에 항의하여 일으킨 시위가 각지에 파급되어, 전국적인 반제국주의 운동·애국 운동으로 발전했다(5·4 운동).

▲ 5·4 운동 당시 톈안먼 앞에 모인 시위자들

함께 보기 156쪽

대한민국

1919년 3월 1일에 한국이 일본의 강제적인 식민지 정책으로부터 자주독립할 목적으로 일으킨 민족 독립운동이 3·1운동이다. 제1차 세계 대전 후, 민족 자결주의에 입각하여 손병희 등 33인의 주도로 「독립 선언서」를 낭독하고 민족의 자주독립을 선언하였다.

동남아시아

각지에서 민족 운동이 고조되었다.
주요 움직임
● 네덜란드 통치하의 인도네시아에서는 1927년 수카르노를 당수로 하는 국민당이 결성되었다.
● 프랑스 통치하의 인도차이나에서는 1930년에 인도차이나 공산당이 성립되었다. 이들은 탄압을 받으면서도 농민 운동을 전개했다.
● 영국 통치하의 버마에서는 급진적인 민족주의자가 대두했다.
● 필리핀에서는 경제면에서 미국에 크게 의존하고 있었지만 독립을 향한 움직임이 본격화되었다.

함께 보기 157쪽

▲ 서울 종로에서 일어난 여성들의 만세 시위

제1차 세계 대전 이후 전개된
아시아·아프리카의 민족 운동
한국과 중국의 반제국주의 운동

한국에서 3·1 운동과 중국에서 5·4 운동이 일어나다.

윌슨의 「민족 자결주의」와 「러시아 혁명」은 제국주의 국가로부터 독립을 추구하던 아시아, 아프리카 사람들에게 큰 자극을 주었다.

아시아, 아프리카의 반제국주의 운동은 제1차 세계 대전 이후에 더욱 활기를 띠었다. 한국에서는 1919년에 3·1 운동이 일어났다.

3·1 운동은 학생과 시민, 농민 등 각계각층이 참여한 거국적인 민족 운동이었으나, 일제의 무력에 의하여 진압되었다. 3·1 운동이 끝난 후, 한국의 독립운동가들은 좀 더 조직적으로 일본에 저항하기 위하여 상하이에 「대한민국 임시 정부」를 수립하는 한편, 만주와 연해주를 중심으로 무장 투쟁을 전개하였다.

한편 파리 강화 회의에서 일본이 중국에 대한 「21개조 요구」를 근거로 산둥 반도에서 독일이 가졌던 이권을 요구하자, 열강은 이를 승인하였다. 이에 베이징 대학생들은 21개조 요구의 취소와 친일 관리의 처단을 주장하며 시위를 일으켰다(5·4 운동). 이 시위는 일본 상품 배척·제국주의 반대·군벌 정부 타도 운동으로 확대되었다.

여기에 노동자와 상인들이 참여하면서 5·4 운동은 전국으로 확산되어 중국 전체의 민족 운동으로 발전하였다.

5·4 운동 이후, 쑨원은 중국 국민당을 대중 정당으로 새롭게 바꾸었고, 사회주의를 받아들인 지식인들은 「중국 공산당」을 조직하였다. 쑨원은 제국주의 세력을 몰아내고 북쪽의 군벌을 타도하기 위해 공산당과 손을 잡았다(제1차 국·공 합작, 1924).

쑨원이 죽은 후, 국민당을 이끌게 된 장제스는 북벌을 시작하여 난징에 국민당 정부를 세웠다. 이후 장제스가 공산당을 탄압하면서 국·공 합작은 분열되었다.

국민당은 북벌을 계속하여 베이징의 군벌 정부를 무너뜨리고 중국을 통일하는 데 성공하였다(1928).

 함께 보기 155쪽

▲ 덕수궁 앞 만세 시위

▲ 5·4 운동(1919, 기록화) 한국의 3·1 운동의 영향을 받은 베이징의 대학생들은 일본의 침략과 군벌 정치에 반대하는 대대적인 시위를 벌였다. 시위는 시민과 노동자가 가세하면서 반군벌·반제국주의 운동으로 발전하였다.

윌슨의 민족 자결주의와 3·1 운동

1918년 1월, 미국 대통령 윌슨은 제1차 세계 대전의 전후 처리와 관련하여 앞으로 미국이 해야 할 14가지 일에 대해 밝혔다.

'윌슨의 14개조 원칙'이라고 불리는 이 계획은 약소민족의 독립과 관련된 항목이 7~8개에 이를 정도로 민족 자결주의를 강조하고 있다. 민족 자결주의란 「각 민족이 자신의 운명을 스스로 결정할 수 있다.」는 이념이다. 이에 따라 제국주의 열강의 지배 아래에 있던 약소민족들은 독립을 이룰 수 있다는 희망을 갖게 되었다. 한국인이 독립 의지를 국내외에 널리 알리기 위하여 3·1 운동을 일으켰던 것도 그 때문이었다. 그러나 윌슨의 이런 계획은 실제로 전후 처리를 하는 과정에서는 제대로 적용되지 않았다.

5·4 운동

지금 일본은 칭다오를 삼키고 산둥에서의 모든 권리를 관리하는 데 성공하기 일보 직전에 와 있다. 산둥을 잃는 것은 중국이 망하는 것이다. 조선은 독립을 꾀해 "독립하지 못하면 차라리 죽겠다."고 하였다. 생각건대, 전국의 백성이 일제히 일어나 밖으로는 주권 수호를 위해 싸우고 안으로는 국가의 적을 제거하자. 중국이 살아남느냐 망하느냐 하는 것은 오직 이번 일에 달려 있다.

중국의 영토는 정복될지언정 넘겨줄 수 없다. 중국 국민은 죽을지언정 머리를 숙일 수 없다.

- '전체 학생 천안문 선언(1919)' -

제1차 세계 대전 이후의 반제국주의 운동

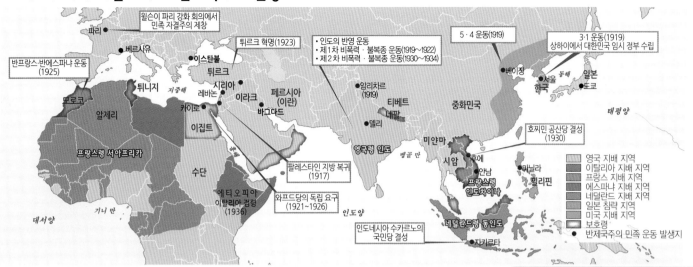

인도와 동남아시아의 반제국주의 운동

인도와 동남아시아의 민족 운동

제1차 세계 대전 당시, 인도인들은 자치를 약속받고 영국에 협조하였다. 그러나 전쟁이 끝나자, 영국은 약속을 지키지 않고 오히려 인도인의 독립운동을 더욱 탄압하였다. 이에 간디가 이끄는 인도 국민 회의는 비폭력·불복종을 내세우며 영국 상품 불매·납세 거부 운동을 전개하였다.

네루는 보다 강력한 방법으로 완전한 독립을 요구하며 영국에 저항하였다. 1935년 인도인들은 마침내 자치권을 얻어냈으나, 이것은 군사권과 외교권이 없는 불완전한 독립이었다. 따라서 자치를 넘어 완전한 독립을 요구하는 인도인의 반영 투쟁은 제2차 세계 대전까지 계속되었다.

프랑스의 지배를 받고 있던 베트남에서는 베트남 국민당이 조직되어 프랑스에 대항하였다. 그러나 이들이 일으킨 무장 봉기 시도가 실패하면서 국민당은 완전히 와해되고 말았다. 이후 호찌민을 중심으로 조직된 베트남 공산당은 대중 속으로 파고들어 독립을 추구하는 모든 계층과 연합하였고, 대대적인 독립 전쟁을 준비하였다. 인도네시아에서는 수카르노가 인도네시아 국민당을 결성하고, 여러 민족 단체들을 규합하여 민족 운동을 전개하였다.

▲ **물레를 돌리는 간디** 제1차 세계 대전 이후, 간디는 비폭력·불복종 운동을 이끌며 영국 정부에 저항하였다. 간디는 영국산 면제품을 입는 것을 거부하고 스스로 물레를 돌려 옷을 만들어 입었다.

▲ **호찌민** 베트남의 독립운동가로, 1930년에 베트남 공산당을 조직하고 대중 속으로 파고들어 독립 전쟁을 이끌었다.

서아시아·아프리카의 반제국주의 운동

서아시아와 아프리카의 민족 운동

제1차 세계 대전에서 패한 오스만 제국은 많은 영토를 잃었고, 청년 튀르크당 출신의 무스타파 케말은 독립 전쟁을 벌였다. 이후 오스만 제국에서는 술탄제가 폐지되고 터키 공화국이 세워졌으며, 무스타파 케말이 초대 대통령으로 선출되었다. 케말은 정치와 종교를 분리시키고, 근대적인 헌법을 만들어 남녀평등 선거를 단행하고, 아라비아 문자 대신 로마 문자를 사용하게 하는 등 개혁을 추진하였다.

한편, 오스만 제국의 지배하에 놓여 있던 여러 아랍 민족은 제1차 세계 대전 전후 각지에서 독립운동을 하였다. 그 결과, 이라크 왕국과 사우디아라비아 왕국은 독립을 이루었으나, 팔레스타인과 시리아는 각각 영국과 프랑스의 위임 통치하에 놓였다.

이란에서는 팔레비 왕조가 반영 운동을 전개한 끝에 1935년 자주권을 회복하였다. 이집트는 영국으로부터 독립하였으나 수에즈 운하에 영국군이 주둔하는 것을 허용해야 했다. 모로코·알제리·튀니지 등에서도 독립운동이 전개되었으며, 아프리카 지식인과 유학생들은 「범아프리카 회의(1919)」를 열어 아프리카의 자치를 요구하였다.

▲ **자글룰 파샤** 이집트의 근대 민족 운동 지도자로, 1924년에 와프드당을 창당하고 총선에서 승리하여 수상에 취임하였다.

세계 공황을 계기로
후발국은 「파시즘」으로 기울기 시작했다.

미국 경제의 파탄으로 흐름이 달라졌다.

「황금의 1920년대」를 구가해 온 미국에서는 시세 이상의 주식 거래가 이루어졌다. 말하자면 거품 경제이다.

그 거품이 터진 것은 1929년 10월의 일이다. 미국 경제의 파탄은 순식간에 자본주의 나라 전체로 파급되어

「세계 공황」으로 발전해 갔다.

배상금으로 고통받는 독일, 충분한 식민지를 갖지 못한 이탈리아와 일본은 심각한 경제 위기에 직면하게 되었다.

이들 나라에서 확산되어 간 것이 전체주의, 독재, 군국주의와 같은 파시즘이었다.

이 3국은 잇따라 국제 연맹을 탈퇴하고, 베르사유 체제의 붕괴를 초래한 것과 동시에 반공산주의로 결속하고

1937년에는 「3국 방공 협정」을 체결하고, 「3국 추축」을 결성했다.

자국의 위기를 타국에 대한 침략으로 모면하려고 한 파시즘 제국의 움직임이 「제2차 세계 대전」으로 이어질 날이

곧 다가오고 있었다.

열강 여러 나라의 대두

세계 공황(1929년 10월 24일)

미국의 뉴욕 증권 거래소에서 주식이 대폭락했다. 이 날을 「암흑의 목요일」이라고 한다. 은행과 공장은 점차 폐쇄되었다.

미국의 금융계가 세계 각국에 투자하고 있던 자금을 회수하면서, 세계적인 대불황(공황)이 일어났다.

「선진국」은 식민지 · 세력권을 포위

자국에 광대한 영토와 자원이 있는 미국과 많은 식민지를 획득한 영국, 프랑스는 자급자족의 경제권을 구축했다 (블록 경제 체제).

- 미국 — 뉴딜
- 영국 — 스털링 블록
- 프랑스 — 프랑 블록

「후발국」은 군사력으로 다른 나라를 침략

충분한 영토를 갖지 못한 이탈리아와 독일, 그리고 일본은 군비를 확장하고 주변 각국에 대한 침략을 시작했다.

- 독일 — 동유럽 여러 나라
- 이탈리아 — 에티오피아
- 일본 — 만주 · 중국

소련 사회주의 경제하에 5개년 개획을 실행했다. 대불황의 영향 없이 독자적인 경제 건설을 추진했다.

파시즘의 등장

히틀러
(1889년~1945년)

1934년에 총통에 취임하고, 독재자로 군림했다.

독일

나치스의 독재 시작

세계 공황에 의해 큰 타격을 받은 독일 국내에서는 공화정 정부에 대한 불만이 확산되어 있었다.

실업자가 증가하고, 사회 불안이 고조되는 가운데 대두된 것이 베르사유 조약의 파기, 유대인 배척 등을 주장하는 「국가 사회주의 독일 노동당(나치스)」이었다. 1933년에는 일당 독재를 실현하고, 국제 연맹을 탈퇴했다. 군수 공업의 확장과 대규모 공사의 실시로 실업자를 줄이는 등 민중의 지지를 얻은 나치스는 1935년에 재군비를 선언했다. 이듬해, 비무장 지대가 된 라인란트에 주둔하여 베르사유 체제의 붕괴를 추진했다.

이탈리아

파시스트당의 독재

전후에 영토의 확대가 인정되지 않고, 경제의 혼란도 계속된 이탈리아에서는 사회주의 세력에 대한 기대가 높아지는 한편, 반공산주의를 내걸은 파시스트당이 대두되었다.

1922년에 파시스트당은 정권 획득을 위해 무장 시위를 하고(로마 진군) 지도자인 무솔리니는 총리로 임명되었다.

파시스트당은 강압적인 지도자가 국민 생활을 통제하고, 국가의 이익을 우선하는 「전체주의」를 주장하며 일당 독재 체제를 확립했다.

세계 공황 후인 1935년에는 에티오피아를 침공한다. 이 행동을 비판받자 국제 연맹을 탈퇴했다.

무솔리니
(1883년~1945년)

1919년에 파시스트당을 결성했으며, 제2차 세계 대전 말기에 실각하고 총살되었다.

널리 지지를 받은 이유

- ·베르사유 체제에 대한 불만
- ·노사 간 계급 투쟁의 격화
- ·세계 공황

자본가

중견 샐러리맨

노동자

파시스트당 · 나치스의 주장
- 반공산주의
- (독재자 치하의) 평등주의
- (독재자 치하의) 계획 경제
- 편협한 민족주의

일본

군국주의 체제로의 전환

경제의 혼란이 계속되는 가운데, 경제 위기를 해외 영토 확대에 의해 해결하려고 하는 군부가 힘을 확장시켜 갔다.

1931년에는 만주로 불리고 있던 중국 동북 지방에서 류타오후 사건을 일으켜, 이것을 구실로 만주를 점령했다(만주 사변).

다음 해에는 만주국을 건국했다.

국제 사회의 거센 비난을 받은 일본은 1933년에 국제 연맹을 탈퇴하고 군국주의 체제로 전환했다.

파시즘이 승리한 에스파냐 내전

1935년, 코민테른은 반파시즘 연합인 「인민 전선」의 결성을 주장했다.

이것을 받아들여, 정국의 혼란이 계속되고 있던 에스파냐에서는 1936년에 인민 전선 정부가 조직되었다.

보수파의 지지를 받은 프랑코 장군은 이것에 반기를 들었다. 이탈리아와 나치스 독일은 프랑코를 지지하고, 군대를 파견했다.

인민 전선 정부를 도운 것은 각국의 민간인에 의한 의용군뿐이었다.

영국과 프랑스는 「에스파냐의 내정 문제」로 여기고, 반란을 묵인했다.

전쟁의 결과, 프랑코가 승리했고 프랑코를 응원한 파시즘 제국의 야망을 부풀리게 되었다.

세력 확대를 꾀한 일본과 「항일」로 뭉친 중국
각 방면에서의 일본의 동향

조선

일본은 1875년에 운요호 사건을 일으켜, 조선의 개항을 압박했다.
청·일 전쟁 후인 1895년에는 조선에서 일본이 일시적으로 우위를 점했다. 조선은 1897년 대한 제국으로 개칭하며 자주 독립 국가임을 천명했다. 일제는 일련의 강압적인 한·일 협약(1904년, 1905년, 1907년)을 통해 대한 제국의 국권을 침탈했다. 1910년에는 일제의 식민지가 되었다(국권 피탈).

한국 국권 강탈을 추진한 이토 히로부미는 1909년 하얼빈역에서 피살되었다.

러시아

1875년 「사할린·쿠릴 열도 교환 조약」을 체결하고 북쪽의 국경을 정했지만, 러·일 전쟁에 의해 사할린 남반부의 영유권을 획득했다(1905년).
제1차 세계 대전 말에 시베리아에 출병했다.
최후까지 군을 남겨 국제적인 비판을 받고, 1922년에 철수했다.

중국

청·일 전쟁으로 획득한 랴오둥 반도는 독일과 프랑스, 러시아에 의한 삼국 간섭에 의해 청에 반환했지만(1895년), 러·일 전쟁 후, 다시 일본의 세력권으로 들어간다. 제1차 세계 대전 발발 후, 산둥성에 대한 독일 권익의 계승 등을 요구했지만(12개조의 요구), 워싱턴 회의에서 이것을 중국에 반환하게 하였다(1921년~1922년). 만주 사변 후, 군부의 힘이 강해진 일본은 중국에서의 세력 확대를 꾀하고 있었다.
1937년, 루거우차오 사건을 계기로 중·일 전쟁에 돌입했다.

▶ 청 왕조의 마지막 황제 푸이가 집정하게 된 만주국은 일본의 꼭두각시 국가였다.

일본은 이웃 국가로 세력을 넓혀 갔지만, 국제적인 비판도 받았다.

남태평양/동남아시아

제1차 세계 대전 후, 독일 권익을 계승하고 남양 제도의 위임 통치권을 획득했다.
태평양 전쟁이 시작된 뒤 얼마 되지 않아 말레이 반도와 홍콩, 싱가포르, 인도네시아, 필리핀, 솔로몬 제도를 점령했다.

중국의 변천

중화민국
1912년에 성립되었지만, 대총통이 된 위안스카이 서거 후 군벌이 할거하여 사실상 분열 상태가 되었다.

중국 공산당
1921년, 천두슈 등에 의해 결성되었다.
소련형 국가 건설을 꾀했다.

국민당
1919년, 쑨원 등에 의해 결성되었다.
미국형 국가 건설을 꾀했다.

제1차 국·공 합작
혁명 세력 결집을 위해 쑨원은 「연소(소련과의 연합) · 용공(공산당과의 제휴) · 농공부조 (노동자와 농민에 대한 원조)」를 내걸고 공산당에 협력했다. 1925년, 광저우에서 국민 정부 를 수립했다. 장제스(장개석)가 이끄는 국민 정부군이 각지의 군벌을 타도하고, 중국 통일을 도모하기 위해 「북벌」을 시작한다.

국·공 분열
북벌은 순조롭게 추진되었지만, 정부 내에서 좌파와 우파가 대립했다. 1927년, 장제스는 상하이 쿠데타를 일으켜 공산당 세력을 탄압하였다. 난징에 새로운 국민 정부를 수립했다.

중국 공산당
마오쩌둥(모택동)의 지도하에 임시 정부를 수립한다. 국민 정부에 쫓겨 서쪽으로 이동한다(장정(長征)).

국민 정부
일본이 지원한 봉천 군벌의 장쭤린 (장작림)을 토벌하고, 중국 전역을 거의 통일한다. 중국 공산당에 대한 공격도 추진한다.

제2차 국·공 합작(항일 전선)
「중·일 전쟁」이 시작됨에 따라, 국민 정부와 중국 공산당이 협력하여 항일 전선을 결성했다.

국·공 내전
대전이 종결된 후, 국민 정부와 중국 공산당이 내전을 다시 시작했다.

---

1 개국 이후, 일본은 세력 확대 노선을 추구했다.

1854년에 쇄국을 해제한 이후, 일본과 주변 여러 나라의 관계는 크게 변해 갔다.

일본이 우선 관심을 기울인 것은 조선이다.

조선에서 일어난 동학 농민 운동을 계기로 발생한 청·일 전쟁은 청의 약화를 초래해, 동아시아의 국 제 정세를 변화시켰다. 일본에게도 전환점의 하나 가 되었다.

청·일 전쟁에서 일본이 얻은 막대한 배상금은 중공업 발전의 자금이 되었다.

이는 일본이 구미 열강과 나란히 제국주의 정책을 추진해 가는 기반이 되었다.

2 중·일 전쟁을 계기로 중국은 항일 로 결속하였다.

일본이 세력 확대를 꾀한 중국에서는 청 왕조 멸망 후에 중화민국이 성립되었지만, 국민당과 중국 공산당의 두 세력이 서로 대립하여 내전을 되풀이했다.

하지만, 중·일 전쟁이 일어나자 「항일」을 우선 으로 여기고, 국민당과 중국 공산당은 서로 협력 하게 되었다.

그러나 항일의 목적이 달성되니 이야기는 달랐 다. 제2차 세계 대전 종결 후 두 세력은 다시 싸 우기 시작해 중국 공산당이 대륙의 지배권을 손 에 넣게 되었다.

파시즘의 패배로
종결된 세계적인 규모의 전쟁

전쟁의 불길은 세계로 확대되어 막대한 상처 자국을 남겼다.

1939년 9월, 독일은 폴란드를 침공했다. 이에 대해 영국과 프랑스가 선전 포고를 하여 제2차 세계 대전이 시작되었다. 그것은 파시즘에 빠진 후발국들과 영국과 프랑스 등을 중심으로 한 연합국이 격돌한 전쟁이었다.

독일과 이탈리아, 일본은 1940년 「3국 방공 협정」을 독일-이탈리아-일본 「3국 동맹」으로 발전시켰다. 그리고 1941년에는 일본이 미국과 영국에 선전 포고를 했다. 태평양 전쟁으로 돌입하여, 전쟁의 불길은 더욱 확대되었다. 최종적으로는 60개나 되는 나라가 참전하여, 5000만 명이나 되는 희생자를 낸 역사상 최대의 전쟁이 되었다.

연합국 측은 반파시즘을 내걸고 많은 나라의 지지를 모은 한편, 점령 지역에서 저항 운동을 싹트게 했다. 결국, 전 세계적으로 포위된 파시즘 나라들이 택할 길은 「무조건 항복」 외에는 남아 있지 않았다.

유럽 전선

잔인한 독재자 히틀러

1938년, 오스트리아를 합병한 독일은 체코슬로바키아의 일부 할양을 요구했다. 영국과 프랑스는 이것을 용인했다. 소국을 희생하여 평화를 유지하려고 한 이 「유화 정책」은 히틀러의 영토 확대를 유리하게 했다.

1939년 독일은 체코슬로바키아 해체를 강행하고, 폴란드까지 노렸다. 이 움직임에 주목한 것이 소련의 스탈린이었다. 스탈린은 구 러시아 제국령의 회복을 획책하고 「독·소 불가침 조약」을 체결했다.

그 9일 뒤인 9월 1일, 독일은 폴란드를 침공했다.

전쟁의 시작과 확대

폴란드 침공을 계기로 영국과 프랑스가 독일에 선전 포고를 했다.

독일은 덴마크와 노르웨이, 네덜란드, 벨기에, 프랑스에 침공하고, 파리를 점령했다.

독일 측으로 참전한 이탈리아와 함께 발칸 반도도 공격하여, 소련과의 사이에서 긴장이 고조되었다. 1941년, 「독·소 불가침 조약」을 파기하고 독일은 소련을 기습했다.

같은 해 12월에 태평양 전쟁이 시작되자, 독일과 이탈리아도 미국에 선전 포고를 하면서 전쟁의 불길은 세계로 확대되었다.

연합국의 승리

1943년에는 연합국이 우세를 보였다. 독일군은 스탈린그라드 전투에서 소련군에게 패한 이후, 각지에서 열세를 보였다.

이탈리아는 아프리카 전선에서 영국에게 패하고, 9월에 항복했다. 이듬해, 연합군이 노르망디에 상륙했다. 독일은 동서로부터 공격을 받아 1945년 5월, 무조건 항복했다.

▲ **노르망디 상륙 작전** 1944년 6월, 연합군은 프랑스의 노르망디에 상륙하여 진격을 개시했다. 8월에는 독일에게 점령된 파리를 해방시켰다.

제2차 세계 대전 직전의 국제 관계

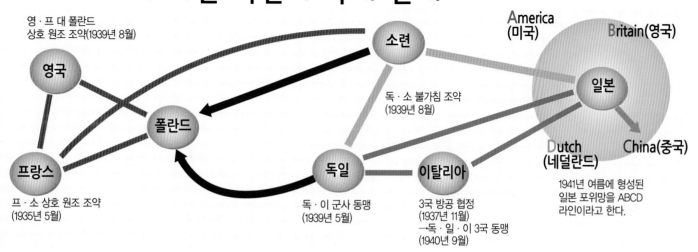

영·프 대 폴란드
상호 원조 조약(1939년 8월)

영국

소련

America (미국)

Britain (영국)

폴란드

일본

독·소 불가침 조약
(1939년 8월)

프랑스

독일

이탈리아

China (중국)

Dutch (네덜란드)

프·소 상호 원조 조약
(1935년 5월)

독·이 군사 동맹
(1939년 5월)

3국 방공 협정
(1937년 11월)
→독·일·이 3국 동맹
(1940년 9월)

1941년 여름에 형성된
일본 포위망을 ABCD
라인이라고 한다.

아시아·태평양 전선

장기화된 중·일 전쟁

중·일 전쟁을 통해 일본군은 중국의 주요 도시를 점차 몰락시켰지만, 광대한 중국의 지배권을 장악하지 못해 전쟁은 장기화되었다.
일본은 이 상황을 타개하기 위해 남북 진출을 꾀한다. 1940년, 프랑스가 패망하자 프랑스령 인도차이나로 진군하는 한편,
「소·일 중립 조약」으로 북방의 안전을 확보했다.

태평양 전쟁의 시작

일본의 움직임을 견제하기 위해, 미국의 주도로 ABCD라인이 형성되었다.
1941년 12월 8일, 일본군은 하와이의 진주만에 있는 미국 해군 기지를 기습
하여, 미국과 영국에 선전 포고를 했다. 「태평양 전쟁」이 시작된 것이다.

▲ 진주만 공습

열세인 채로, 마침내 항복

전쟁이 시작된 뒤 반년 동안은 일본군의 진격이 계속되었지만, 1942년 6월, 미드웨이 해전
에서의 대패(大敗)를 경계로 열세로 전환되어, 전쟁의 주도권은 미국으로 넘어갔다.
그리고 1945년 8월, 두 번에 걸친 「원자 폭탄의 투하」와 「소·일 중립 조약」을 무시한 소련
의 참전으로, 마침내 「포츠담 선언」을 수락하고 「무조건 항복」하여 제2차 세계 대전이 끝났
다.

▲ 히로시마 원폭 투하 미국군은 일본 본토에 무차별 폭격을
되풀이했다.

세계 대전 후의 향방을 결정한
얄타 회담

**스탈린에 대한 대폭적인 양보가 전후의
냉전을 낳는 근원이 되었다.**

제2차 세계 대전이 한창일 때, 전황을 이끌어 간 연합국 사이
에서는 이미 전후의 세계 체제에 대한 논의가 진행되고 있었
다. 그 중에서도 전후 세계사의 기점으로 불리어지는 것이
미국의 프랭클린 루스벨트, 영국의 처칠, 소련의 스탈린이 모
인 「얄타 회담」이다. 의제는 4가지였다.

「국제 연합의 구성 문제」와 「독일의 전후 처리 문제」, 「폴란드
의 영토와 정통 정부에 대한 문제」, 그리고 「소련의 대일 참전
문제」였다.

폴란드 문제에서는 처칠과 스탈린이 서로 충돌했지만, 루스벨
트의 중재로 스탈린의 주장이 통과되었다.

또한 전쟁의 종결을 서두른 루스벨트는 소련의 대일 참전을
요청했다. 그리고 참전에 대한 보상으로 인정된 것이 쿠릴 열
도 · 사할린의 점령 등이었다.

루스벨트 사후에 대통령이 된 트루먼은 회담의 내용을 보고
지나치게 스탈린에게 양보했다는 사실에 경악했다고 한다.
이후 트루먼은 폴란드 문제에 대한 협정을 지키지 않은 소련
에 대한 대결 자세를 강화시켜 갔다.

연합국에 의한 전후 처리 회담

대서양 회담(미 · 영)1941년 8월

국제 연합 발족의 기초가 되었던 「대서양 헌장」의 선언

카사블랑카 회담(미 · 영)1943년 1월

무조건 항복시킬 때까지 싸운다는 원칙을 표명

카이로 회담(미 · 영 · 중)1943년 11월

일본의 영토 처리 방침을 결정하고, 무조건 항복시킬 때까지
싸운다는 것을 선언(카이로 선언)

테헤란 회담(미 · 영 · 소) 1943년 11월

노르망디 상륙 작전의 합의

덤바턴 오크스 회의(미 · 영 · 소 · 중)1944년 8월~10월

국제 연합 헌장 초안 작성

얄타 회담(미 · 영 · 소)1945년 2월

독일에 대한 전후 처리의 협의, 소련의 대일 참전 등

포츠담 회담(미 · 영 · 중)1945년 7월

일본에 대한 무조건 항복 권고(포츠담 선언) 등

◀ 루스벨트와 스탈린 사이에서 밀약이 교환되었다.

냉전 시대에서 새로운 세계로
전쟁을 넘어서

역사를 움직인 인물⑤

존 F. 케네디
(1917년~1963년)

미하일 고르바초프
(1931년 3월 2일~)

국제 연합의 설립과 새로운 경제 질서의 확립

대전 후의 세계를 지탱하는 2개의 기둥

주요 전승국과 패전국의 상황

영국
1945년 7월의 선거에서 노동당이 승리했다. 주요 산업의 국유화나 복지 제도의 확립을 꾀했다.

독일
나치스 독일의 지도자는 뉘른베르크에 설치된 「국제 군사 재판소」에서 재판을 받았다. 독일은 미국, 영국, 소련, 프랑스에 의해 분할 점령·공동 관리되는 것 외에도 옛 수도 베를린의 분할 관리와 철저한 민주화가 추진되었다.

소련
사회주의권의 확대를 추진하고, 미국과 서구 여러 나라와의 대립이 고조되었다.

중국
1949년, 중국 공산당에 의한 중화 인민 공화국이 성립되었다. 패배한 국민당군은 대만으로 달아나, 중화민국 정부를 유지했다.

프랑스
제4 공화정하에서 전후 부흥에 몰두했다.

이탈리아
이탈리아는 1943년 항복 후 나치스 독일과 싸웠지만, 구 추축국과 연합국 사이에서 맺어진 「파리 강화 조약」에 의해 해외 영토를 모두 포기했다.

식민지와 종속 지역에서는 잇따라 독립 국가가 탄생되어 갔다.

경제 질서를 지키기 위한 브레턴우즈 체제

1944년, 미국의 뉴햄프셔 주 브레턴우즈에서 열린 회의에 44개국이 참여했다. 이 회의에서 전후의 국제 경제를 유지하는 체제가 결정되었다.

국제 경제를 유지하기 위한 방책

1. GATT의 창설
1947년, 제네바에서 조인된 「관세 및 무역에 관한 일반 협정」. 무역의 자유화를 촉진하는 것이 목적이다.

2. IMF, IBRD의 창설
세계의 통화 질서 유지, 세계 경제의 부흥 지원을 목적으로 「국제 통화 기금」과 「국제 부흥 개발 은행(세계은행)」의 창설에 합의했다.

3. 달러의 세계 통화화
미국은 금과 달러의 교환을 보증했다. 달러는 유일한 국제 통화가 되어, 각국의 대(對) 달러 환율은 고정되었다.

연합국 주도로 결정된 전후의 국제 질서

연합국은 제2차 세계 대전 중에 또 다시 세계 대전이 발발하는 것을 막기 위해 어떻게 하면 좋을지 구상을 하고 있었다.

1941년 8월에 영국과 미국이 발표한 대서양 헌장에는 전후의 평화 유지 체제 등 국제 연합의 기초가 되는 구상이 포함되어 있었다.

연합국의 승리가 보인 1943년 이후에는 국제 연합 설립의 움직임이 가속화되었다.

1945년 6월의 샌프란시스코 회의에서 국제 연합 헌장이 조인되어, 같은 해 10월 국제 연합이 발족되었다.

세계 공황 같은 사태를 다시 초래하지 않기 위해 경제 질서도 재검토되고, 미국 주도의 경제 체제가 조직되었다.

미국
전후, 전 세계의 80%의 금을 보유한 미국은 국제 경제 질서의 안정에 큰 역할을 했다. 또한 트루먼 대통령하에서 소련과의 대결 구도를 드러냈다.

일본
극동 국제 군사 재판소가 설치되어 전범이 재판을 받았다. 연합국군의 점령하에 미국 주도로 군대의 해산, 재벌 해체, 교육 개혁 등이 추진되었다.

국제 연합(UN)의 탄생(1945. 10. 24.)

상임 이사국은 미국, 영국, 프랑스, 소련(러시아), 중국의 5개국

프랑스 · 영국 · 미국 · 중국 · 소련

국제 평화를 지키기 위한 국제 연합

국제 평화의 유지를 목적으로 설립되었다. 국제 연맹과 다른 점은 대국에 의한 「안전 보장 이사회」가 설치되고, 그 권한을 강화시킨 것이다. 안전 보장 이사회는 국제 분쟁을 해결하여 평화를 유지하는 수단으로서 군사적 제재 조치를 결정할 수 있다.

다만, 미·소 냉전 시대에는 안전 보장 이사회의 평화 유지 기능이 충분히 수행되지 못했다.

국제 연합의 구조

국제 연합 총회 가맹국이 평등한 권리를 갖는다.

사무국
중립적인 입장에서 국제 연합을 운영하는 기관이다.

국제 사법 재판소
가맹국 간의 분쟁 해결을 위해 활동. 네덜란드의 헤이그에 있다.

신탁 통치 이사회
독립의 지원 등을 한다. 1994년에 임무가 거의 끝나고 활동이 정지된다.

안전 보장 이사회
총회 이상의 권한을 가진 기관. 상임 이사국(5개국)은 거부권을 가진다.

경제 사회 이사회
전문 기구(국제 노동 기구 ILO, 유네스코, WHO 등)와 제휴

미·소 양 대국을 중심으로
고조되어 간 동서 진영의 대립
냉전 구조의 변천

트루먼 독트린(1947년)
미국의 트루먼 대통령은 공산주의를 더 이상 확대시키지 않으려고, 소련에 대한 「봉쇄 정책」을 선언했다.
그리스와 터키의 공산주의의 진출을 저지하기 위해, 두 나라에 대한 원조를 시작했다.

마셜 계획(1947년)
이탈리아와 프랑스 등 각지에서 일어난 공산당의 약진은 유럽의 경제적 혼란이 원인이었기 때문에 미국의 마셜 국무장관은 유럽 부흥 계획(마셜 계획)을 발표했다.

NATO(1949년)
서방 12개국에 의한 군사 동맹, 북대서양 조약 기구(NATO)가 발족되었다.

냉전의 시작

6·25 전쟁(1950년~1953년)

전쟁이 끝나고 얼마 되지 않아 세계는 미국을 축으로 하는 자본주의의 서방 진영과 소련을 정점으로 하는 사회주의의 동구권 진영으로 나뉘어 적대 관계가 계속되었다.

베를린 봉쇄(1948년)
동서 대립이 고조될 무렵, 분할 점령된 베를린의 분단도 추진되었다.
1948년, 서방 측 점령 지구의 통화 개혁에 반대한 소련은 서베를린에 대한 교통로를 차단했다.
이듬해, 봉쇄는 해제되었지만 독일은 동서로 분단되었다.

1950년 6월 25일 새벽에 북한 공산군이 남북 군사 분계선이던 38도선 전역에 걸쳐 불법 남침했다. 이에 미국과 중국이 개입했다.

코민포름(1947년)/코메콘(1949년)
소련 및 동구권은 마셜 계획을 받아들이기를 거부하고, 공산당 정보 교환 기관(코민포름)을 결성했다. 더 나아가 동유럽 경제 상호 원조 회의(코메콘)를 창설하여 대항했다.

「철의 장막」이 드리워진 동서(1946년)

강대국이 갈라놓은 동독과 서독

연합국의 미국, 영국, 프랑스와 소련이 점령하였으나, 1949년, 미국과 소련이 서독과 동독을 탄생시켰다.

1 미·소의 직접 대결은 없었지만 긴장 관계는 계속되었다.

제2차 세계 대전 후 서방의 자유주의 국가, 동구권의 소련형 국가로 분단된 유럽의 정치 상황을 영국의 처칠 전 총리는 「철의 장막이 드리워져 있다.」고 표현했다.

철의 장막은 두 번의 세계 대전을 거친 뒤에 도래한 냉전의 시대를 상징하는 말이 되었다. 장막의 서쪽에서는 미국을 축으로 하는 자본주의의 진영이, 동쪽에서는 소련을 정점으로 하는 사회주의의 진영이 각각 결속을 확고히 했다. 미·소 사이에서는 긴장 관계가 지속되었다.

직접 대결은 없었지만, 각지에서 일어난 분쟁이나 전쟁에 대해서는 각각의 입장에서 지원이나 개입이 있었다.

2 평화 공존을 꾀하는 움직임도 있었다.

1960년대에 들어, 미·소의 긴장 관계는 완화되었다. 소련의 흐루쇼프가 평화 공존 노선을 내세우고, 미국도 이에 응답했다.

이후 미·소 간의 대화는 진전되어 갔지만 동구권 진영의 와해로 냉전이 끝날 때까지는 좀 더 시간이 필요했다.

미·소 양대국은 핵무기 개발로 경쟁을 벌였지만, 핵 전쟁에 의한 공멸을 두려워해 직접 대결은 피했다. 그 대신에 자기 진영의 확대나 결속 강화를 꾀했다.

남북으로 분단된 베트남의 통일을 꾀하는 전쟁에 미국이 개입했다. 공산주의의 확대를 막기 위해 북(베트남 민주 공화국)을 공격했지만 북과 제휴한 남베트남 해방 민족 전선의 게릴라전으로 어려움을 겪다가 철수했다.

1975년 남북이 통일되어 베트남 사회주의 공화국이 성립되었다.

냉전 체제의 확립

쿠바 위기(1962년)

해빙

베트남 전쟁 (1960~1975년)

대국 지배의 동요

바르샤바 조약 기구 (1955년)

NATO에 대항하여, 소련과 동구권은 동유럽 상호 원조 조약(바르샤바 조약 기구)을 결성했다.

사회주의화를 선언한 쿠바에 소련이 미사일 기지를 건설하여 미·소의 긴장이 고조되었다. 혁명 정권의 유지를 조건으로 소련은 미사일을 철거했다.

스탈린 사후, 제1 서기장이 된 흐루쇼프는 미국과의 평화 공존을 내세워, 코민포름을 해산했다. 부분적 핵실험 정지 조약도 조인되었다.

미·소 양 대국 각각이 문제를 떠안게 되었다. 특히 동구권 진영의 동요는 컸다.

또 하나의 사회주의 대국, 중국의 혼란

중화 인민 공화국의 마오쩌둥(모택동)은 「대약진」의 구호 아래 독자적인 사회주의의 건설을 꾀했다. 하지만 크게 실패했다. 1959년에는 류사오치(유소기)에게 국가 주석의 자리를 양보했다.

같은 시기 중국이 소련의 평화 공존 노선을 비판하며 중·소 양 공산당의 대립은 고조되어 갔다. 게다가 류사오치(유소기) 등을 자본주의의 부활을 꾀하는 자라고 비판하는 프롤레타리아 「문화 대혁명(1966년~1976년)」이 일어났다. 실제는 마오쩌둥의 권력 투쟁이었다. 언론, 사상, 인권을 심하게 탄압한 문화 대혁명은 심각한 사회적 혼란을 초래했다.

폭력적인 대중 운동에 의해 공산당 간부나 지식인은 규탄되고, 살해되는 일도 있었다.

식민지에서 해방된 후
드러난 여러 가지 문제
세계 여러 나라의 상황과 국제 관계

▲ 북위 38도선 표지판

동아시아

전후 한반도는 북위 38도선을 경계로 북은 소련군, 남은 미군의 점령 하에 놓였다. 1948년, 남에는 대한민국(한국)이, 북에는 조선 민주주의 인민 공화국(북한)의 독립이 선언되었다. 이후 6·25 전쟁을 거쳐 남북의 분단이 고착화되었다.

일본은 1951년, 샌프란시스코 강화 회의에서 평화 조약에 조인하고 독립을 회복했다.

6·25 전쟁으로 인한 특수로 일본은 순조로운 경제 발전을 이루었다.

동남아시아

민족 운동이나 항일 운동이 발전하여, 동남아시아 여러 나라에서는 독립이 잇따랐다.

프랑스령 인도차이나에서는 1945년 호찌민이 「베트남 민주 공화국」의 독립을 선언했다.

이에 반대하는 프랑스와의 사이에서 인도차이나 전쟁(1946년~1954년)이 일어났다.

프랑스는 철수했지만, 베트남은 남북으로 분단되고 「베트남 전쟁」으로 이어지게 되었다.

독립된 나라와 독립 연도

대한민국 (1945)
일본
방글라데시 (1971)
버마 (1948)
북베트남 (1954)
남베트남 (1954)
필리핀 (1946)
캄보디아 (1953)
말레이시아 (1963)
브루나이 (1984)
싱가포르 (1965)
인도네시아 (1949)
태 평 양

미·소 연방에서 독립한 제3 세력을 목표로 했다.

전후, 잇따라 독립한 나라들 사이에서는 미·소가 주도하는 동서 진영의 대립이 세계 대전으로 발전하는 것은 아닌가 하는 우려가 널리 퍼져 있었다.

그 우려를 없애기 위해, 자립을 강화하고, 동서 어느 진영에도 속하지 않는 제3 세력(제3 세계)을 형성하려고 하는 움직임이 나타났다.

1954년에는 인도의 네루 수상과 중국의 저우언라이(주은래) 수상이 회담하여, 「평화 5원칙」을 발표했다.

1955년에는 아시아와 아프리카 29개국에 의한 「아시아·아프리카 회의(반둥 회의)」가 개최되어, 평화 공존과 반식민지주의 등을 주장한 「평화 10원칙」이 채택되었다. 이러한 움직임은 대국 주도의 냉전 체제에도 영향을 미쳤다. 하지만 독립을 쟁취했음에도 불구하고 권력 투쟁과 민족 대립에 의한 내전, 빈부의 격차 등 새로운 문제를 안고 있는 나라도 적지 않다.

중동

영국의 위임 통치령이 된 팔레스타인은 1947년 국제 연합에 의해 아랍 인과 유대 인 거주 지구로 분할하는 제안이 제시되었다. 유대 인은 이것을 받아들였지만, 아랍 여러 나라는 거부했다. 양쪽의 대립은 계속되어 전쟁에까지 이르렀다.

팔레스타인을 둘러싼 분쟁

이스라엘 건국
1948년, 국제 연합의 제안에 의해 건국했다.

아랍 연맹
1945년, 이집트 등 7개국에 의해 결성. 연합 운동을 꾀했다.

제1차 중동 전쟁(팔레스타인 전쟁) 1948년~1949년
국제 연합의 조정에 의해 이스라엘이 독립을 확보했다. 100만 명 이상의 아랍 인(팔레스타인 인)이 난민이 되었다. 후에 PLO(팔레스타인 해방 기구)가 결성되고, 난민의 귀국과 팔레스타인에서의 건국을 꾀했다.

제2차 중동 전쟁(수에즈 전쟁) 1956년~1957년
이집트의 「수에즈 운하 국유화 선언」에 대해 영국, 프랑스, 이스라엘이 이집트를 공격했지만, 국제 연합의 결의에 의해 3국은 철수했다.

제3차 중동 전쟁 1967년
이스라엘이 이집트의 영토였던 시나이 반도와 시리아의 골란 고원 등을 점령했다.

제4차 중동 전쟁 1973년
빼앗긴 땅 회복을 목표로 하여, 이집트와 시리아가 이스라엘을 공격했다. 아랍 측은 이스라엘을 지원하는 여러 나라에 대한 원유 제공을 정지하고, 석유 생산량을 삭감하여 오일 쇼크를 야기했다.

인도

1947년, 인도 연방(힌두교가 주체)과 파키스탄(이슬람교)의 2개국으로 분리되어 독립했다. 통일을 꾀하고 있던 간디는 1948년 급진적인 힌두교도에게 암살되었다.

인도는 초대 수상이 된 네루의 주도하에 카스트제의 폐지 등 근대화를 꾀하고, 1950년에 공화국이 되었다. 실론(스리랑카)은 영국 연방의 일부가 되었지만, 1948년에 자치령으로 독립했다.

아프리카

북아프리카 지역에서는 프랑스 지배하의 모로코, 튀니지가 1956년에 독립했다. 기타 지역에서는 1957년 가나의 독립을 선두로, 1960년에는 나이지리아, 콩고 등 17개나 되는 독립 국가가 탄생했다. 1963년에는 아프리카 통일 기구(OAU)가 발족하여, 아프리카 여러 나라의 연대를 꾀했다.

라틴아메리카

전후에도 미국의 간섭이 계속되는 한편, 반미의 움직임도 보이게 되었다. 그 중에서도 쿠바는 1959년, 카스트로가 이끄는 혁명군이 친미적인 정부를 무너뜨렸다(쿠바 혁명).

1961년 미국은 쿠바와 단교하고, 다른 라틴아메리카 여러 나라와 동맹을 맺었다. 사회주의화를 선언한 쿠바는 고립에도 불구하고 혁명 정권을 지속했다.

소련은 소멸되고, 동서의 벽은 붕괴되었다.

사회주의 국가의 파탄

사회주의 진영은 내부의 혼란으로 붕괴

1960년대 말부터 군비 축소와 긴장 완화의 움직임이 본격화되어, 사회주의 국가 가운데서는 민주화와 자유화를 요구하는 움직임이 고조되었다.

소련은 이러한 움직임을 봉쇄해 왔지만, 사회주의의 시스템이 이미 한계에 이른 것은 소련 내부의 정체 상황으로도 분명했다.

1985년에는 소련 공산당의 서기장에 고르바초프가 취임했다.

1990년에는 공산당의 일당 독재 체제에서 대통령제에 의거한 의회제 민주주의로 바뀌었다.

1991년, 공산당 보수파의 반고르바초프 쿠데타가 실패로 끝나자 민주화가 일거에 진전되어 소련은 해체되었다.

같은 시기에 소련과 함께 걸어 온 동유럽 세계에도 민주화의 물결이 밀려왔다.

동서 세계를 가로막고 있던 벽은 명실공히 붕괴되었다.

중 · 소 대립

평화 공존 노선 정책을 취하는 소련과 독자적인 사회주의 국가를 건설하려는 중국의 대립이 고조되어, 1969년에는 중 · 소 국경에서 무력 충돌이 일어났다.

소련 내부의 정체

1970년대부터 경제 성장은 둔화되고, 농업 생산력도 저하되었다.

환경 오염도 증가하는 등 전반적으로 정체된 경향이 현저했다.

서유럽 여러 나라와는 긴장 완화를 추진했지만, 동유럽 여러 나라에 대해서는 강경한 자세를 취해 민주화와 자유화를 억압했다.

▲ 브레즈네프 제1 서기장 (재위 1964년~1982년)

동유럽 여러 나라의 자유화

소련과 거리를 두는 자세를 취하거나, 자유화를 추진하려고 하는 움직임이 활발해졌다.

프라하의 봄–민주화의 좌절

1968년, 체코슬로바키아에서 민주화와 자유화에 의한 개혁을 추진하려는 움직임이 나타났다.

이 움직임을 「프라하의 봄」이라고 하며, 사회주의 국가의 새로운 도전으로 주목을 모았다.

그러나 자유화의 물결을 두려워한 소련은 바르샤바 조약 기구군을 이끌고 군사 개입을 했다.

소련의 행동은 국제적으로 비난을 받았지만, 민주화는 무산되었다. 사회주의 경제의 침체를 회복할 기회는 무너졌다.

프라하 시내를 가득 메운 전차에 시민은 항의했다. 하지만 지도자 둡체크는 연행되고, 개혁은 중지되었다.

소련의 붕괴 과정

동서 벽의 붕괴

1989년, 냉전 시대의 상징이라고도 할 수 있는 베를린 장벽이 개방되어 동서 독일 사이를 자유롭게 왕래할 수 있게 되었다. 1990년 동독은 서독에 편입되어 통일 국가인 「독일 연방 공화국」 이 성립되었다.

동서 진영을 가로막고 있던 벽은 의미를 갖지 못하게 되었다.
사람들은 실제로 벽을 깨뜨려 부쉈다.

- 체코슬로바키아는 체코와 슬로바키아로 분리되었다.
- 폴란드에서는 자주 관리 노조 「연대」가 성립되었다.
- 불가리아는 공산당 일당 독재를 포기했다.
- 루마니아에서는 독재 체제를 강요하던 차우셰스쿠를 처형했다.
- 유고슬라비아는 연방이 해체되고 내전에 돌입했다.

자기 진영의 결속 강화

대미 관계의 개선을 꾀하는 한편, 자기 진영의 자유화를 탄압했다. 아프가니스탄에 대한 군사 개입도 교착 상태에 빠졌다.

고르바초프에 의한 페레스트로이카

1985년, 서기장에 취임한 고르바초프는 정체된 상황을 타파하기 위해 글라스노스트(정보 공개)와 페레스트로이카(개혁)를 내걸고 정치 · 사회 체제의 재검토를 시작했다.

냉전 종결 선언

1987년, INF(중거리 핵전력 조약)에 조인했다.
아프가니스탄에서의 철수, 군비 삭감 등을 실행했다.
1989년 12월, 미 · 소 정상이 냉전의 종결을 선언했다.

동유럽 혁명

동유럽의 공산당 정권이 잇따라 붕괴되었다.
민주화와 자유화가 진행되었다.

소련 소멸

1991년, 발트 3국(에스토니아 · 라트비아 · 리투아니아)이 소련으로부터 독립을 선언했다. 같은 해, 소련 공산당 보수파는 반고르바초프 쿠데타를 일으키지만 실패했다. 이것을 계기로 러시아, 우크라이나 등이 소련에서 탈퇴하고, 같은 해 12월 독립 국가 공동체(CIS)를 형성함으로써 소련은 소멸되었다.

구소련과 CIS 가맹국

에스토니아
라트비아
리투아니아
러시아
벨라루스
우크라이나
몰도바
조지아
아르메니아 아제르바이잔
러시아
카자흐스탄
우즈베키스탄
투르크메니스탄
키르기스스탄
타지키스탄

▲ 고르바초프(1931~) 소련 공산당 서기장과 최초의 대통령을 지냈다. 소련 국내의 개혁과 개방뿐 아니라, 동유럽의 민주화 개혁 등 세계 질서에도 큰 변혁을 가져온 고르바초프는 냉전을 종식시킨 공로로 1990년 노벨 평화상을 받았다.

세계의 경제를 견인하는
초강대국 미국과 EU, 아시아

달러 쇼크에서 시작된 다극화의 물결

소련의 침체가 계속되고 있던 1970년대는 미국의 번영에 그늘이 보이기 시작한 때이기도 했다. 한편 마셜 계획의 원조를 받던 서유럽 여러 나라나 한국 전쟁의 특수로 공업 생산을 비약적으로 신장시킨 일본은, 1950년대 이후 놀라운 경제 성장을 이루었다. 「달러 쇼크」나 「오일 쇼크」를 거쳐 세계 경제는 미국과 함께 유럽과 일본, 아시아의 일부 지역이 다극적으로 이끌어 가게 되었다. 동시에 세계적인 경제 격차도 두드러지기 시작했다.

개발 도상국 대부분은 남반구에 위치한다. 그 대부분이 북반구에 집중되어 있는 선진국에 종속되는 경제 구조를 취하고 있었다(남북 문제). 한편, 개발도상국 중에서도 급속한 인구 증가때문에 빈곤으로 고통받고 있는 나라가 있는 반면, 수출용 공업 발전에 힘쓰는 나라도 나타나기 시작하면서 개발 도상국 간의 격차도 커지고 있었다.

달러 지배에서 다극화로

시장 경제 체제를 받아들인 중국

덩샤오핑은 개혁·개방 정책을 추진하여 미국과의 국교를 정상화하였다. 또한, 자본주의적 시장 경제의 요소를 일부 도입하여 중국 동남부 해안 지역에 경제 특구와 경제 개방구를 설치하고 서구의 대규모 자본과 기술을 받아들였다.

그러나, 정치적인 면에서는 여전히 사회주의 정치 체제와 공산당 독재를 유지하고 있었다. 1989년 민주화를 요구하는 시위가 벌어졌으나, 중국 정부는 무력을 동원하여 이를 진압하였고, 이 과정에서 많은 희생자가 발생하였다(톈안먼 사건). 2000년대에 들어서면서, 중국은 세계 무역 기구(WTO)에 가입하고 사유 재산을 인정하였다. 이후 중국의 경제는 크게 발전하여 세계 2위의 경제 대국이 되었다. 그러나, 급속한 경제 발전으로 빈부 격차와 도시와 농촌 간의 불균형 문제가 대두되었다.

브레턴우즈 체제
(미국 한 나라에 의한 유지)

1960년대까지 미국의 양호한 경제 상태가 국제 경제를 지탱했다.

미국 경제의 교착 상태

베트남 전쟁의 전쟁 비용과 일본, 서유럽 등 공업국의 발전 등에 따라 미국의 재정은 악화되었다.
무역 수지가 적자로 전락한 것을 계기로, 1971년 달러와 금의 교환을 정지했다(달러 쇼크).

오일 쇼크

제4차 중동 전쟁을 계기로, OAPEC(아랍 석유 수출국 기구)는 석유 무기화 전략을 취해, 석유 생산량을 삭감했다. 이로 인해 선진 공업국은 큰 피해를 입었다(제1차 오일 쇼크). 이후 1979년의 이란 혁명과 1980년에 일어난 이란·이라크 전쟁으로 양국의 석유 수출이 중지되어, 다시 위기가 찾아왔다(제2차 오일 쇼크).

산업 구조의 전환에 의한 신흥국의 탄생

아시아의 일부 국가들은 미국이나 일본에서 자본을 도입했다. 값싼 노동력으로 수출용 공업을 급속도로 발전시켰다.

서유럽·일본을 더한 3극 구조

세계 경제의 안전을 위해 미국 한 나라뿐만 아니라 다른 선진 공업국의 역할이 커졌다.

아시아의 일부 한국, 타이완, 홍콩, 싱가포르 등

미국

서유럽 선진국

일본

진행되어 가는 지역 통합

1980년대 이후, 각 지역에서 서로 경제 협력하는 체제 만들기가 추진되고, 관세의 자유화나 공동 시장의 창설, 통화 통일 등을 시행하는 광역 경제권도 나타나기 시작했다.

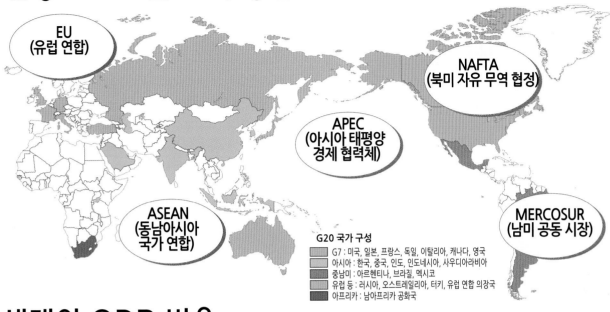

EU
(유럽 연합)

NAFTA
(북미 자유 무역 협정)

APEC
(아시아 태평양
경제 협력체)

ASEAN
(동남아시아
국가 연합)

MERCOSUR
(남미 공동 시장)

G20 국가 구성
- G7 : 미국, 일본, 프랑스, 독일, 이탈리아, 캐나다, 영국
- 아시아 : 한국, 중국, 인도, 인도네시아, 사우디아라비아
- 중남미 : 아르헨티나, 브라질, 멕시코
- 유럽 등 : 러시아, 오스트레일리아, 터키, 유럽 연합 의장국
- 아프리카 : 남아프리카 공화국

세계의 GDP 비율

GDP

국내 총생산.
일정 기간 내에 국내에서
거래된 재화와 용역의 총액.

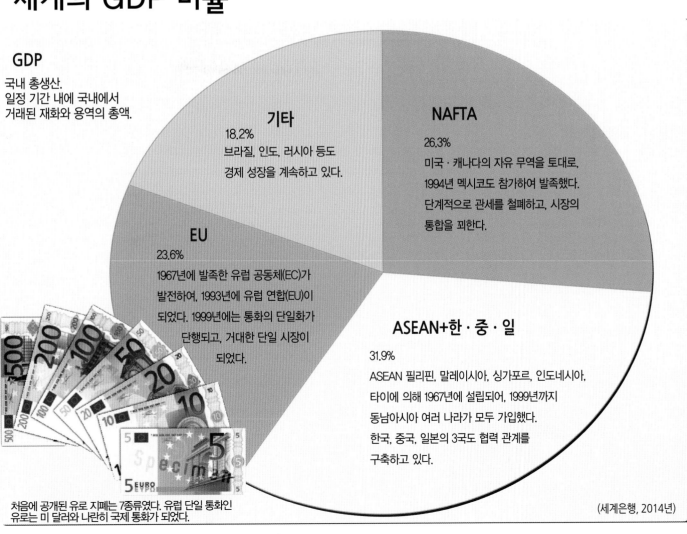

기타
18.2%
브라질, 인도, 러시아 등도
경제 성장을 계속하고 있다.

NAFTA
26.3%
미국·캐나다의 자유 무역을 토대로,
1994년 멕시코도 참가하여 발족했다.
단계적으로 관세를 철폐하고, 시장의
통합을 꾀한다.

EU
23.6%
1967년에 발족한 유럽 공동체(EC)가
발전하여, 1993년에 유럽 연합(EU)이
되었다. 1999년에는 통화의 단일화가
단행되고, 거대한 단일 시장이
되었다.

ASEAN+한·중·일
31.9%
ASEAN 필리핀, 말레이시아, 싱가포르, 인도네시아,
타이에 의해 1967년에 설립되어, 1999년까지
동남아시아 여러 나라가 모두 가입했다.
한국, 중국, 일본의 3국도 협력 관계를
구축하고 있다.

처음에 공개된 유로 지폐는 7종류였다. 유럽 단일 통화인
유로는 미 달러와 나란히 국제 통화가 되었다.

(세계은행, 2014년)

냉전 후에도 계속 발생하는 전쟁 문제,
그 해결의 실마리
1980년대 이후에 일어난 주요 분쟁

체첸 분쟁
(1994년~1997년, 1999년~)
체첸 공화국은 러시아로부터의 독립을 요구했다.
이것을 저지하기 위해 러시아가 군사 개입을 했다.

구소련의 민족 분쟁
(1988년~)
그루지야(조지아), 아제르바이잔, 아르메니아 등에서 일어나고 있는 분쟁

아프가니스탄 침공
(1979년~1989년)
아프가니스탄의 내전에 소련이 군사 개입하여 전국을 제압하지만, 이슬람계의 게릴라 등의 저항으로 장기화되었다.
고르바초프 시대에 철수했다.

이란 · 이라크 전쟁
(1980년~1988년)
이슬람 원리주의에 의한 이란 혁명을 계기로 이라크가 이란에 침입했다.

유고슬라비아 내전과 분쟁(1991년~)
독립을 선언한 슬로베니아, 크로아티아에 세르비아 중심의 연방 인민군이 개입했다.
보스니아 헤르체고비나에서는 민족 분쟁이, 코소보 자치주는 세르비아로부터의 독립을 요구하며 투쟁이 발발했다.

인 도 양

르완다 내전
(1994년)
후투 족과 투치 족의 부족 간 대립의 격화

소말리아 내전
(1991년)
내전이 격화되어 국제 평화 유지군이 개입했다.

걸프 전쟁
(1991년)
이라크군의 쿠웨이트 침공에 맞서 다국적군이 공격했다.

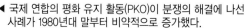
◀ 국제 연합의 평화 유지 활동(PKO)이 분쟁의 해결에 나선 사례가 1980년대 말부터 비약적으로 증가했다.

9 · 11 테러 ▶
2001년 9월 11일 미국 뉴욕에 있는 세계 무역 센터 빌딩이 항공기 테러에 의해 파괴되어 6,000여 명의 인명이 희생되었다.

미국 동시 다발 테러
(2001년)

2001년 9월 11일, 이슬람교 과격파가 여객기를 공중 납치하여 미국의 세계 무역 센터 빌딩과 국방부 청사 펜타곤으로 돌격했다.
이에 대해 미국은 테러와의 전쟁을 선언했다.
아프가니스탄에 대한 공격과 이라크 전쟁이 단행되었다.

대 서 양

태 평 양

동티모르 분쟁
(1998년~2002년)
인도네시아로부터의 분리 독립운동이 일어났다.

주요 대립점

민족

복수 민족으로 구성된 나라 안에서 발생하는 「특정 민족에 의한 분리 독립」이나 「귀속 국가 변경의 요구」, 「민족 간의 세력 다툼」, 「소수 민족의 추방」 등이 있다.

종교

「크리스트교와 이슬람교의 대립」, 「이슬람교의 수니파와 시아파의 대립」, 「이슬람 원리주의의 대두」 등이 있다.

경제

「선진국이 많은 지구의 북쪽과 개발 도상국이 많은 남쪽의 경제 격차」, 「개발 도상국 간의 격차」 등이 있다.

▲ 이라크·시리아 이슬람국가(IS) 무장단체 훈련 모습.

경제적인 빈곤이 종교 대립이나 민족 운동의 배경이 되는 경우도 많다.

1 민족과 종교를 둘러싼 대립이 증가했다.

냉전 체제 붕괴 후 민족이나 종교를 둘러싼 내전이나 테러 활동이 현저히 증가했다.
동서 대립이 해소되면서 체제를 유지하기 위한 규제가 완화되었고, 그때까지 제자리에서 맴돌고 있던 문제가 단숨에 표면화되었다. 대립이 격화된 배경에는 경제적인 문제도 잠재되어 있다. 1990년대 이후, 선진국 주도의 자유화가 세계적인 규모로 진행되어 왔다.
이에 대해 특히 이슬람권에서는 심한 반발이 일어나 「이슬람 원리주의」가 대두했다. 이슬람 원리주의는 「무함마드의 가르침으로 되돌아가 이슬람 세계를 재생하려는 사상」인데, 일부에서는 테러 활동을 추진하는 세력도 있으며 전쟁이 그칠 줄을 모르고 있는 것이 현재의 상태이다.

2 지구 전체가 몰두하지 않으면 안 되는 문제도 많다.

지구 규모로 보면 온난화나 사막화, 오존층의 파괴 등 민족이나 종교 지역 같은 틀에 얽매여서는 해결할 수 없는 문제도 드러나게 되었다. 국제 사회가 서로 협력하고, 몰두하는 지혜가 필요하다.

참고문헌

UDorling Kindersley, 『World History Atlas』, 2008, Dorling Kindersley.
祝田秀全, 『見てわかる世界史』, ナツメ社, 2007.
川北 稔, 『最新世界史図説タペストリー 十訂版』, 帝国書院, 2012.
帝国書院, 『明解世界史図説エスカリエ 五訂版』, 帝国書院, 2013.
谷澤 伸・甚目孝三・柴田 博・高橋和久, 『流れ図 世界史図録 ヒストリカ 新訂版』, 山川出版社, 2014.
東京法令出版, 『歴史風景館 世界史のミュージアム』, 東京法令出版, 2011.

지도로 보는 세계사

2016년 1월 15일 초판 발행
2023년 4월 25일 4쇄 발행

저자 | 교학사 지도표현연구소
감수 | 최상훈(서원대학교 역사교육과 교수)

펴낸이 | 양 진 오
펴낸곳 | ㈜교학사

출판 등록 | 1 19-81-06855
주소 | 서울특별시 마포구 마포대로14길 4 (공덕
동)**전화** | 편집 (02) 707-5283, Fax (02)
707-5288 E -mail | map1@kyohak.co.kr
홈페이지 | h ttp://www.kyohak.co.kr

기획 | 박규서
편집 | 박규서, 백은지
디자인 · 일러스트 | 박규서
표지 디자인 | 교학사 디자인센터

ⓒ (주)교학사 2015
ISBN 978-89-09-19339-9